中华血脉——长城文学艺术

戏曲

裴鼎鼎　苏君礼　编著

燕山大学出版社
2019·秦皇岛

图书在版编目（CIP）数据

长城戏曲 / 裴鼎鼎，苏君礼编著. —2 版. —秦皇岛：燕山大学出版社，2019. 4
（中华血脉 • 长城文学艺术）
ISBN 978-7-81142-782-0

Ⅰ. ①长… Ⅱ. ①裴… ②苏… Ⅲ. ①戏曲—剧本—作品集—中国—当代 Ⅳ. ① I230

中国版本图书馆 CIP 数据核字（2019）第 047828 号

长城戏曲

裴鼎鼎 苏君礼 编著

出 版 人：陈 玉
总 策 划：陈 玉
策划编辑：裴立超 杨春茹 唐 雷 版式设计：赵中极
责任编辑：孙志强 王海平 朱红波 美术统筹：吴 波
出版发行：燕山大学出版社 YANSHAN UNIVERSITY PRESS
地 址：河北省秦皇岛市河北大街西段 438 号
邮政编码：066004
电 话：0335-8387555
印 刷：秦皇岛墨缘彩印有限公司
经 销：全国新华书店

开 本：889mm×1194mm 1/16 印 张：21 字 数：560 千字
版 次：2019 年 4 月第 2 版 印 次：2019 年 4 月第 1 次印刷
书 号：ISBN 978-7-81142-782-0
定 价：168.00 元

出版者语

今天中国对世界的影响绝不仅仅体现在经济方面，更重要的还有秉持源自一种悠久伟大文明的自信，致力于构建未来的梦想和雄心。越是接近世界舞台的中央，中国人越是迫切希望向宏大而深远的中国历史文化寻求精神养分，思考从哪里来，向何处去。

中国历史文化的典型象征——长城，像一条世代绵延的根脉，贯穿在炎黄后裔的血管中，它以世界体量最大的文物遗址隐喻着文明认同感、国家归属感以及对统一的执着，成为中国历史与观念的活生生的例证，历千百年仍然与当代华夏子孙息息相关。

长城与统一的、多民族的文明中国几乎同时诞生，见证了中华文明的延续性。两千多年，中国人始终生活在大体一致的稳定疆域内，纵然历尽波折，文明却持续至今。秦汉以降波澜壮阔的中国历史进程中，绵亘在中国北方大地上的长城从未缺席，它以拒绝征服但从不拒绝交流的庄严姿态，保卫和平，保护文明，勾勒出民族的地理和心理防线。“上下二千年，纵横十万里”的中国长城，被公认为人类社会现存最为宏伟的历史文化遗产。长城的壮美形象，早已被视为中国的象征；长城所代表的文明，堪称华夏子孙共有的“胎记”；以长城为主题、为符号的文学艺术，成为独一无二的千古绝唱。

我们策划出版这套《中华血脉——长城文学艺术》图书的初衷，就在于希望让更多读者共同响应长城深厚历史文化魅力的感召。

长城作为一个宏大工程，举世绝无仅有，显示着人的本质力量。中国长城始建于2500年前的春秋战国时期，起初是各诸侯国在各自领地上修筑的军事防御工程，秦始皇于公元前221年统一中国后，拆除了六国互防长城，并号令大将军蒙恬“将三十万众，北逐戎狄，收河南，筑长城，因地形，用险制塞，起临洮，至辽东，延袤万余里”（《史记•蒙恬列传》）。从此诞生了中国历史上第一条万里长城，它是在原秦国、赵国及燕国的北方长城的基础上扩充修筑的，目的和作用是防御匈奴和东胡少数民族奴隶主率众南掠。从此以后，汉族统治者建立的汉朝、隋朝和明朝，以及其他入主中原的少数民族统治者建立的北魏、北齐、北周及辽、金各朝，都曾大规模地修筑或增建过长城，其中，汉朝的长城、亭障、烽燧长达两万里，明朝万里长城则至今仍向世界展示着中国长城的壮美风貌与中国长城防御工程技术的最高水平。长城专家做过的粗略统计表明，中国各朝代修筑长城的总长度当在10万里以上，若用修筑长城的砖、石、土来修筑一道高5米、厚1米的大墙，那么这道大墙可环绕地球十几圈。不仅如此，长城严密的军事防御布局，“因地形，用险制塞”的科学设防，烽火相望、顷刻千里的报警联络系统，因地制宜、就地取材的多种建筑材料，多样结构与艺术的营造方法，以及亿万人民历经千百年付出的艰巨劳动和无数牺牲，无不令人惊叹。

长城作为一个艺术宝库，孕育了无数壮丽优美的诗篇，产生了无数动人心弦的故事；长城身上凝结着中国历代各族人民的智慧，是联结中华各民族的神圣纽带，雄辩地展现了中国多民族形成发展的历史进展……可以说，长城像一部中国两千多年文明史的百科全书，包蕴着众多的已知和未知的内容。

长城作为历史遗迹所言说的文明进程，极大地开阔了文学艺术的历史视野，形成了千百年相对统一的总主题——爱国主义和人文精神，凝练了相对稳定的总风格——悲壮与豪迈。

自万里长城构筑的那天起，反映在文化上的格调便是无比的悲壮："生男慎勿举，生女哺用脯。不见长城下，尸骸相支拄。"这是秦朝的歌谣，据《汉书》："长城之歌，至今不绝"，这首歌谣在300年后的文人诗中又得到了反映，东汉末建安诗人陈琳在那首著名的《饮马长城窟行》一诗中再次唱道"生男慎莫举，生女哺用脯。君不见长城下，死人骸骨相撑拄"。此后，不仅是长城诗文创作方面有此一脉相承的传统，而且以最为深入人心地流传了千余年的孟姜女民间故事为内容的诗歌、曲艺、戏剧、传说、民间艺术以及近现代的电影、歌曲等，也都显现了这种悲壮。催人泪下的孟姜女的故事有许多种，但都保留有"千里送寒衣"和"哭长城"的情节。有人把这种悲壮视为人民对长城的否定，这无疑是失之肤浅的。其实，正是这种悲壮，深刻地揭示和反映了两千多年来中华民族在修筑长城时所付出的举世无双的牺牲。

《汉书》记载："遣蒙恬，筑长城，东西数千里，暴兵露师，常数十万，死者不可胜数，僵尸盈野，流血千里。"《淮南子·人间训》记叙："秦发卒五十万，使蒙公杨翁子将筑修城……道路死者以沟量。"《隋书》也记载，隋炀帝大业三年(607年)"发丁男百余万筑长城，西至榆林，东至紫河，一旬而罢，死者十五六"。历代封建王朝(包括少数民族建立的王朝)修筑长城时的死亡人数，是多得无法计算的。唐末诗人贯休和尚讲"筑人筑土一万里"，并非夸大之词。

正因为如此，长城筑造者的子孙后代才对长城永远怀有一种发自心灵深处、带着遥远记忆的尊崇情感。这种情感，正是凝聚长城文化总主题的源泉，它像地火，平时在大地深处静静流淌，默默沉蓄，一旦到了关系国家民族生死存亡的关键时刻(比如全民族的抗日战争)，它就会爆发、冲腾，形成燎原烈火，呼唤着每个有热血的中国人，"把我们的血肉，筑成我们新的长城"，去保卫家园，保卫国土，保卫光荣神圣的中华民族，激发出最强烈的爱国主义情绪，干出惊天地、泣鬼神的英雄业绩。

尽管历史上人们对长城的国防作用有兴有怨，但这恰恰从正反两面强调了长城文化的总主题：一个方面，肯定正义，反对侵略，向往和平；另一个方面，批判暴政，颂扬德政，赞美生命。两者统一于那雄浑绵长、厚德载物的中华人文精神。这我们可以从两位唐朝诗人的针锋相对的同题诗中窥见一斑，一首是汪遵写的《长城》："秦筑长城比铁牢，蕃戎不敢过临洮。虽然万里连云际，争及尧阶三尺高。"另一首是褚载的《长城》："秦筑长城比铁牢，蕃戎不敢过临洮。焉知万里连云际，不及尧阶三尺高？"

"中国最伟大的美术，最壮丽的美，莫过于长城。"现代美学家、诗人宗白华翻译了19世纪德国考古学家希里曼1863年发表的《我到长城的旅行》一文，文中说："我曾经从爪哇岛火山的高峰上，从加利福尼亚的西拉利瓦达的山顶上，从印度喜马拉雅山的顶上，从南美洲的哥地乃的高原上见到过闳丽壮伟的景象，但是永远不能和我现在眼前展开的这一幅美丽奇伟的画幅相比拟。……长城不可争辩地是人类的双手所创造的最奇伟的作品。它是过去的伟大所留的纪念碑。"

长城之所以壮美，源于它使人回望宏阔历史，源于它是千万人所集体创造的美，它唤起人们对故国祖先的思念，关乎民族的自我激励，传承壮阔豪迈的中国性格。

长城所负载的历史信息既有鲜明的民族特性，又深深植根于人类追求真善美的共性厚土之中。正如 1964 年国际古迹遗址理事会通过的《威尼斯宪章》指出的那样："人们越来越意识到人类价值的统一性。"长城的文化价值正在被国际上越来越多的人所认识、理解和认同。

我们这套《中华血脉——长城文学艺术》所称的长城文学艺术，是指以长城为题材、主题或主要意象而创作的文学艺术作品。这套图书的作者们秉持虔诚的态度，从汗牛充栋的长城文学艺术作品中展开搜集、汇编、整理、评介，呈现在读者面前的目前是四个分册，它们是《长城诗歌》《长城传说》《长城戏曲》《长城小说》。它们将长城作为一条红线，借助文学艺术的不同形式，从四个不同角度引导读者领略文学艺术之美，再现中国历史的风云际会。

我们怀拳拳之意，唯愿以此书之名结交书友。凡书中引介的作品，我们均标明了作者与来源；使用的历史资料图片基本来自公共资源；使用的当代摄影作品除已获作者许可及已加标注的以外，或有一二作品因条件所限未能逐一溯及准确信息，如蒙见教，我们愿尽己义务，志诚以待。

谨以此书，致敬启示人们从历史中重生的悠悠长城！

序

长城不仅是人类创造的伟大建筑奇迹，而且与中国统一的、多民族国家的形成和中华文明的延续有着至关重要的密切联系，它已成为中华民族的象征、中华民族精神的象征。自1984年邓小平、习仲勋等老一辈领导人发出“爱我中华、修我长城”的号召三十多年来，以中国长城学会为龙头的专门组织和广大长城研究者开展了艰苦的长城研究，为保护长城、宣传长城提供了重要的支持，一批成果的公开出版更成为传播长城文化、弘扬以长城为象征的民族精神、凝聚中华民族伟大复兴力量的重要途径。

燕山大学出版社这套《中华血脉——长城文学艺术》图书颇具规模，比较全面地收集、整理、汇编、介绍了自长城修筑至今大约2000年来我国历代人民以长城为主题或意象创作出来的各类文学艺术作品，涵盖了诗歌、传说、戏曲、小说、美术等丰富的体裁门类。因其全面，足以使普通读者乃至专门研究长城的人读后对长城所衍生的文学艺术精华尽观全豹。这是此套书的第一个优点。

生动可读是这套书的第二个突出优点，全书行文、排版明白晓畅，引人兴味，足以令过去不了解这些的人们一经捧起便手不释卷，一览为快，从此爱上长城的历史和文化，从此成为保护长城、传承长城文化的同路人。这在长城题材图书中是别具一格、比较鲜见的。

另外，这套书的编著者大多同时也是刚刚出版的迄今为止唯一综合大型长城志书《中国长城志》中“文学艺术卷”的主要编著者，他们的专业程度在国内首屈一指。

因此，这套图书具有不可替代的重要出版价值，为长城文学艺术搭起了传播平台。

四十年来我以长城保护和研究为志向，最大的梦想就是通过大家的共同努力，构建起保护长城的这道“长城”，让长城能更长久地传承下去，能为我们今天的人提供文化社会服务，同时也能把我们祖先创造的这样一个伟大的文化遗产给后世传承下去。这条保护长城的“长城”一定是要充分动员各种社会力量积极地参与进来的。燕山大学出版社策划出版这套图书，呼应了国内外广大长城守望者的需求，对于推动长城所代表的中国历史和文化代代相传具有深远的意义，无论从何种角度来讲，书的社会效益都是正能量的、激励国人的，并且随着时间的推移，将会愈加显现出来。

我和中国长城学会热情支持这套图书的出版工作，愿意共同扩大其影响，帮助它走近越来越多的读者。

中国长城学会常务副会长

董耀会

2019年2月

威
國

导言：梨园尽唱长城魂

戏剧是人们充实自己的生活内容和心灵世界的精神创造活动，也是人类探寻生命趣味性的极具普遍性的娱乐方式。

从戏剧本体的角度来说，无论相同或不同的戏剧，其叙事和扮演是相同或相似的重要特征。传统中国戏剧一般被称为“戏曲”，说明它既包含西方意义上的戏剧——“戏”，也包含中国的音乐和歌曲——“曲”。所以，无论将戏剧的起源归因于古代巫觋，还是早期的歌舞表演，或者将古代宫廷里的优孟表演视为戏曲活动的开端，将产生于秦代而在汉代流行的所谓的百戏视为中国戏曲的源头，都说明百戏中的“戏耍”“娱乐”“游戏”等是不可忽视的要素。中国戏剧由产生之初到不断创新发展的今天，经历了一个由实用到审美，以巫术为中介，以人的生产生活实践为前提的逐渐发展的过程，无论哪一种戏剧形式，无不渗透着人们模仿的需要，表现了生命冲动和游戏的娱乐本能。戏剧从最初的图腾、祭祀活动中脱离或分离出来，效果和功能更趋多样化。长城戏剧也是脱离单一信仰和迷信崇拜物，而回归日常生活的开始，也是题材和样式多样化的起步。戏剧当然不只是长城或与之相关故事的简单讲述，其演出还受表演者、场地、环境以及一定的审美理想的制约。而历史意识的明朗、生命意识的自觉和审美意识的建构，也影响并提高了人们对戏曲的认识和鉴赏水平。

今天人们已无从知晓，从什么时候开始，中国传统戏剧和曲艺艺术中渐渐产生了大量以长城为地缘背景或文化背景的戏剧曲艺剧目。

根据初步统计，长城区域内以长城为表现内容与元素的戏曲剧种，目前已知有120余种，至少占现有全国戏曲剧种总数约三分之一以上。至于地方色彩浓重的说唱艺术如弹词、大鼓、相声、快板儿等，相关种类更是数量繁多，也有不同程度的表现。

这些长城及有关长城的剧种和曲艺种类中，有与各地域文化有直接联系的古老大剧种，如甘肃的陇戏、陕西的秦腔、山西的梆子、河北的北昆和评剧、北京的京剧等；也有与各地方民俗文化直接相关的如秧歌、落子、花鼓戏等地方小剧种；还有不同曲艺曲种中的多样态表现。这些作品篇幅有长有短，题材表现丰富多彩，艺术手法千姿百态，风格更是在以豪迈、苍凉为主的同时，呈现多种多样，为中华民族戏曲艺术写下让人惊叹的一页。

戏曲成为民众情感与思想交流的媒介，有关长城戏剧的丰富多样性，既是不同地域文化孕育和浸染的显在成果，同时也是多元文化、民俗和生活习惯相斥的形象化、符号化、程式化的表征。从不同剧种、不同内容、不同形象、不同唱腔与表演差异性中，我们能感受到不同民族、不同信仰、不同文化背景在基于日常生活和生产活动中的不同维面的道德伦理规约及价值观念认同。这些长城戏曲描摹大漠瀚海、雄关要塞，演绎儿女英雄、悲歌悠长，优秀的作品简直浩如烟海，无法尽录，于是本书选取了玉门关、雁门关、山海关、宁武关和孟姜女、王昭君、杨家将等经典的历史故事题材，选录相对有代表性的剧目，以展现中国长城戏曲精华之万一。

一、长城戏曲的题材特点

1. 以《杨家将》《山海关》等剧目为代表的战争戏

长城在抵御边患、保家卫国、保障北部边疆一带人民的生产和生活中有重要作用。长城沿线基本上都是边防要塞、军事要地，战争不绝。长期的军事斗争为戏剧文学创作和曲艺表演留下了丰富的素材、题材。在长期的抗击外敌的战争中出现了许多在老百姓心中代代传承的英雄事迹。这些英雄人物和事迹都在古代戏剧和曲艺中得到广泛表现和传唱，为广大人民所喜爱。其中，尤以“杨家将”“山海关”等题材为代表。

《杨家将》的故事始于宋代。杨家将是中国历史上著名的爱国将领，杨家将父子据守边关、抵御外族入侵、英勇不屈、慷慨赴死的英雄主义以及杨门女将巾帼不让须眉、继承遗志继续战斗的精神，成为中华民族精神的重要组成部分。杨家将戏曲更是中国传统武戏的重要内容，从宋话本、金院本、元代杂剧开始，杨家将故事的剧目越来越丰富，现大量存于鼓词、京剧、晋剧、豫剧等各种地方剧种中，清末民初，许多说书艺人将杨家将的故事改编成评书、鼓书，代代说唱，如《李陵碑》《两狼山》《七郎八虎闯幽州》《金沙滩》《穆桂英挂帅》《四郎探母》《天门阵》《三关排宴》《孟良盗骨》《十二寡妇征西》《雁门关》等，都是中国传统优秀剧目，不仅剧情丰富曲折，人物形象塑造上也生动鲜活，栩栩如生。除正史记载的杨继业、杨延昭、杨文广等人物外，通过对正史资料和民间传说的艺术加工而来的佘太君、杨宗保、穆桂英、杨四郎、杨五郎、杨排风、孟良、焦赞等人物也被成功塑造，虽然和正史上的表述有很大出入，但经过几百年的艺术加工，已经广泛地深入人心，被人们认可和接受。

《山海关》系列剧目主要是以明代袁崇焕镇守辽东、兴修宁远古城、抵抗清军入侵为背景的战争题材戏剧。剧中充分地表现了袁崇焕雄才大略、英勇不屈的战斗精神和指挥若定、智勇双全的治军才能，同时，也真实展现了历史背景，成功塑造了悲剧性人物性格。

《玉门关》系列剧目主要是以西汉时班超投笔从戎、出使西域为背景的历史剧目，描写了班超不甘心埋首兰台书札之中终老此生，决意投笔从戎，建功立业，率三十六勇士，“不入虎穴焉得虎子”，出奇兵斩获匈奴使者，平定鄯善国叛乱阴谋的历史故事。剧中对班超的雄才大志刻画充分，体现了一种大无畏精神和投军报国、建功立业的壮志豪情。其他扬剧《百岁挂帅》、淮剧《杨家将•搬兵》、山东吕剧《穆桂英挂帅》、秦腔《四郎探母》、河北梆子《穆桂英挂帅》、河南坠子《杨家将》、东北二人转《佘太君辞朝》等也都从不同角度表现相同或相近的题材和内容，风格多样，各有特色。

2. 以《孟姜女》剧目为代表的悲情戏

《孟姜女》是我国民间流传很广的历史故事，是中国四大民间传说故事之一。它通过孟姜女万里寻夫、哭倒长城的悲剧情节，对封建社会繁重的徭役进行了控诉，赞美了坚贞不渝的爱情，具有感人至深的艺术魅力。

孟姜女的故事流传久远，在民间许多大众艺术形式中都有涉及，各剧种剧情较为相似，大意是：秦始皇统一六国后，为了巩固其封建统治，施行“焚书坑儒”。书生范杞梁因隐藏诗书，被官府追拿，逃进了孟家的后花园。孟姜女出于同情，便劝父亲将范杞梁暂留府中，由于追拿风声甚紧，孟员外便将女儿许配范杞梁。不幸，新婚之夜，范杞梁被捕去修筑长城，从此杳无音信。孟姜女朝思暮想，苦闷万分。深秋到来，她缝制了御寒衣服，毅然辞别了双亲，独自走向了荒凉的边塞，历尽千辛万苦，终于来到长城。可是，她的丈夫早已经冻累而死，尸骨埋在了长城之下。孟姜女伏在城下号啕而哭，直哭得天昏地暗，风狂雨骤，最后哭倒了长城一角，见到了丈夫的尸骨。秦始皇闻之，甚为惊诧，又见她生得美丽，想纳为嫔妃。孟姜女坚决不从，在大骂秦始皇荒淫无道、暴政虐民后，奋身跳进大海。

伴随着孟姜女的传说，各地也留下了许多纪念孟姜女的庙宇祭祠。这些古迹和传说虽然都是虚构的，但从一个侧面反映了封建社会劳动人民企盼安宁、团圆的正义呼声，这也是孟姜女的故事能够长久流传并受到人们同情和喜爱的原因。由于统治阶级带来的战争和苦难，致使各朝各代都有成千上万的“孟姜女”产生，所以“哭长城”的故事也就有了广泛的群众基础，具有了历史的真实性。在赋税中可以产生，在徭役中也可以产生，在秦朝可以出现，在汉朝可以出现，在北齐、隋唐也可以出现。从春秋至明，近两千年漫长的岁月中，长城屡修屡补，强征了无数的民夫，任何时候都可能产生像孟姜女那样的遭遇。因此，孟姜女和范杞梁是劳动人民在承受无限度的劳役中塑造出来的两个典型人物，集中表现了千百万下层百姓被劳役逼得家破人亡、妻离子散的灾难。从开始的杞梁妻故事到最后的孟姜女传说，其间有两千余年。一个故事能长时间为人民群众所喜爱，并不断地被改造、加工，并不是偶然的。其主要原因是这个故事代表了整个人类的共同愿望，抒发了劳动人民最真实的心声。那就是：向往和平，追求稳定，渴望家庭生活的幸福和安宁。

3. 其他与长城题材相关的戏曲

中国传统剧目中还有一些戏曲也是以长城为背景或情景元素的，有的表现对战乱、暴政的不满，有的表达对忠义的肯定，还有的反映了女性受专制制度束缚和压迫而命运凄惨悲苦的内容。如《昭君出塞》系列戏曲中，从马致远的杂剧《孤雁汉宫秋》、张时起的杂剧《昭君出塞》，到明清时无名氏的传奇《和戎记》、陈与效的《昭君出塞》、薛旦的《昭君梦》、尤侗的《吊琵琶》、周乐清的《琵琶语》，直到现代郭沫若的《王昭君》、曹禺的五幕话剧《王昭君》等，都有表现。在清代满族说唱戏曲中有一种“子弟书”，属于鼓词类，分为东调和西调，其中西调多用来写风花雪月的故事，主要抒发恋爱之情，罗松窗写昭君出塞的“子弟书”名《出塞》。其他剧种如祁剧有《昭君出塞》，黄梅戏有《昭君出塞》，曲艺二人台漫瀚调有《昭君坟》，就连相声中也有表现的片段出现。王昭君的故事不论是在中国历史上还是在民间传说中都有着深远的影响。真实的历史中，如《汉书》和东晋的《西京杂记》中记载，王昭君为了安定和平的大义，毅然辞别故乡和亲人，自愿和匈奴可汗和亲，以此换来了大汉王朝和匈奴两国边境长达几十年的和平，深受两族人民的怀念和敬仰。她为边疆安定、民族团结、文化交融、经济发展做出了突出贡献。但是在民间传说中，王昭君因为性格耿直，不愿贿赂宫廷画师而失去被皇帝宠幸的机会，独守冷宫，面对残酷的宫廷制度和奸佞小人的陷害，王昭君毅然选择远嫁匈奴和亲。想到自己将要远离故土，昭君心中充满凄苦与悲愤之情。历史上的昭君出塞故事是一个具有积极意义的事件，而传说中或戏曲中的昭君出塞故事被民间百姓、下层文人赋予了深刻的悲剧内涵。身处宫室的孤苦无依，加之性格上洁身自好的特点使柔弱女子的悲愤、无望更能激发人们的同情。王昭君的戏曲题材体现了民间百姓借王昭君的不幸命运对封建制度给予批判，尤其是对其给女性带来的压迫进行了深刻的揭露与讽刺。

其他如东调鼓词作者韩小窗也有“子弟书”《宁武关》。该剧在川剧、湘剧、京剧剧目中有《别母乱箭》（又名《一门忠烈》《宁武关》），本事见清代传奇《铁冠图》，表现明崇祯年间，岱州守将周遇吉突围回宁武关，母亲不允，全家殉难的忠勇故事。京剧《于谦》，本事出自《明史•于谦传》，也有紫荆关的元素。而豫剧《打城隍》，直接从秦始皇修建万里长城，捉拿懒人填馅（垒砌城墙时，两面用整块砖石，中间用碎砖石填充，叫“填馅”）为剧情因由，引出波折，该题材在其他剧种中（如京剧、秦腔、徽剧和河北梆子）都有意旨相近的剧目表现。

二、长城戏曲的艺术特征

在保家卫国、抵御外辱的战争中体现慷慨悲歌与英雄主义的热血豪情。杨家将、袁崇焕等英雄人物都是历史上著名的抵抗外敌进攻的将领，都有着在浴血奋战中奋不顾身、英勇杀敌的豪迈精神。在宋、金、元时期，宋王朝与少数民族政权辽、金、元战争不断。如宋代统治者奉行的谈和苟安政策使得连年战争不休，百姓生灵涂炭，人民常年生活在水深火热中，从而渐渐失去对赵宋王朝的信心。他们想象或许可以依靠个人或者民间的家族力量来救国，而杨家将孤军奋起、浴血勇战的抗争形象，恰恰符合并体现了人民的这种愿望。这时候的杨家将已经成为英雄的符号，是人们寄托希望的偶像。正是这种强烈热切的自救救国的希望，使得杨家将戏曲中的个人英雄形象被塑造得丰满而形象，表现出无比动人的力量。杨家将戏曲中英雄主义形象的塑造，充分地表现了民间百姓对英雄偶像的精神寄托，这种寄托和崇拜共同构成了后世文人和百姓的心理世界。他们对现实处境的不满，对自身精神的救赎，对往昔岁月的追忆怀念，与杨家将壮烈的故事与悲惨的结局一起，构成了一曲饱含血泪的赞歌。这类战争题材的长城戏曲普遍体现出以下艺术风格。

在叙事中展现英雄人物的英勇行为。在杨家将题材戏曲中，杨门父子金沙滩一战几乎全部为国尽忠战死的故事千古流传，但是在戏曲舞台上并没有大量展示激烈的战斗场面，而是通过主人公的念白、唱词等悲痛叙事表现为国尽忠的悲壮精神。如在《李陵碑》中通过杨老令公的回忆叙述展现战斗的惨烈："金沙滩双龙会一阵败了，只杀得血成河鬼哭神嚎。我的大郎儿替宋王把忠尽了，二郎儿短剑下命赴阴曹，杨三郎被马踏尸首不晓，四儿郎失番邦无有下梢，杨五郎在五台学禅修道，七郎儿被潘洪箭射花标。只落得杨延昭随营征剿，可怜他尽得忠，又尽孝，血染沙场，马不停蹄，为国辛劳。可怜我八个子把四子丧了，把四子丧了，我的儿啊！"京剧《李陵碑》（又名《两狼山》《苏武庙》）中一段唱词，是老生反二黄原板，剧作合理利用舞台空间和条件，这种人物叙述方式比纯视觉场面给观众带来的印象和感受更加深刻、全面。

通过人物的语言、心理念白直接展现人物的性格。人物的语言与行为是展现人物性格的最佳方式。如在《玉门关》系列剧目中，多次通过主人公班超的人物自述展现人物的性格特征，使观众对人物有一个清晰明朗的印象。如开场人物登场，先通过自叙表现人物心理："钻研故纸及春秋，橐笔京华赋壮游。男儿一副好身手，不立功名誓不休。"出征前又通过唱词再次表现内心豪情壮志："燕雀安知鸿鹄志，横沙绝漠度春秋。腰中宝剑双鸣吼，不斩匈奴誓不休。"通过剧中人物的语言使观众对人物性格有了鲜明的认识和了解。

在同情劳动人民尤其是受压迫妇女的题材中表现出以凄苦、哀婉、缠绵为主调的悲剧色彩。在孟姜女等题材戏曲中的女性形象都是具有悲剧性命运的人物，围绕着她们的命运展开的戏剧情节也染上了深深的悲剧色彩。中国传统戏剧中的悲剧不同于西方尤其是古希腊的"悲剧"意义，在人物命运、性格，或社会因素中，更多倾向于一种"苦情"营造或渲染。剧中主人公的悲惨遭遇主要是来自外在环境的压迫，在面对命运的步步紧逼中，她们只能发出无能为力的哀鸣。挣扎在苦境中的弱小者往往能焕发出人类心底善的本性，因而也最能给人凄恻之感，尤其是女性形象，以其柔弱、娇媚的阴性特质，更加适合抒发剧作者悲凄的情感体验和悲悯情怀。所以明代陆容才会说"无一事无妇人，无一事不哭，令人闻之，易生凄惨"。因为同情弱者是人类心底的善良本能。

"苦情戏"非常注意用苦境来调动读者和观众的情绪，增强艺术的感染力。感情的真挚感人有利于"苦境"的营造。作者常常用恶劣的环境来衬托处于悲剧中的主人公。如在《昭君出塞》中，作者如此描写："马到关前，它就步懒移。人影稀，只见北雁南飞。冷清清，朔风似箭，又只见旷野云低。”构成了一个典型的苦境，而此时昭君在苦境中所唱的曲子就更具有动人心魂的力量。在《牧羊关牌》中，把亲情、别离、思乡、念君等情感抒发到极致。

作者往往把时代之苦与个体生命的生存状态和生命感悟相结合，纳入传统意境审美之中，营造出了一种足以震撼人心的“苦境”，从而引导读者和观众的情感倾向，触“境”生情，在回味中自然升华。而苦景、苦境的营造，既是对黑暗社会的控诉和抗议，是蕴藏在心底深处正义力量的爆发，又是一种哲理性追问。

情景交融是我国古代文学艺术作品中重要的表现手法之一。剧作者在创作苦情戏时多选用一些带有悲凉色彩的意象来陪衬、强化、烘托悲苦之情，如“惨云”“冷雨”“北雁”“西风”等。这些意象，既可以在情感形式上表达苦情主人公历尽苦难忧患的愁苦，又可以表达独特的审美的意味。如《昭君出塞》中就把凄苦之景与昭君的凄苦之情紧密地融合在一起，创造了凄凉迷茫的意境，从而使观众在体会其含冤负屈的无限悲苦心情时，感受到苦难带给人的强烈震撼，具有动人心弦的艺术效果。

三、长城戏曲的文化意义

长城的历史、文化、军事、象征等多重复合性意义，在中国戏曲艺术中得到了肯定和弘扬。千百年来，长城都是中华民族抵抗外邦入侵的国防前线，在这条战线上涌现出无数可歌可泣的英雄斗争故事。因而长城已超越具体的军事实体，又进一步成为中华民族抵御外侮、坚强不屈的民族脊梁的象征。杨家将、呼家将、岳家军、戚家军等英雄故事传说代代流传，经久不衰，构成了一段最动人、最悲壮的篇章。在正史如此，在野史也如此；在文学表述中如此、在戏曲表演中也如此。杨家将、袁崇焕、班超等历史人物早已远远走出历史的有限范畴，而升华为一种不屈不挠的民族精神，鼓舞一代又一代中国人励精图治、振兴中华。

凝聚在杨家将等传说故事中的前仆后继、忠心报国的伟大精神，是千百年来中国人面对外族袭扰、西方列强欺凌、反抗侵略、保家卫国、追求和平美好希望的一种寄托，也是不同剧种，或强或弱或隐或显要表现的主题。除京剧《托兆碰碑》、豫剧《两狼山》（又名《李陵碑》）其本事与小说《杨家将》同源外。元杂剧《八大王开诏救忠臣》、清传奇《昭代箫韶》，甚至在汉剧、湘剧、晋剧、河北梆子、粤剧、秦腔等相类剧目中，也都表现出对忠义、保国行为的肯定意愿。在不同戏曲中为了追求这种希望，杨老令公战死了，杨六郎、杨宗宝、杨文广（宗宝之子）继承遗志继续战斗；男人牺牲了，佘太君、穆桂英等女人继承遗志继续战斗；主人战死了，杨排风等家丁、丫环也要继承遗志继续战斗。这些传说和故事以其并不“完美”的“完美”相互补充、相互辉映，充满了强烈的爱国主义精神，闪耀着璀璨的理想主义光芒，阐释并完整演绎出戏曲的深刻内涵和意蕴。

修筑长城在各个封建王朝，是繁重、艰苦的劳役行为。从春秋至明，近两千年漫长的岁月中，长城屡修屡补，强征了无数的民夫，任何时候都可能产生像孟姜女那样的悲剧。孟姜女和范杞梁，是劳动人民在承受无限度的劳役中想象、创造出来的两个替代人物，灌注了千百万底层百姓被劳役逼得家破人亡、妻离子散的灾难苦痛。动人的哭长城故事，不仅有京剧《万里寻夫》（又名《孟姜女》《哭长城》），也有秦腔、川剧、豫剧、河北梆子、梨园戏等多地域、多剧种的大同小异的表现，这是对专制统治者暴虐行为的控诉，也是对被奴役者不畏强暴、坚贞不屈精神的赞颂。在孟姜女的身上，体现出人民群众追求忠贞爱情和美满婚姻的美好愿望。类似这样的题材故事，无论本事有无出处都反映了劳动人民反抗统治者暴政，揭露了劳动人民所受疾苦深重的现实。歌颂孟姜女的忠贞刚烈与勤劳善良，体现出强烈的人文情怀与美好愿望。

孟姜女传说带有深刻的悲剧性体验，瑰丽而沉实，这在我国普遍讲究大团圆结尾的传统故事中是罕见的，其中寄寓着一种与不幸命运决绝抗争、直面悲情人生的文化精神，一种固守道德底线、对爱情忠贞不渝的生命意识。孟姜女故事在全国各地的广泛而恒久的流传，显示了中国人对于这样一种悲情体验的推崇和追慕。

正如不同剧种的最初萌生形态，在内容上大多以复述和想象本民族特有或信奉的创世纪神话为主一样，长城戏剧也是伴随长城的出现而伴生的仪式化或半仪式化的且带有宗教情怀的复现或讲述，而且渐趋向政治、军事或日常生活领域，演绎人类个体与个体、个体与群体、群体与群体之间复杂微妙的情感关系。尤其是爱情、生离死别等关乎生命和生命感悟与追问的问题，为强化突出叙述表达效果，添加、补足了日益曲折生动的情节，补充了更为真实可信的细节。在不断累积的历史语境下，产生了不同视阈和维面的阐释可能，而这些也正是丰富多彩的长城戏曲的无穷魅力之所在。

目 录
contents

“山海关”主题剧目

“宁武关”主题剧目

“孟姜女”主题剧目

一、概述

“孟姜女哭长城”和“牛郎织女”“梁山伯与祝英台”“白蛇传”并称中国民间四大爱情故事，千百年来，一直在民间流传着。大致的情节是相传秦始皇建长城时，劳役繁重，青年男女范杞梁、孟姜女新婚三天，新郎就被迫出发修筑长城，不久因饥寒劳累而死，尸骨被埋在长城墙下。孟姜女身背寒衣，历尽艰辛，万里寻夫来到长城边，得到的却是丈夫死亡的噩耗。她痛哭城下，七天七夜不止，这段长城就此坍塌，露出范杞梁尸骸，孟姜女安葬范杞梁后于绝望之中投海而亡。后来被称作一段爱情佳话。

流传千载的孟姜女的故事最早是有着真实的历史原型的。先秦时期史书《左传》中记载：襄公二十三年（鲁国年号，即齐庄公四年，公元前550年）。齐国大夫杞梁伐莒阵亡。战争结束，庄公归国，途中遇杞梁之妻，庄公欲就地吊唁，杞梁妻以不合礼仪，婉言相拒，庄公只得到杞梁家中举行正式的吊唁。这段历史记述比较简略，很多细节语焉不详。这段真实的史料记载是孟姜女故事的源头。而后从战国到秦汉魏晋南北朝文人的记述，开始不断地补充、丰富和发展。

儒家经典之一的《礼记·檀弓下》中说：“其妻迎柩于路而哭之哀。”补充了杞梁妻遇庄公于途的原因是“迎柩”。第一次写到“哭”，而且很哀恸。为整个故事的流传发展点出了故事之“眼”。西汉文人韩婴、枚乘、刘安、王褒等都在“哭”字上大作渲染，并成为一种富有地方特色的哭腔。刘向在《说苑·立节》中，对杞梁伐莒的战斗作了具体描写，最后说：“其妻闻之而哭，城为之阤，隅为之崩。”写到杞梁妻哭夫而使城崩塌。刘向在他的另一部典籍《列女传·贞顺》中对杞梁妻哭夫又作了动人描写：“既无所归，乃就其夫之尸于城下而哭，内诚动人，道路过者，莫不为之挥涕，十日而城为之崩。既葬，曰：‘吾何归矣！’……遂赴淄水而死。君子谓杞梁之妻贞而知礼。”从春秋到西汉末，杞梁妻哭夫城崩的故事框架基本形成，

孟姜女哭长城是中国民间四大爱情故事之一

哭夫、崩城、投水已成系列。其中心思想是杞梁妻“知礼”和“贞”的品质，既维护了自己和丈夫的名分、地位，又表现了自己对丈夫的忠贞。

隋唐时故事发生了很大变化，故事出现重大转折。故事发生的时间地点都发生了巨大变化，孟姜女寻夫地由齐国变为秦朝的北部边疆，由哭倒齐长城，改为哭倒秦长城。女主人公由无姓名的“杞梁妻”，改为姓孟名姜女（初名仲姿）；男主人公虽基本未变，却因南北流传，声音之变，有希良、喜良、范喜良等不同称呼。基本思想也由赞颂杞梁妻的知礼、重节义发展为反暴政、反徭役、反统治者的横暴荒淫。

到了元代，中国的民间剧种十分发达，出现了很多杂剧大家和脍炙人口的作品，像孟姜女这样富有生命力和创作空间的故事，自然也成为戏曲创作的源泉。范郎的名字从范希郎、范四郎、范士郎、范喜郎到范杞良、范纪良、万喜良，出现很多种变异，故事的情节也被铺陈得一波三折，与他们有关的其他人物也不断被虚构和添加，孟姜女哭长城的故事日渐丰满，在民间的流传也越来越广泛。

孟姜女的故事在民间流传时间之长、范围之广、影响之深有着深刻的原因。修筑长城是历代封建王朝各种劳役中最为残酷、最具代表性的一项劳役，从春秋至明，近两千年漫长的岁月中，长城屡修屡补，强征了无数的民夫，任何时候都可能产生像孟姜女那样的遭遇。因此，姜女和杞梁是劳动人民在承受无限度的劳役中塑造出来的两个典型人物，集中表现了千百万下层百姓被劳役逼得家破人亡、妻离子散的灾难。动人的哭长城故事，是对封建统治阶级暴虐行为的控诉，也是对被奴役者不畏强暴、坚贞不屈精神的歌颂。正如南宋名臣文天祥在孟姜女塑像旁书写的楹联：“秦皇安在哉，万里长城筑怨；姜女未亡也，千秋片石铭贞。”孟姜女故事经过 2500 多年的流传，寄寓了历代人民的社会政治思想，表现了历代人民的道德风尚，以及人民群众高超的文化艺术创造精神，成为中华民族文化史上不断丰富发展民俗文学的瑰宝！

孟姜女题材的戏曲演出从金代就开始出现了。现存最早的相关剧目是宋元南戏《孟姜女送寒衣》，元代剧作家郑廷玉作有杂剧《孟姜女送寒衣》（现曲文都已失传）。明、清传奇中也提到过相关的戏曲名目，到了明代以后，则有不同剧名或相同剧名的戏曲出现。明代有关孟姜女的戏曲故事有三种：一是南戏本《寒衣记》；二是青阳腔本《长城记》；三是弋阳腔本《杞良妻》。《曲海总目提要》说：“《杞良妻》本之乐府，有弋阳腔本专演杞良妻哭倒长城者。”京剧和一些地方剧种和地域特色鲜明的曲艺中也都有《孟姜女》《万里寻夫》等名称的相关题材戏曲。

除了各大戏曲剧种中有孟姜女题材，一些地方剧种也有不同内容的孟姜女故事演出，如安徽贵池的傩戏（端公戏）《孟姜女》，福建闽剧《孟姜女》，台湾歌仔戏《孟姜女哭倒长城》，江西赣剧《送衣哭城》，四川川剧《孟姜女》，扬剧《孟姜女》《孟姜女过关》，越剧《孟姜女》，黄梅戏《孟姜女》，山东吕剧《孟姜女》，河南曲剧、坠子《孟姜女》，襄阳花鼓戏《送寒衣》，广东潮州戏《孟姜女过关》，江苏锡剧《孟姜女哭长城》，安徽庐剧《孟姜女》，浙江婺剧《孟姜女》，等等，都反映了孟姜女故事在广大人民的心目中深远的影响。其中在江西省广昌县有一种专唱孟姜女故事的戏曲，世称“孟戏”，又名盱河戏，属曲牌体。该戏曲用高腔演唱，一唱众和，多在后句的下半句帮腔，具有“杂白混唱”的特点。经专家考证该唱腔是明代四大声腔之首的海盐腔遗响。广昌县志记载，明正德年起，形成了定期集会，“扮演戏文”的风俗，至明万历年间，又兴起了一种“神戏”，尤以甘竹镇的舍溪、赤溪和大路背三村最盛。三村纷纷组建不同名号的戏班，设立宫庙，祀奉秦朝蒙恬、王翦、白起三元将军。每至正月新春，各择吉日，隆重祭奠，鸣锣开台，演出孟姜女连台大戏，一年一度定为俚俗。广昌孟戏的传承以社区为单位，一村一庙，一庙一班，世代相传。2006

年广昌孟戏被列为国家级非物质文化遗产代表作。

在内蒙古河曲、保德、府谷一带流传的二人台牌子曲《一垛泥》系从河北民歌《孟姜女》的旋律基础上发展演变而来。二人台，是一种民间演唱形式，据有关专家研究认为，可能产生于清代。二人台起初演唱形式简单：不化妆、不表演、也不需要舞台，多在农闲时节，农民或小手工业者三五人不等坐在一起，借助于一两件乐器伴奏，单个人演唱一些民间小调歌曲。群众把它叫作“打坐腔”“打玩意儿”“闹红火”等。这种形式在长期演变中，在原来纯民歌小调清唱的基础上，逐渐增加了叙事和说唱的因素，故事情节复杂化，人数由单人清唱发展成二人对唱。在二人台牌子曲中，有很大一部分曲牌是从汉族民歌、民间戏曲、民间说唱音乐、民间器乐曲及部分宗教音乐发展演变而来，如二人台牌子曲《一垛泥》通过叙述孟姜女丈夫万喜良被迫修长城，孟姜女一人在家孤苦凄凉，以后又千里寻夫送寒衣，哭倒了长城的故事，鞭挞了封建君主制给人民带来的灾难。歌词哀怨、悲愤，旋律委婉、刚毅，带有较强烈的控诉情调。孟姜女调对戏曲、曲艺的音乐发展有较大影响，很多剧种都吸收它为曲牌。另外在扬州小调中也有《孟姜女》传世，在温州鼓词、东北二人转等曲艺形式中也有《孟姜女》曲目的演出。

连环画《孟姜女》封面，王叔晖绘，朝花美术出版社 1950 年出版

“孟姜女”主题剧目

二、“孟姜女”戏曲剧目

越剧《孟姜女》

越剧，也叫“绍兴戏”，发源于嵊县，该县临近位于浙江省东北部的绍兴，在绍兴一带多有演出，而有“绍兴戏”之称，目前是以上海、浙江、江苏、福建、安徽等地为演出和流行区域的第二个大剧种。1906 年春节期间，浙江嵊县农村的六名业余说唱艺人首次依据当地的“落地唱书腔”登台演出，由于艺人们以“唱小歌”的形式，演唱和着笃鼓、檀板击节发出有节奏的“的笃”“的笃”之声，所以最初艺人也被称为“的笃班”或“小歌班”。到 1917 年“小歌班”首次在上海演出，产生广泛影响。最早的“绍兴文戏”的演员都是男性，后来女班艺人掌握了该剧种的精髓，于 1938 年改称为“越剧”。越剧的唱腔属于“板腔体”，既清幽婉转，又优美动听，特别适宜抒情。

越剧孟姜女取材于传统孟姜女的传说，摒弃了民间传说中的神话迷信因素，着力于孟姜女和万杞良爱情悲剧的刻画，进一步地突出封建制度对人们的戕害。全剧共七场，结构紧凑，情节曲折，节奏有张有弛，叙事抒情结合，人物形象更加丰满立体。

第一场开场就安排两位主人公相遇。孟姜女是一个大户人家小姐，某日春光明媚，孟小姐与丫鬟孟春在后花园赏花嬉戏，孟小姐用手中凤扇扑蝴蝶，不慎把扇子掉到花园池塘中，孟小姐捞扇却不料人也掉到池中，被躲进花园避难的万杞良救起。原来万杞良是姑苏万元儒老先生的公子，与孟家还是旧相识。因秦始皇修筑长城，到处抓丁拉夫，强征青壮年男子服役。万杞良正被官府抓丁逼得走投无路，慌不择路躲进孟家花园避难，正好撞上孟小姐落水。万杞良对孟小姐讲明身份和来历：“难生姓万名杞良，祖居姑苏干将坊。家父本系一儒生，坐塾讲学度时光。秉性正直守本分，仁义待人皆赞扬。怎料到朝廷忽下禁书令，突来风波起祸殃。家父被坑书被焚，可怜家母也惨亡。难生会友正出外，有家难归奔他乡。方才是差役紧紧追赶我，难生我情急无奈才跳墙。”孟姜女不由对他产生深深敬意，进而一见钟情，芳心暗许。为救杞良脱难，孟小姐决定托付终身给杞良。她将想法告知父母，孟老员外与孟老夫人一见杞良一表人才也十分满意，但孟老员外担心官府追究，惹出祸端，欲送杞良离开。无奈孟姜女孟小姐心意已决，执意要嫁。全家商议严守风声，尽快拜堂成亲。然后让小夫妻尽快离家出门躲避。全家上下开始活动起来。

第二场开场引出一个小人物：孟家男家丁孟兴，孟兴早就觊觎孟小姐的姿色，并企图入赘孟家进而获得孟家家产。不料突然冒出的万杞良完全打破了孟兴的美梦。孟兴不由嫉妒心起，决定去官府告发万杞良行踪，不仅能破坏万杞良好事，还能获得官府赏银。当夜万杞良刚与孟姜女拜堂成亲，官府差役闯进门来，抓走了万杞良。夫妻二人还未享受新婚之喜就面临生离死别。孟小姐不由泪如雨下，心如刀绞，立誓要等杞良归来。两人临分别前互换信物，最终也难逃分离的命运。

第三场开场孟兴阴谋得逞，得意忘形意图调戏丫鬟孟春，却被孟春识破诡计。孟兴被赶出孟府。转眼半年过去，孟姜女天天愁苦度日，相思难眠。唯有靠做针线挨日子。眼见天气转寒，孟姜女思念杞良的心情越来越迫切，担心万杞良在塞外衣单难挨，唯有把相思之情做成一件件寒衣。孟姜女终于决定要到万杞良服役的地方给他送去寒衣，把双亲托付给丫鬟孟春，孟姜女毅然踏上送寒衣的漫漫长路。

第四场孟姜女来到一座关口叫浒墅关，守关的主官盘剥过关的行人，飞扬跋扈，傲慢无礼。孟姜女来到关前也被拦住交税。孟姜女苦苦哀告，请求过关，无奈主官执意不许，见到孟姜女还顿起色心，想诱惑孟姜女放弃寻夫。孟姜女心志坚定，被逼无奈下为主官演唱小曲。孟姜女满腔苦怨化作一曲悲腔，十二月调唱完竟然感动了贪财好色的主官，终于放孟姜女过关而去。

第五场孟姜女夜行赶路，来到一座破庙休息。孟姜女虔诚在佛像前祷告，睡梦中果然与万杞良相遇。但好梦未能长久。被孟府赶出的家奴孟兴不知怎的也流落到此庙中，碰巧与孟姜女相遇。孟兴欲行不轨。却被一突然出现的女侠一箭惊跑。孟姜女获救与女侠交谈得知她叫李姑，祖传猎户营生，有一个哥哥叫李文也被抓差去修长城。孟姜女终于不用露宿破庙，到李姑家好好休养。

第六场场景转至万杞良修长城的工地上。李姑的哥哥李文恰好与万杞良在一个工地干活，李文体弱多病，干不了重体力活，遭到监工毒打，杞良仗义维护李文。工地总管魏宗麟随意虐待劳工，克扣贪污修城钱款。魏宗麟滥施淫威，想惩罚万杞良以警示众劳工，杞良不畏强权，当众揭露魏宗麟的恶行，魏宗麟恼羞成怒，把万杞良杀害，尸身填进了长城城基。

第七场是全剧终场，也是全剧高潮。孟姜女“历尽艰辛志不移，行程不怕路万里，来到长城有尽期”。虽然“茫茫天际雪纷纷，虽苦犹甜笑心里”，这一天终于来到长城脚下工地上。孟姜女“看到长城心欢喜，两脚奔波步快移”。一路前行，碰巧遇到看守城墙的李文，经过询问得知他竟然就是李姑的哥哥。惊喜之余孟姜女问起万杞良情况，李文悲痛地告知了万杞良的死讯。孟姜女突闻噩耗，不由昏厥过去。清醒后不由放声痛哭，把自己一路磨难，一腔思念尽情宣泄出来，直哭得“乌雀惊飞雪纷纷，苍天垂泪放悲声”。悲愤之余，孟姜女仰天呼告：“苍天啊！何不让月常圆花长好，却叫那月缺花残付断云。我高哭三声天也暗，我低哭三声地也昏。天昏地暗乌云起，你不见三山五岳血泪倾。你不见人间苦难如东海，你不管坟山高筑恨难平。老天你若通人性，快快偿还我夫君，老天老天你若通人性，快快偿还我的夫君！”孟姜女哭号直接引发天雷滚滚，风云变色，滚滚雷声中长城城墙轰然倒塌，魏宗麟闻声前来，见此情景，又惊又怒，要把孟姜女也杀人灭口。孟姜女早就去意已决，毅然跳下万人坑追随万杞良而去。此时风雷更甚，长城大崩塌，把魏宗麟也掩埋其中。全剧在浓烈的悲剧氛围中落下帷幕。

剧中的唱词与话白与剧情演进的故事节奏和韵律合拍，也符合不同身份和性格人物的心理与特征要求，既典丽雅致，又通俗达意，既委婉曲折，又疏密相间，耐人品味，想象无穷，尤其是十二月调唱词更集思念、忠贞、寄盼于一体，充分表达了对爱情的坚贞不渝和对暴政的强烈控诉。

剧本欣赏（节选）

孟姜女

剧中人物

孟姜女——富家小姐　　万杞良——逃难书生，姑苏万元儒老先生的公子

孟　春——孟姜女侍女　　孟员外——孟姜女之父

孟夫人——孟姜女之母　　孟　兴——孟府仆人

关　官——浒门关官吏　　魏宗麟——长城督办钦差

李　姑——村姑　　李　文——长城劳工，李姑哥哥

陈　玉——长城监理　　甲乙门卒——称“大卒”“小卒”

甲乙差役武士　　劳差花神（跳舞女）

【第一场】（孟家花园）

孟姜女　（内唱）　春光明媚，天晴朗。（内孟春白，小姐快来呀）

（二人同上）　拂拂东风送清香。

孟春　（唱）　穿过月洞走回廊啊……（孟姜女接唱）

百花争艳吐芬芳花问彩蝶双双舞。

孟春　（唱）　愿你早日舞双双，舞双双。（二人扑蝶下）

万杞良　（内唱）　官府回下布罗网，我们鱼儿难躲芷。（上）

差役追捕不轻放，暂避一时跳进园。

（内孟春白：小姐，进来了，抓住它）

万杞良　（唱）　忽听一声捉住他，足难立定心更慌。

墙内墙外皆无路，假山后面把身藏。

孟春　　小姐快走呀，小姐它飞到荷池旁去了。

（内伴唱）　蝴蝶呀飞来又飞去呀，

飘飘荡荡进花园呀，

小孟春上前扑呀，

依儿呀儿……

孟春　　小姐，当心。

孟姜女　（风扇落地）　这如何是好？

孟春　小姐，我去拿竹竿来捞吧。（下）（孟姜女捞扇跌入池中）白：啊呀！

万杞良　（救起孟姜女）小姐，小姐，小姐醒来，小姐。

孟姜女　呀，你……你是何人，怎会到此？

万杞良　小姐你不必惊慌，方才你失足落水，是我把你救上来的。

孟姜女　呀，如此多谢公子相救之恩。（凝视）

万杞良　区区小事，何足挂齿。

孟姜女　请公子在此少待（孟春上）（孟姜女欲下）

孟春　那里来的野公子，哼！

孟姜女　孟春休得无礼。

孟春　哼！这还得了，去见我家老爷，太太。

孟姜女　孟春，我正要问他，你先下去吧。

万杞良　小姐，你的凤扇在此，小姐，小生告辞了。

孟姜女　公子，公子你怎会来到我家花园？

万杞良　难生是为了避难，逃离故乡，方才情急无奈，越进贵府花园，望小姐恕罪。

孟姜女　不知公子有何难处，能否相告？

万杞良　小姐容禀，（唱）难生姓万名杞良，祖居姑苏干将坊。

家父本系一儒生，坐塾讲学度时光。

秉性正直守本分，仁义待人皆赞扬。

怎料到朝廷忽下禁书令，突来风波起祸殃。

家父被坑书被焚，可怜家母也惨亡。

难生会友正出外，有家难归奔他乡。

方才是差役紧紧追赶我，难生我情急无奈才跳墙。

孟姜女　呀，焚书坑儒早听讲，文人无辜遭灾殃。

我在深闺虽听闻，今日里见他方明是真相。

你可有亲戚在淞江？

万杞良　无有。

孟姜女　有否好友与同窗？

万杞良　也无有。

孟姜女　（唱）　乱世自有英雄出，暴政必无长久年。公子呀——

你为避祸害来淞江，怎奈到处有罗网。

差役紧紧追捕你，纵然插翅难飞翔。

万杞良	事出无奈非鲁莽，九死一生出园墙。先告辞了。
孟姜女	慢，公子。
	我虽是无力助你平祸殃，怎忍心看你落入虎口作羔羊。
	待我禀告爹和娘，暂留我家且无妨。
万杞良	小姐，你？（举目，凝视）
	小姐你大恩大德世无双，患难相助永不忘。
	我好比小船难以顶恶浪，岂能够连累尊府也遭殃。
孟姜女	公子他正气凛凛堪敬仰，虽在难中犹刚强，
	我与他志同道合意相投，这心里话儿如何讲？
孟春	小姐。
孟姜女	孟春，你来得正好，公子他。
孟春	他怎样？
孟姜女	我……啊呀！
孟春	小姐，说呀。
孟姜女	孟春（耳语）
孟春	小姐（括脸）……（孟姜女下）
孟春	我家小姐好眼力呀，孟兴，孟兴……
孟兴	孟春，是你叫我啊，有何事情啊？
孟春	孟兴，快去给我禀报老爷太太。
孟兴	好的，反正是你孟春叫我做的事情我总归肯的。
孟春	公子随我来吧。（同下）
……	
孟员外	非是老朽踏沉船，见难不救万杞良。
	怎奈是朝廷正在捉拿他，窝藏钦犯罪难当。
孟姜女	爹爹……
	方才我为捞凤扇落池塘，救我上岸是万杞良。
	救命大恩当图报，爹爹定要细思量。
孟员外	引火会待自遭殃。
孟夫人	你忘恩负义理不当。
孟姜女	爹爹若不成全儿，我宁死到老守闺房。
孟员外	啊呀，王法如山不可违，万家情义怎可伤？

孟姜女　　爹爹……

孟员外　　女儿秉性太固执，事欲两全欠主张。眼前危急如何解？

孟夫人　　老爷，我有一言你听端详，

全家上下口咬紧，消息不会飞出墙。

早日成全他们俩，完婚了却事一桩。

避过恶日恶时辰，消却灾难变吉祥。

孟员外　　这……虽非良策，除此之外别无良策。

孟夫人　　是啊。

孟员外　　这样吧，就给他们连夜成亲，然后相送他们到太安西山我好友家中，住他一年半载，也好求个安逸。

孟夫人　　这倒是好办法，女儿你看如何？

孟姜女　　听凭爹娘做主。

孟员外　　孟兴，你小姐与万公子今夜完婚，你去买对花烛来，此事千万不可被外人知道。

（同下）

孟兴　　是，晓得，哼！我让你们连夜完婚，呸。（闭幕）

【第二场】（孟府大堂）

（二幕外）

孟兴　　运来推不开，倒霉一齐来，

孟兴我又交运来又倒霉。

倒霉时又鸿运来，我在孟家做奴隶，

殷勤伺候老员外，员外只养一女儿，

家业却有万贯财，一女儿，万贯财，

偏无儿子传后代，员外对我蛮喜爱，

当我心腹另看待，满以为一跤跌在春云里，

谁料想一场美梦变成灰，姑苏万杞良孟家来招赘。

今夜就成亲喜事破常规，一不邀亲友二不请大媒。

关上大门天地拜，就称夫妻成双对。

员外嘱咐莫漏风，我岂能错过这个好机会。

出了我的气还能发横财，

莫怪我的心肠毒，白花花的银子有谁不爱……

……

（二幕起）

孟春　　有请老爷，太太！

孟员外　　人吉喜逢黄道日。

孟夫人　　拜堂幸遇好时辰。

孟春　　老爷太太，一切都准备好了。

孟兴　　良辰已到。

孟员外　　拜堂成亲。

孟兴、孟春　　是。

孟兴　　炮竹不放，鼓乐不响，关门成亲，新人拜堂。

一请二请三请新人登堂，一拜天地，二拜高堂，夫妻对拜。

红绿千斤六尺长，两头站对小鸳鸯，中间挽个同心结，夫妻偕老百年长。

（高叫）　　送入洞房。

万杞良　　娘子。

孟姜女　　我夫……

万杞良　　我的妻啊……

孟姜女　　夫啊，（唱）

叫声杞郎哭声夫，我口含黄连难开口。

千言万语无从诉，我千言万语无从诉。

一念之差成大错，倘若花园让你走，说不定九死一生还有路。

好心反而将你害，懊悔已迟莫奈何……

万杞良　　娘子，（唱）

你家似一池清水无风波，安然度日欢乐多。

是我引来一场祸，霎时池中起漩涡。

急坏年迈岳父母，害得你才做新娘就做寡妇。

今晚新婚就别离，看来我难逃杀身祸。

娘子你莫为我守空闺，青春岁月枉虚度，

但愿你重配一个如意郎，百年和谐鸳鸯谱……

孟姜女　　我夫莫说断头话，有道是吉人自有天相助。

愿你逢凶化吉祥，愿你及早返故土。

孟姜自愿长相守，候你归来琴瑟和。

生要和你同罗帐，死要和你合坟墓。

拔下金簪赠我夫，你见金簪如见我。

万杞良　　怀中取出白玉锁，你见玉锁如见我。

万杞良、孟姜女　　娘子，杞良（相抱哭）。

衙役　　走吧……

万杞良、孟姜女　　娘子，杞良。

孟员外、夫人　　贤婿。

（合唱）　　生离死别堪悲苦，

夫难舍妻，妻难舍夫

孟姜女，杞良……

孟员外、孟夫人　　女儿……

孟春　　小姐……

……

（幕起，闺房内）

孟姜女　（唱）　　一针针，一线线，针针线线紧相连，针针线线紧相连。

夫妻却是天南海北各一边。

月如愁眉挂天边，柳如泪丝垂窗前。

月缺尚有团圆日，柳衰还能转新颜。

我却是有缺无圆尽头日，又好似枯木永难逢春天。

自从杞良遭不幸，日月如梭忽半年。

半年来我白天三餐茶饭难下咽，

到夜晚我泪湿衣枕难安眠，

半年来我愁如江水流不断，

半年来我心如苦胆拌黄连，

长相思空想念，

唯有这白玉锁常伴我身边。

一针针，一线线，针针线线情意牵，针针线线情意牵。

看寒衣犹如杞良在面前……

孟春　　（上）小姐小姐，万公子被抓原来是孟兴通风报信的。

孟姜女　　啊……这……该死的奴才。

孟春　　小姐你寒衣都做好了，小姐你对万公子真好啊。

孟姜女　　　　孟春你来得正好，我有一件事情正想拜托于你。

孟春　　　　小姐我都知道，

（唱）　　塞外天寒雪纷飞，御寒怎能无寒衣。

虽说是饥寒二字最难受，你不忍让姑爷挨冻受煎熬。

孟春知你深情意，我愿代你送寒衣。

孟姜女　　　　孟春我的好妹妹。

（唱）　　急难之中见真心，多谢你对我一片好心意。

实不相瞒告诉你，我决心以定志不够。

为了要见杞良面，我愿亲自去送寒衣。

堂前爹娘你侍奉，日常家务要你料理。

你就是我亲妹妹，桩桩件件拜托你。

孟春　　　　这……

孟姜女　　　　贤妹受我一拜

孟春　　　　小姐……

孟姜女　　　　怎么你还叫我小姐

孟春　　　　如此姐姐请起

孟姜女　　　　贤妹我想立即动身你看如何?

孟春　　　　那我去给你准备行装吧。

孟姜女　　　　爹爹母亲呀……（哭）

孟春　　　　小姐（哭）……

孟姜女　（唱）　　拜别贤妹出门去……（下）

孟春　　　　愿姐姐夫妻早日得团聚。

（闭幕）

……

【第四场】（浒门关口）

内衙卒喊　　　　闲人闪开关官老爷马来了！（三人上）

关官　（唱）　　牛吃稻草鸭吃谷，烂泥菩萨住瓦屋。

人说关官差使苦，老爷想想还是福。

一不理民情，二不管钱谷，

三不动刀兵，四不把劳役服，

不担内险不担浪，太太平平吃俸禄。

大卒　关官老爷理事了，要过关了快来啊……

孟姜女（内）　走呀！

（唱）　送寒衣不怕行路难，不觉已过虎丘山。

江南景色无心赏，前面已是浒墅关。

小卒　哎！可是要过关啊？

孟姜女　正是。

小卒　交上银钱三百立即放你过关。

孟姜女　这……

小卒　来吧，来吧。

孟姜女　这位小哥，小女子身上实在不便，请行了方便吧！

小卒　好好好，等你有了钱再过关吧。

孟姜女　这……

……

关官　叫她过来，让老爷我亲自发落。

大卒　是是……这位大姐我们老爷叫你过去。

孟姜女　是，求关官老爷开恩。

大卒　我们老爷是一定会放你过关的。

小卒　当然会放你过关的。

关官　嘟……

老爷不开善门不修福，菩萨也爱香和烛。

剃头人过关无钱，要给老爷耳朵扒，

缝穷婆过关无钱，要给老爷补衣服，

哭丧人过关无钱，老爷要他留下锡箔灰。

杀猪人过关无钱，老爷要吃猪头肉。

卖笛人过关无钱，老爷要听莲花落。

讨饭人过关无钱，老爷我要吃馊粥。

烂苍蝇过关无钱，老爷要它留下籽。

泥菩萨过关无钱，老爷动手把金剥。

就是我亲娘亲爷把关过，没有银钱也只好对着城门哭。

孟姜女　当真？

关官　当真。

孟姜女　果然？

关官　果然。

孟姜女　苍天啊——

……

孟姜女　那你就放我过关。

关官　拿银子来。

孟姜女　只有银钱买饭吃，哪来银钱买路走。

关官　啊呀呀呀好标致的小娘子啊，你叫什么名字啊？

孟姜女　姓孟名姜。

关官　是闺女还是妇人？

孟姜女　是闺女也是妇人。

关官　怎么说？

孟姜女　是闺女已和丈夫拜堂，是妇人未与丈夫共枕。

关官　原来还是个黄花闺女呢，啊呀呀！孟姜女啊你到哪里去啊？

孟姜女　长城探夫。

关官　你是到长城探夫啊。

孟姜女　正是。

关官　啊呀呀！这长城千里迢迢，你这弱小女子如何能去得啊？

我看这样吧孟姜女啊你就留在我老爷身边旁。

（唱）　一见孟姜魂飘荡，天仙美女到身旁。

我家太太前年走，却无美貌作填房。

观音下凡我不拜，还寻啥灵山烧啥香？

孟姜女你此去长城只怕是凶多吉少啊！

孟姜女　何以见得？

关官　啊呀，你来看啊，过了惠泉山还有三重山，三三九重山，九九八十一重山，你孤单软弱寸步难挨，翻山越岭比登天还难，倘遇斑斓猛虎把你当顿饭菜，不去为妙，免得呜呼哀哉……

孟姜女　我能念伏虎罗汉经，敢叫猛虎开道。

关官　好个孟姜女啊，就算你能翻过万重山，可是你也到不了长城，过了扬子江，还有淮河江，还有三条江，三三九条江，九九八十一条江，这江面上无风三尺浪，水底下有虾兵蟹将，你女流之辈攀过江，突然昏倒船舱，倘迂狂风巨浪，你势必要身葬长江……孟姜女啊，我看你还是不要去为妙，免得无地上香。

孟姜女　我有分水犀牛角，敢叫海水让道。

关官　啊呀孟姜女啊，纵然你能翻过万重山，渡过千条江，可是你要到长城去救夫，恐怕只能鼻子上挂咸香。

孟姜女　此话怎讲?

关官　休想，休想。

一轮红日出东方，西方风沙天地荒，

北方风雪南方雨，东南温和西北冷。

长城就在西北角，实在是个苦地方，

终年冰山和雪海，连篷野草也不长。

吃的猪狗食，住的牛皮帐，

口渴喝冰雪，身冷无衣裳。

白天筑城墙，夜里要看更，

督工手拿哭丧棒，专打这班泥水匠。

你丈夫不是打死就是活冻煞，

再也不会在世上。

你还是听我老爷劝……留在我处做填房。

孟姜女　呸，狗官枉把乌纱带，调戏民妻罪不该。

关官　谁叫你生将像棵小白菜，春枝绿叶惹人爱。

孟姜女　背起包裹把关闯。

关官　我眼明手快把衣衫拽，（白）孟姜女来吧

……

小卒　报老爷她会唱小曲。

关官　她会唱小曲啊。

小卒　让她唱段小唱就让她过关吧。

关官　叫她唱段小曲，老爷，老爷我就放她过关。

大卒　一言为定。

关官　老爷言出如山，烂了就是王八。

大小卒　我家老爷说了，唱了放你过关，烂了就是王八。

关官　　唱来。

孟姜女　　如此小女献丑了：

（唱）　正月里来是新春，家家户户点红灯。
别人家夫妻有团圆，孟姜女丈夫去造长城。
二月里来暖洋洋，燕子双双上画梁。
卸泥筑巢家园建，孟姜女孤单好凄凉。
三月里来是清明，家家户户去上坟。
别人家坟上飘白纸，孟家坟上冷清清。
四月里来养蚕忙，桑姑提篮去采桑。
想起我夫万杞良，蚕丝怎比我情丝长。
五月里来石榴红，我与杞良喜相逢。
池畔结缘拜天地，棒打鸳鸯各分西东。
六月里来热难当，蚊出飞来难提防。
宁可叮奴千口血，莫叮我丈夫万杞良。
七月里来入秋凉，姜女替夫缝衣裳。
针线扎在蓝衣上，刺我心肝牵动我肠。
八月里来雁门开，仰望鸿雁送书来。
闲人只说闲人话，不见鸿雁传书来。
九月里来是重阳，重阳美酒菊花香。
满满敬我我不喝，要我饮酒人成双。
十月里来稻上场，家家牵砻新米尝。
想起我夫万杞良，泪水拌饭口难张。
十一月里来雪花飞，孟姜女万里送寒衣。
天上乌鸦肯领路，地下无钱步难行。
十二月里忙过年，杀猪宰羊闹喧天。
别人家夫妻同饮三杯团圆酒，孟姜女思夫又一年。

小卒　　老爷她走啦（哭……）

关官　　走就走吧。

大卒　　老爷这小女子已经跑远了，你还哭啥?

关官　　这个女子意实坚贞，有情有义，就是石头人听见了她的身世也要淌眼泪的……

【第五场】（残破庙宇）

孟姜女　（唱）　夜色茫茫，静悄悄，
孟姜女孤身宿枯庙，
见庙内屋坍墙倒，神像一边抛。
香炉里面长春草，
这才是苦鸟偏落在苦树上。
我苦难人偏遇苦神道，
求菩萨保佑我爹娘身康健，
保佑我丈夫灾难消，
保佑我平安到长城，
早日能把夫见到，
双双倾诉离别情，
同回故乡永偕老。
你若能随我心头愿，
菩萨呀，我定来与你重修金身重建庙。

（梦境）

万杞良　娘子我回来了……

孟姜女　杞良，我夫……

（内合唱）　冰化雪消春来到，莺歌燕舞花儿笑。
月缺总有团圆时，枯木逢春在今朝。

万杞良　从今后相亲相爱长相守。

孟姜女　夫唱妇随不分道。

万杞良　从今后吟诗作对赋文稿。

孟姜女　操琴下棋常欢笑。

万杞良　我与你有福同享难同当。

孟姜女　风雨同舟苦同熬。

万杞良　我与你不图富贵不羡仙。

孟姜女　我与你唯愿永做比翼鸟……

孟兴　（上）（唱）　逃出孟家回家乡，
孟兴我喝酒天天进赌场，
谁知道手气不好四五六变一二三。

不义之财全输光，

身上还背一身债，

没奈何只得卖掉爹娘留下的破草房。

现在是银子输光卖掉草房，

无家可归到处流浪，

偷偷摸摸，摸摸偷偷度时光，

夜来就住宿破庙破庵堂……

孟姜女　　杞郎，杞郎。

孟兴　　这夜深人静，荒山破庙，哪来的女子哭声响？

（进庙见孟姜女）　　啊，孟姜女哎……

孟姜女　　啊呀，你……你是何人？

孟兴　　我是孟兴啊。

孟姜女　　孟兴你……你这衣冠禽兽。

孟兴　　哈哈，骂得好，骂得好，打情骂俏我不计较。

孟姜女　　你？

孟兴　　孟姜女你我真是有缘千里来相会，今天晚上在这荒郊破庙之中，你我就成亲吧。

李姑　（里间出）　　住手，看箭。

孟兴　　你，你是人，是鬼？啊——（孟兴逃下）

李姑　　大姐醒来，大姐醒来。

孟姜女　　多谢姑娘相救之恩。

李姑　　大姐，不知大姐从何而来，欲往何去？

孟姜女　　是松江而来，欲去长城。

李姑　　我家哥哥也在筑造长城了。

孟姜女　　不知姑娘姓甚名谁，到此作甚？

李姑　　大姐呀，我家祖居镇江府，世代打猎把口糊。

自从我李文哥哥去造长城，

抚养老母我担负。

李姑我打猎正从这里过，

见无赖把你来欺负。

一股怒火压不住，

一箭叫他命呜呼。

孟姜女　　多谢姑娘。

李姑　　大姐，你一个人住在这荒郊破庙如何是好，大姐你就到我家住上一宿，明日再走。

孟姜女　　深更半夜，惊动令堂大人我实是于心不安啊。

李姑　　不妨，家母是个豪爽好客之人，大姐请。

孟姜女　　如此多谢了。

【第六场】（长城工地）

（严冬，长城畔）

（伴唱）　　北风呼啸天寒冷，为保中原造长城。

权奸趁机刮民财，劳役受苦不聊生。

（内喊）　　走，走，走，啐。（风响）

万杞良　　唱：北风呼呼刺骨寒，衣衫单薄身不暖。

临别蒙你赠金簪，见金簪犹如见贤妻在身边。

犹如贤妻在身边，杞良我日夜常金簪看，

转眼离别将一年，妻南夫北音讯断。

想必你一日六时常辗转，

倚门盼望意欲穿，娘子啊，你在想我我想你。

你心痛来我必心酸，望你自身多保重，

切莫为我心不安，

但等那长城造好我回转，夫妻就能重团圆。

（内）　　快走，快走，快走。

万杞良　　李文兄弟，你怎么啦？

陈玉　（上）　　才开工你们就偷懒。

万杞良　　将军，他身有病，你不能打。

陈玉　　分明是偷懒装蒜。

万杞良　　将军他……（挡住陈玉手）

陈玉　　怎么你敢为他辩护？滚开，滚出来，你胆敢偷懒，啊，你们这帮穷小子想造反，

好，万杞良，你给我等着。（下）

李文　　杞良，你不要管我了，你赶快逃生去吧。

众人　　你快逃吧。

万杞良　　不，我能逃到哪里去啊？

众人　　杞良，杞良，杞良。

魏宗麟　（上）　你是万杞良吗？

陈玉　　混蛋！还不上前见过魏大人。

魏宗麟　　万杞良，你是被判死刑的书生，罚来做苦役的囚犯，你竟敢充当闹事祸首，你违反国法，不知有罪吗？来人，剁了万杞良双手。

万杞良　　魏国贼，你身为督办钦差，谁的手长，你自己心里清楚。

魏宗麟　　是谁，你与我讲，你与我讲。

万杞良　　好，我说，我说。

（唱）　为保中原造长城，安邦定国皇恩浩荡，

国库银两也动用，百姓捐献银万两。

这些银钱哪里去，你可敢当众讲一讲？

可恨你们这些白眼狼，

你对上虚报下扣压，粮饷寒衣分了赃，

掌权经办发横财，趁机搜刮掳掠抢。

看一看，多少民役挨冻死，多少人在棍棒之下把命丧，

多少人埋进万人坑，多少孤儿叫爹娘，

多少人家哭凄惶，你们作了多少孽欠下多少血泪账。

罪魁祸首就是你，魏宗麟你的恶名已远扬。

魏宗麟　　啊呸，你聚众闹事太猖狂，竟敢以下来犯上。

来人与我将他绑，剁了手脚，肉身填基埋城墙。

众喊　　杞良，杞良……

【第七场】（长城上）

（北园边寨长城脚下）

（合唱）　孟姜女为夫送寒衣，历尽艰辛志不移。

行程不怕路万里，来到长城有尽期。

孟姜女　（内唱）　茫茫天际雪纷纷……（上）孟姜女为夫送寒衣。

雪纷飞，送寒衣，虽苦犹甜笑心里。

孟姜女　　长城，长城。（唱）看到长城心欢喜，两脚奔波步快移，

今日我就能见到夫君面，杞良你可曾想到会见妻。

为何此地人影稀，问个明白免猜疑。

李文　（上）

孟姜女　请问大哥，这里的民役都回去了吗？

李文　长城还未造好，一个也没有回去，施工都在前面去了。

孟姜女　大哥听你口言不像本地人氏。

李文　是啊，我乃镇江人氏，被抓到此，逼做民役，只因身上有病故而丢在此地看守城墙。

孟姜女　请问大哥姓甚名谁？

李文　姓李名文。

孟姜女　啊呀李文大哥，我总算找到你了。

李文　你？

孟姜女　只因我在途中遇险，幸遇令妹李姑相救。

李文　我娘和我妹妹都好吗？

孟姜女　老夫人已经哭瞎了眼，令妹身体倒也健康，叫你造好长城之后早日回去，李大哥，你可认识万杞良吗？

李文　你是他什么人？

孟姜女　我是他的妻子。

李文　你……你莫非就是松江来的孟小姐。

孟姜女　啊呀李大哥，你认识我夫万杞良？

李文　我与他非但认识，而且是患难兄弟有生死之交。

孟姜女　呀，李大哥，我丈夫就在前面工地上吗？

李文　他……

孟姜女　李大哥，你……你快说呀。

李文　孟小姐，杞良他为救我的性命抱打不平，被督办钦差魏宗麟活活地埋在城墙底下填基了。

孟姜女　啊呀，（唱）我万里寻夫长城来，满怀希望叙恩爱。

不料到此闻噩耗，亲人被害城下埋。（昏晕）

李文　孟小姐，孟小姐，醒醒，快醒醒。

孟姜女　（唱）　杞良啊，夫妻交拜成永别，再要相见梦中来。

杞良啊，别人家夫妻成双对，想我是棒打鸳鸯两分开；

别人家夫妻同享天伦乐，想我是长流泪水守空闺；

别人家夫妻共白首，你却是此去黄泉永不回。

我为你万里送寒衣，受尽人间千重灾；

我为你忍痛挥泪别双亲，沿途中常歇荒郊破庙内；
我为你许墅关前唱哀曲，受气忍辱强忍耐。
为妻寒冷不忍穿，为的是新棉更能暖你怀。
谁知今日到长城，为妻不见你身影在。
想不到万里寻夫梦一场，满腔热忱化成灰。

（白） 杞良啊，我夫……杞良，杞良……万郎！万郎！
乌雀惊飞雪纷纷，苍天垂泪放悲声。
长城寻君君不见，你半为风雨半为尘。
你一点孤魂在何处？
我万里奔波为何人？为何人？
实指望鸳鸯交颈同生死，实指望莲开并蒂结同心。
花烛未成抓你走，天涯海角两离分。
实指望到了长城见到你，谁知你珠沉玉碎成孤魂！
苍天啊！
何不让月常圆花常好，却叫那月缺花残付断云。
我高哭三声天也暗，我低哭三声地也昏。
天昏地暗乌云起，你不见三山五岳血泪倾。
你不见人间苦难如东海，你不管坟山高筑恨难平。
老天你若通人性，快快偿还我夫君，
老天老天你若通人性，快快偿还我的夫君！

（雷响城墙倒）

（伴唱） 天愤怒地悲哀，万人坑前响惊雷，响惊雷。
哭声震动万重山万重山，八百里长城被哭坍，被哭坍——

孟姜女 喊一声来哭一声，
孟姜我喊声杞良哭声夫君
喊哭连声耳边无回音，
杞良呀，你为何不应一声……
喊一声来哭一声，
孟姜我喉咙喊破，眼泪流尽。
要见亲人不见来人，
如挖我的肝肠割去我的心啊！

杞良啊，我似孤雁空悲鸣，空悲鸣。（拔下金簪）

（唱） 重见金簪我痛心怀，新婚诀别言犹在。

我生不能与你同罗帐，死后与你决不再分开——

魏宗麟 嘟，大胆民女你竟敢私闯禁地，毁坏城墙，你该当何罪？

孟姜女 想我孟姜女千里迢迢为丈夫赶送寒衣，何为私闯禁地，我小小女子手无缚鸡之力，岂有毁城墙之能，风刮雷轰长城自坍，我何罪之有？

陈玉 嘟，大胆民女，竟敢冲撞督办钦差魏大人，该当何罪？

孟姜女 你……你就是害死我丈夫的督办钦差魏宗麟，贼子！

魏宗麟 啊，哈哈……既然你什么都知道，那我就成全了你，来人呀，将孟姜女也推入万人坑，好让他夫妻二人阴曹相会。

孟姜女 杞良啊，我夫啊……杞良，杞良……我随你来了。（跳下，雷雨大作）

众人 长城倒塌了，快快逃呀！快快逃呀！（众跑下）

魏宗麟 （挣扎向前） 啊，啊！哈，哈哈——（长城大崩塌，葬身废墟）

静场，鸳鸯起飞、相会、长吟、舞蹈……

（内合唱） 孟姜思念万杞良，坚贞不移殉夫郎。

生前夫妻难成对，死后双双配鸳鸯。

孟姜女和万杞良，千秋万代永传扬……

（全剧终）

黄梅戏《孟姜女》

黄梅戏原名黄梅调，起源于湖北黄梅县一带的采茶歌，清朝道光年间在湖北、安徽、江西三省毗邻地区，形成了以演唱“两小戏”“三小戏”为主的民间小戏。后吸收青阳腔和徽剧的音乐，表演艺术以及其他民间音乐，演出三大戏。小戏多用各自独立的唱腔，大戏有平词、火工二行、三行、花腔等。流行并发展壮大于以怀宁为中心的安庆，黄梅戏与京剧、越剧、评剧、豫剧并称“中国五大戏曲剧种”，受到广泛的欢迎。黄梅戏唱腔淳朴流畅，细腻动人，以明快抒情见长，具有丰富的表现力，表演质朴细致，以真实活泼著称，且通俗易懂，易于普及，深受各地群众的喜爱。黄梅戏唱腔委婉清新，分花腔和平词两大类。花腔以演小戏为主，富有浓厚的生活气息和民歌风味；平词是正本戏中最主要的唱腔，常用于大段叙述，抒情，听起来委婉悠扬，《孟姜女》一剧即是典型的平词唱腔的经典剧目。黄梅戏的戏文语言具有典型的江南民歌的艺术特点。语言以抒情见长，质朴深情委婉。修辞上多用比兴、类比、比喻、排比、呼告等手法营造典型的抒情氛围，渲染浓郁的抒情情调，如“过关”一场，戏文中排比了范杞良走后一年四季十二个月孟姜女的悲苦心情，也把主人公孟姜女一年中的行为和心绪变化高度概括，丰富了人物的形象，加深了观众对人物的理解，使人物形象的塑造更加丰满。这种手法在淮剧、锡剧、沪剧、庐剧等江南特色的同名剧目中都有运用。

剧本欣赏（节选）

孟姜女

孟姜女　轻风吹皱池中水，
搅碎了水中明月乱纷纷。
我心好似风吹皱，
思绪缕缕愁肠百结谈什么春。
并蒂莲朝我微微笑，
鸳鸯鸟双双栖息在花荫。
不羡那官宦人家争富贵，
只羡那鸳鸯同生共死永结同心。

孟姜女　锣声震天，喊声盈庄，搜查追捕，闹到天荒，举国上下张贴皇榜，原来是……

范杞良　悬赏捉拿的范杞良！

孟姜女　你就是范公子？

范杞良　正是。

孟姜女　但不知公子身犯何罪？

范杞良　小姐呀！长城修造日月长，造一方来塌一方。
多少老人城下死，多少子弟石下亡。
秦王占卜把旨降，姑苏捉拿我范杞良。
说我是仙童下界金玉体，一人能替万民亡。
如今四处悬皇榜，只许报官不许藏。
知情不报将我放，满门抄斩要遭祸殃。
小姐呀！快快将我送到官府去，免得祸延孟家庄。

孟姜女　呀！自身站在悬崖上，却把那他人安危挂心上。
月儿呀，甚良缘你叫他闯进我心上！欠孽债你叫他闯进孟家庄。
公子呀！我若将你送官去，姑苏城哭坏了你的爹娘！
我若将你送官去，苦海血沃难还乡。
我若将你送官去，岂不是嫌我不义，
见死不救、恩将仇报、落井下石，为人不良！
且在园内将身躲，天大的祸事我承挡！

（新婚别）

范杞良　惊魂未定风雨重，你我相会在风雨中。

今宵是情丝织成巫山梦，拴住明月照碧空。

怕只怕西风又送梧桐雨，风卷落红一场空。

孟姜女　范郎！风雨同舟情意重，你我相会在风雨中。

我不羡宝冠霞帔苦后荣，但愿得生死与共苦死始终。

郎君呀！说什么西风又送梧桐雨，怎禁得并蒂莲结并蒂蓬！

范杞良　我愿做那莲上的子。

孟姜女　我愿做那花中的蓬。

范杞良　莲上子。

孟姜女　花中的蓬。

（合唱）　情牵丝长永无穷。

范杞良　我愿做那鸳鸯鸟。

孟姜女　双双游进我心中。

范杞良　心中为她做个巢。

孟姜女　同御寒来同避风。

范杞良　同御寒。

孟姜女　同避风。

（合唱）　同迎春水同御冬！

孟姜女　成婚未饮交杯酒，血泪点点杯中流。

望把血泪咽下喉，望把妾身记心头。

范杞良　我把血泪咽下喉，我俩的血泪掺和流。

孟姜女　莲开并蒂仍依旧，鸳鸯依旧水上游。

又见荷塘塘边柳，相会桥头、别在桥头。

郎君呀！你我的缘分为何这样短？

恩爱夫妻不到头！

范杞良　小姐呀今日别你塞北去，劝你莫到荷塘少下楼。

望你莫看并蒂莲，莫看鸳鸯水上游。

倘若你为我把那花容瘦，我为你也会肝肠寸断一命休！

小姐呀！十里长亭大渡口，不分手来也分手。

小姐呀！我随差官长城去，凶多吉少难回头。

我与你虽拜花烛未……未合荠，小姐啊！莫把青春等闲丢，

还望你另出庚帖再招婿，也好为白发的爹娘分点忧！

闲时节为我坟前烧点纸，我含笑九泉无他求！

孟姜女　你……伤心话、说出口，大江也为我呜咽为我愁！

郎君！多情岂怕千山阻，江南泪往塞北流。

这条丝带交君手，它紧贴妾身十八秋。

为酬今宵未了缘，望它慰君孤凄半君宿。

将两颗心儿紧紧系，上天入地伴君游。

玉坠上将妾的年庚镂，夫啊！誓与郎君共百头！

（伴唱）　啊—— 这岂是大江之上度人的舟，

分明是阎罗手中叉魂的钩。

呜咽的江水垂泪的柳，天地间怎装下这离别的愁。

（修书、梦会）

孟姜女　秋风飒飒秋意冷，冷在郎身冻在我的心。

我把寒衣暖一暖，愿它给郎温一温。

未量郎的尺和寸，不知寒衣可合郎的身？

大了用丝带紧一紧，小了待奴抻一抻。

千万给奴捎封信，再做寒衣送夫君！

孟姜女　秋水望穿等郎信，

范杞良　城墙上跑马难回程。

孟姜女　大雪纷飞等郎信，

范杞良　半空点灯灯不明。

孟姜女　春风杨柳等郎信，

范杞良　房中打伞空费神。

孟姜女　夏日炎炎等郎信，

范杞良　井底黄连苦的深。

范杞良　祥云送我华亭到，

孟姜女　一见范郎愁云顿消。

今日是月从圆来花从好，

范杞良　我与你花烛从燃在今宵。

孟姜女　我为你独倚楼望断云山音信渺。

范杞良　我为你别离愁万里沙场苦煎熬。

孟姜女　我为你怕听那夜半杜鹃声声叫。

范杞良　我为你怕看明月上柳梢。

（合）　亲人难见恨难消！

孟姜女　元宵节我想你怕听花灯闹，
端阳节我想你怕将龙舟瞧，
中秋节我想你怕听鸿雁噪，
腊月节我想你怕见雪花飘。
君去后从此不看鸳鸯鸟，
君去后不登荷塘小石桥。
我只说关山阻隔将我忘了，
夫妻相会在今朝。

范杞良　两颗心紧系牢怎能丢抛，
芦花纷飞寒风料峭。
长城衣单冷难熬，
娘子啊！泪眼若穿得进针和线，
做一件寒衣暖我身腰。
泪眼若穿不进针和线，
你把那旧衣旧裤破絮烂袄也送上几条。
本当在此多把话讲，秦王知道命难逃！

（过关）

孟姜女　正月里来是新春，家家户户挂红灯。老爷高堂饮美酒，孟姜女堂前放悲声；
二月里来暖洋洋，双双燕子绕画梁，燕子飞来又飞去，孟姜女过关泪汪汪；
三月里来是清明，桃红柳绿处处春。家家坟头飘白纸，处处埋的筑城人；
四月里来养蚕忙，桑园里想起范杞良。桑篮挂在桑枝上，勒把眼泪勒把桑；
五月里来是黄梅，梅雨漫天泪满腮。又怕雨湿郎身体，又怕泪洒郎心怀；
六月里来热难当，蚊虫嘴尖似杆枪。愿叮奴身千口血，莫咬我夫范杞良；
七月里来七月七，牛郎织女会佳期。银河不见我郎面，泪流河水溅三尺；
八月里来秋风凉，孟姜女窗前缝衣裳。针儿扎在手指上，线儿绣的范杞良；
九月里来九重阳，高高山上遇虎狼。命儿悬在虎口里，心儿想着范杞良；
十月里来北风高，霜似剑来风似刀。风刀霜剑留留情，范郎无衣冷难熬；
十一月里大雪飞，我郎一去未回归。万里寻夫把寒衣送，不见范郎誓不回；
十二月里雪茫茫，孟姜女城下哭断肠。望求老爷抬贵手，放我过关见范郎。

（哭城）

孟姜女　范郎！范郎！范郎啊！范郎啊！ 乌雀惊飞雪纷纷，苍天垂泪放悲声。

长城寻君君不见，你半为风雨半为尘。
你一点孤魂在何处？我万里奔波为何人？ 为何人！
实指望鸳鸯交颈同生死，
实指望莲开并蒂结同心。
花烛未成抓你走，天涯海角两离分。
实指望到了长城见到你，
谁知你珠沉玉碎成孤魂！
苍天啊！何不让月常圆花常好，
却叫那月缺花残付断云。
我高哭三声天也暗，
我低哭三声地也昏。
天昏地暗乌云起，你不见三山五岳血泪倾。
你不见人间苦难如东海，你不管坟山高筑恨难平。
老天你若通人性，快快偿还我夫君，
老天老天你若通人性，快快偿还我的夫君！
（伴唱） 苍天装不下悲和愤，长城抵不了血泪倾。
筑人筑土一万里，万里白骨何处寻夫君 、寻夫君。
孟姜女 范郎范郎你听妻讲，我送寒衣来到你身旁。
北风怒号寒气降，不知你手脚凉不凉？
人间你受尽孤单苦，决不让你九泉下还受凄凉。
范郎范郎你听妻讲，妻子接你转回乡。
实指望夫妻见面多恩爱，又谁知一场春梦两渺茫！
你把那黄袍撕得纷纷碎，你把那黄帽也丢一旁。
虚名浮利你丢身外，却把这定情的玉坠紧贴心旁。
我的范郎啊！哀鸿遍野世道乱，我死我活实难防。
死也要和你死一起，把这玉坠放中央。
丝带把我们牢牢系，孟姜女伴随范杞良！

傩戏《孟姜女寻夫》

孟姜女的传说广泛流传在中国南北各地区

傩戏是中国传统戏曲剧种，是在民间祭祀仪式的基础上吸取民间歌舞、戏剧而形成的一种戏曲形式。傩，古书解为驱鬼逐疫。傩舞是古代祭祀仪式中的一种舞蹈，傩戏是在傩舞的基础之上发展形成的一种戏剧形式。傩戏起源于商周时期的方相氏驱傩活动，汉代以后，逐渐发展成为具有浓厚娱人色彩和戏乐成分的礼仪祀典。大约在宋代前后，傩仪由于受到民间歌舞、戏剧的影响，开始衍变为旨在酬神还愿的傩戏。

傩戏是历史、民俗、民间宗教和原始戏剧的综合体。广泛流行于安徽、江西、湖北、湖南、四川、贵州、陕西、河北等省。傩戏在不同民族和地区，名称不一，如傩堂戏、端公戏、师道戏、僮子戏、地戏、关索戏等。演员演出时戴柳木雕成的面具，极似庙宇中的雕像。据《通雅》说："傩神凡十二，皆使之追恶凶。"一般表演动作简单而原始，多用反复的大幅度的程式化舞蹈动作。唱腔有《新水令》等曲牌，无帮腔，统称"傩腔"。用大锣、钹、鼓等伴奏。

傩戏的演出剧目不多，内容也较为简单，大都与宗教和驱疫纳福有关。一般来源于两方面：一是从请神的需要出发；二是从娱神娱人的需要出发，扮演一些与请神法事无关的剧目。

从总体来看，由于历史背景和所接受的艺术影响不同，傩戏分为傩堂戏、地戏、阳戏三种。地戏是由明初"调北征南"留守在云南、贵州屯田戍边将士的后裔屯堡人为祭祀祖先而演出的一种傩戏，没有民间生活戏和才子佳人戏，所演都是反映历史故事的武打戏。而阳戏则恰恰相反，它是端公法师在作完法事后演给活人看的，故演出以反映民间生活的小戏为主，所唱腔调亦多吸收自花鼓、花灯等民间小戏。

傩戏剧目可分三类：

一是正本戏，多属巫师作法事必须唱的，如《仙姑送子》《梁山土地》《发五猖》等，这类剧目宗教色彩浓，情节简单，戴面具演出，多唱巫腔。

二是傩堂小戏，在傩坛和高台均能演出。如《采香》、《造云楼》、《打銮驾》（即《陈州放粮》）、《青家庄》等。这类剧目宗教色彩淡一些，世俗及娱乐成分较重，常在法事程序中的"唱戏"部分演出，表演有一定的程式，唱腔有一定的板式变化。

三是一些称为"外台戏"的戏，如《孟姜女》、《庞氏女》、《龙王女》（又称《柳毅传书》或《骑龙下海》），民间经常把《龙王女》、《孟姜女》、《庞氏女》（东汉孝子姜诗及其妻子庞氏的故事）并称"三女戏"。此外还有一些取材于《目连传》《三国演义》《西游记》故事的剧目。这类剧目戏曲化程度较高。

剧本唱多白少，善于通过大段叙事性唱词交代事件，展开矛盾，塑造形象。演唱用本地方言，唱腔除第一类剧目用端公调外，其他均唱本地群众熟悉的戏曲腔调。一般唱多白少，但也有一些白口戏。演出时以各地方言为主，生动朴实。

傩戏被称为"中国戏剧活化石"，是中国最古老的文化之一，有独特的审美价值和意蕴。

十四出傩戏《孟姜女寻夫》是傩戏代表性演出剧目之一，根据《左传》《孟子·告子》《列女传·齐杞梁妻》《说苑·立节》等历史文献而创作。写秦始皇筑长城时，孟姜女与范杞良结为夫妇，后范杞良被抽丁抓差去修筑长城，孟姜女为其送寒衣，不惧路途遥远，登山涉水，吃尽千辛万苦，寻夫送寒衣到长城，而范杞良已被折磨而死。孟姜女思夫哭倒长城，收拾白骨"得转家门"。

第一出《见榜侯差》，通过范杞良与乡官的唱词交代故事发生的具体背景——"秦王无道苦黎民"，"今朝点我去筑长城"。

第二出《拿夫丁》，在陈放刁"远望北方烟界地，押些伕子上长城"的念白中，通过"我是一个读书的，十年寒窗无人问，一举成名天下闻"的书生唱词，交代征夫修筑长城的紧迫形势，为范杞良、孟姜女的生离死别蓄势。

第三出《结配》，通过孟姜女和范杞良的唱词，介绍了二人各自的身世，"美貌端正面如霜"的孟姜女在"三愿"中与躲避"差官拿我筑城墙"的范杞良结为夫妻，"一对鸳鸯天上来"。

第四出《分别》，写在差官（陈放刁）"秦王差我去拿人"的唱词中范杞良与孟姜女的婚姻"正是好花遭雨打，月到明处被云遮"被拆散，"夫妻本是同林鸟，差官一到各自飞"令人叹惋。

第五出《送寒衣》，写孟姜女在范杞良"望奴九月去送寒衣"的盼望中与小姑一同上路去送寒衣，"姑嫂二人行路艰"，"姑嫂途中受凄寒"渲染了时间之长，路途之遥，过程之难！表达了在"年又尽，月又残"的慢慢寻夫送寒衣的路上的"忠""孝"心理。

第六出《过铁板桥》，通过守桥官与孟姜女在"四海皆通铁板桥"上的唱词，一是强化孟姜女"为夫亲送寒衣"的多艰，二是彰显"贤德女子"的受人尊敬。

第七出《六罗山遇叔》，写孟姜女在"奴已离家三年六个月，盘费用完"后在六罗山巧遇"聚起喽啰千万个，落草山中结寨营"的杞良弟，杞良弟"送嫂涉过六罗山"的曲折。

第八出《问卦》，通过卜者的唱词和念白，"杞良卦上落空亡，你夫长城做宿王，去到长城须仔细，带了枯骨早回乡"，预示情节发展结局的不可逆转；同时再渲染孟姜女"过了江河又过岭，一程去了又一程"的送寒衣信念的执着。

第九出《渡江》，通过务官"这妇人，为夫亲自送寒衣，必得是个贤德女子"的夸赞和老艄公等人的倾力相助，孟姜女"思夫千里送寒衣"渡江过程得以完成。

第十出《遇虎》，写孟姜女"思夫千里送寒衣"路途遇虎，但"行善之人当救护"，涉险而过。

第十一出《过蛇王庙》，写孟姜女“思夫千里送寒衣”途中又遇白蛇精，幸有山神相助而过。

第十二出《过斋僧馆》，写孟姜女“思夫千里送寒衣”途中遇“赌钱吃酒贪花色”的和尚诱惑，在斥责中得以脱身，“今朝行到岔路口，不知哪路得到长城”。

第十三出《金星指路》，通过孟姜女的“听取奴家诉苦衷”，“丈夫苦役在塞外，望你指路早到长城”的急切心情，写出其“……真心感上天”后得到金星的指点和帮助。

第十四出《拾骨还乡》，写在“秦王无道君，空筑万里城”的背景下，众夫、元帅、孟姜女等人诅咒和哭倒城墙，用夸张性的言词指斥离散夫妻亲人的筑城行为，同时肯定了孟姜女在“血已就，骨拣清，收拾包袱转回程，感得皇天来庇佑”中“芳名耿耿留后代”。

本剧故事源出《左传》，在其他典籍和宋元戏文如《孟姜女送寒衣》《孟姜女贞烈戏文》，元杂剧《孟姜女千里送寒衣》，明清传奇《长城记》《杞梁妻》等中都有表现，主要记述春秋时齐国将军杞梁（又作良）出征战死后，其妻子伤痛哭夫而渐渐变为国俗。故事在民间流传中反对封建暴政的主题渐渐彰显，同时歌颂爱情婚姻忠贞、节烈的意味也比较鲜明。在戏剧艺术方面以记述和表现故事过程为主，唱、白均有体现，而在叙事过程中表现人物性格，使孟姜女在寻夫送寒衣中表现出节烈、忠贞的品德性格，重点突出，戏剧冲突设置合理，张弛较有限度。但因社会时代原因不可避免流露出难剔除的因果报应、封建迷信等糟粕。

剧本欣赏（节选）

孟姜女寻夫

主要角色：

范杞良 孟姜女 乡官 陈放刁 书生 拳手 妇女 小姑姑 守桥官 杞良弟 众喽喽 卜者 务官 老艄公 妈妈 和尚 山神 金星 众夫丁 元帅 里长

第十四出 拾骨还乡

（众夫丁上。）

众夫丁 （同唱） 秦王令，苦生灵，遮遍了天边日月星。果然城墙高万丈，万张高墙好惊人。秦王无道君，空筑万里城。

（陈放刁上。）

陈放刁 （唱） 放刁当，大甲头，掌起威权夫便愁，世人莫作寻常看，任谁到此也不自由。这几日怎么不来应点？

众夫丁 告相公，下半月风雪，此因迟误，望相关恕罪。

（元帅上。）

元帅　　众夫丁，都听我号令，一名林巾（应），二名林秀（应），三名杞良（不应）四五六名都在此，只少范杞良一名。陈放刁，听我吩咐，在里不许出，在外不准进，挑送只管挑送，运土只管运土，不许乱动。如有违令，拿来重责。

陈放刁　　一一领命！众夫丁，元帅吩咐下来，挑泥只管挑泥，运土只管运土，不许乱动，如有不遵，拿来重责。

众夫丁　　我们人多，人心不齐，大家不免唱一个杵墙歌，也好消愁解闷。

元帅　　众夫丁出题。

众夫丁　　还是元帅出题。

元帅　　唱一个春夏秋冬四季罢了。

众夫丁　　大家合来。（同唱）春来了，雁北飞，人人都唱杵歌声。筑起城墙高万丈，遮了天边日月星辰。秦王见，心喜欢，哪知筑墙苦辛情。堂上别了爹和母，房中又抛下少年妻。

陈放刁　　筑起城墙都放你回家，夫妻合哩嗹啰。

众夫丁　（唱）　夏日里，荷花开，谁人替我挑土来。烈日当空天气热，只怕天热谁肯来。

君王令，可怜见，王令一下生命危。筑起城墙高万丈，遮了天上日月三光。

（孟姜女上。）

孟姜女　（唱）　深深拜，拜将军，腰里无钱手里贫，只因丈夫无衣着，奴家亲自来送寒衣。

元　帅　　这婆娘，你丈夫是谁？

孟姜女　　是范杞良。

元　帅　（念）　各人自扫门前雪，休管他人瓦上霜。

孟姜女　（念）　上山擒虎易，开口告人难。

陈放刁　　这婆娘在此乱说，可怕将军的号令？我且问你，你丈夫姓甚名谁？

孟姜女　　姓范名杞良。

陈放刁　　旧年逃去，拿来打死了。也罢，你到元帅府中，龙须席，象牙床，鸳鸯枕，同欢同乐，岂不美哉！

孟姜女　（唱）　深深拜，拜将军，一路奔波实苦辛。宁可将军刀下死，怎肯将身伺他人。

陈放刁　　既然如此，寻你丈夫去吧。众夫丁被这妇人打断歌声，还有秋冬二季未唱。

众夫丁　（唱）　秋风起，落叶飞，黄菊东篱正盛时。盛时菊花香几日！几人吃酒又几人愁！我们无酒吃，终日受孤凄。冬风冷，雪花飞，人夫个个备冬衣，来年又是天上热，于今天气正是寒时。君王见可怜，放我一时闲，杞良寻不着，又来姜女送寒衣，个个别父母，人人都抛少年妻！

孟姜女　（唱）　来到此，见城墙，挑泥运土万人忙。借问甲头不肯说，如何独不见范杞良。奴命苦，哭郎君，果然神明不欺人。哭得金星来显圣，神差鬼使折倒长城。

墙已倒，骨难分，不知谁是我夫君？奴家哀痛无计策，许多骸骨实好伤心。

乌鸦叫，两三声，想是神明灵威灵，低头寻骨它又叫，抬头望鸦鸦已去。
乌鸦去，我后跟，原来这里骨满坑，不免咬齿来滴血，血交骨就是我夫君。
血已就，骨拣清，收拾包袱转回程。感得皇天来庇佑，方能得骨还转家门。
盼爹娘，盼爹娘，康健无恙坐高堂。芳名耿耿留后代，名香一炷敬谢苍穹。
（下）

（剧终）

剧本欣赏（节选）

新刻孟姜女万里寻夫

自古从来一枝兴，匆唱卢凤淮阳城。徽宁池太都匆唱，单唱松江一座城。
松江城内出西门，华亭县里有名声。华亭县有（个）孟隆德，所生一位女千金。
三朝堂前来取名，取名叫作舍何名。取名就叫孟姜女，到老终身不改名。
一周两岁娘怀抱，三周四岁离娘身。五六七岁学针织，请个绣娘绣花名。
孟姜长成八九岁，挑花捺绣尽完成。远远近近嘈嘈说，好个伶俐女千金。
孟姜长成十六岁，爹娘说与女儿听。万贯家财总无靠，招个女婿传后人。
孟姜回答爹娘道，爹娘听我说原因。孩儿年纪尚还小，奉劝爹娘且消停。
孩儿正好在闺门，情愿陪伴两双亲。

匆唱华亭孟姜女，再唱苏州姓万人。苏州有个万员外，所生一子在家庭。
三朝堂前来取名，取名叫作舍何名，取名就叫万喜良，到老终身未改名。
相貌堂堂无比论，又如仙子下凡尘。两个奶娘来服侍，梅香长报不离身。
喜良长成五六岁，请个先生读书文。纸墨笔砚爹爹买，四季衣衫娘当心。
四书五经读完成，读完经书做文章，做出文章无比论。

匆唱苏州万喜良，要唱京都万岁君。只为江山来作乱，要造长城万里程。
万里长城工程大，若无神仙造匆成。造起长城还犹可，要伤百姓一万人。

天上神仙来知道，变化凡人来送信。苏州有个万喜良，一人可抵一万人。
君王听奏龙颜喜，皇榜挂到苏州城。六门三关多挂到，要捉喜良造长城。
各县各府多挂到，皇榜挂得密层层。各乡各镇人人晓，天下百姓尽知闻。
有人藏只万喜良，立斩之罪不非轻。九族亲邻多不赦，多要斩草尽除根。
有人晓得万喜良，报信重赏雪花银。有人捉到万喜良，封官加爵不非轻。
员外听得浑身抖，两泪双抛好伤心。只怪昏王无道理，捉我孩儿造长城。
别家孩儿千千万，我家儿子一个人。员外哭到伤心处，几番哭死又还魂。
我儿造死长城内，老来终身靠何人。员外肚里来思想，打发孩儿去逃生。
便叫喜良去逃命，吩咐沐浴换衣巾。祭天祭地祭神明，再祭祖宗先灵坟。
求天求地求神明，再求祖宗保儿孙。祭完立刻来打发，就叫喜良快动身。
喜良公子哀哀哭，拜别爹娘两双亲。恶日恶时来躲过，回来侍奉两双亲。
喜良辞别爹和娘，珠泪双抛痛伤心。若然造死长城内，无人侍奉二双亲。
十月怀胎枉养成，三年乳哺空旁心。一头走来一头哭，拜别爹娘二双亲。
喜良逃出自家门，阊门早在面前存。出子阊门金口闸，来来往往无数人。
逃一城来又一城，逃出苏州一座城。
……

守七事情且开场，孟姜节义世无双。头七到，祭悲伤，孟姜女要去供养。
柏子上面排筵席，不见亲夫万喜良。二七到，哭悲啼，孟姜女痛哭在房香。
黄杨木梳拏不动，想起亲夫懒梳妆。三七到，姐哭夫，孟姜痛哭在灵前。
高哭三声郎不吃，低哭三声化纸钱。四七到，姐梳妆，便叫丫环去拈香。
梅香打扫灵前座，哭拜亲夫万喜良。五七到，姐当心，请了和尚来念经。
四十九厢一座庙，要买银锭化冥中。六七到，姐孤悽，孟姜思量做寒衣。
歇了七日寻夫去，送到长城十万里。七七到，要动身，辞别爹娘二双亲。
孩儿此去休挂念，爹娘保重自家身。爹娘听说无可奈，我儿此去要小心。
路上古庙不可住，防有妖魔鬼怪精。客廪饭店都不便，只好暂住歇凉亭。
孟姜女子好伤心，辞别爹娘好伤心。孟姜女子就动身，银钱不带半毫分。
头上首饰都不戴，身上穿的白布衿。走出自家大墙门，别了爹娘两双亲。
……

正月里来是新春，家家户户贴纸□。别家丈夫团圆叙，我家丈夫造长城。

二月里来暖洋洋，双双燕子到南方。新窝做得端端正，对对成双在画梁。
三月里来是清明，桃红柳绿正当景。家家坟上飘白纸，孟姜坟上冷清清。
四月里来养蚕忙，姑娘双双去采桑。桑篮挂在桑枝上，勒把眼泪勒把桑。
五月里来是黄梅，黄梅发水泪盈腮。家家田内黄秧时，孟姜田中是草堆。
六月里来热难当，蚊子飞来寸断肠。忍口吃奴千滴血，莫食我夫万喜良。
七月里来七秋凉，家家窗下做衣裳。青红蓝绿都裁到，孟姜家内是空箱。
八月里来雁门开，孤雁足下带书来。闲人只说闲人话，哪有人送寒衣来。
九月里来是重阳，重阳美酒药花香。满满节来奴不吃，无夫饮酒不成双。
……

孟姜贞节果然真，烈性刚强来守节。不负当初一片心，皇后娘娘得耳闻。
封他夫妻两个人，一个封他天仙女，一个封他大王身，骂声昏王无道理。
夺人妻子是昏君，万岁一听龙颜怒，叫绑皇后出朝门，一道圣旨下来临。
众官得令如狼虎，皇后绑赴法场上。君皇退朝宫内去，说与太后得知闻。
太后娘娘来降旨，法场刀下要留人。赦回皇后宫中去，又传懿旨下来临。
喜良孟姜来封赠，双双夫妇上天庭。孟姜吃尽千般苦，封他仙女理该当。
世上女子要刚强，守节女子学孟姜。女子贞烈入节孝，忠义祠内姓名香。
奉劝世上男和女，见好像来学好像。孟姜寻夫今唱完，流传万古姓名扬。

赞云

万里寻夫说孟姜，冰清玉洁岂寻常。贞心不负当初约，传留声名千载芳。

京剧《打城隍》

京剧，于清朝后半期形成并成熟于当时的都城北京，因此中文名叫京剧，而严格的英译应为Chinese national drama，因为“京剧”的词里的“京”并非确指具体的北京这个城市本身，而是表示“京城”的“京”，当指首都。所以严格地说，京剧并不是指“北京”的“戏曲”，而是“京城的戏曲”，在内涵和外延上有含义限定。京剧源于徽戏与汉戏的唱腔，并吸取了昆曲、秦腔以及京腔等的成分发展而成。据史料记载：清乾隆五十五年（公元1790年）起，原在南方演出的戏班三庆、四喜、春台、和春四个徽调班社，陆续进入北京演出，开始同来自湖北的汉调艺人合作，相互借鉴，彼此影响，又在演出实践中接受了昆腔、秦腔的部分剧目、曲调和表演方式，也广泛吸收了一些民间曲调，在逐渐融合、演变和发展中呈现出独特的风格特色，并渐渐固定下来。音乐上基本属于板腔体，唱腔以徽调的二黄和汉调的西安为主，所以旧时也称京剧为“皮黄”。京剧保留着很多北方音乐、北方唱腔与北方的习性。如唱腔中西皮有导板（亦称倒板）慢板、原板、快三眼、二六、流水、快板、散板、摇板等板式；而二黄也有导板（倒板）回龙、慢板、原板、快三眼、散板、摇板等板式。同时，还有西皮反调（亦称“反西皮”）、二黄反调（亦称“反而黄”）以及南梆子四平调、吹腔等，分别对应着表达不同的情感。大致是西皮适于表现活泼昂扬的情感，二黄适于表现苍凉深沉的情感，反调适用于深切悲痛时，四平调、吹腔用于轻松愉快时，南梆子多用以表达少女之情。唱词多以押韵对句形式出现，在长度与节奏上比较自由，适宜表现高亢激愤与悲苦的情绪内容。伴奏乐器有京胡、二胡、南弦子、月琴、笛、唢呐、海笛等管弦乐，鼓、板、大锣、钹、堂鼓等打击乐。表演上歌舞并重，融入了武术技巧，节奏感强，念白也具有音乐性，“唱作念打”有机结合，铿锵有力，气宇轩昂，大度豪迈。

城隍，有的地方又称城隍爷，是中国宗教文化中普遍崇祀的重要神祇之一，是中国民间和道教信奉守护城池之神。城隍是冥界的地方官，职权相当于阳界的县长(是真正专门负责人一生福寿禄和恶罚明的官职，而且不是神，称呼为城隍、判官等)。城隍产生于古代儒教祭祀而经道教演衍的地方守护神。城隍是自然神，凡有城池者，就建有城隍庙，城隍庙里供奉城隍爷和判官、各路小鬼等等。所以城隍和土地神一样在民间很有影响力。

京剧《打城隍》以秦始皇抓夫服役修筑万里长城为时代背景，展开的一出富有强烈讽刺效果的滑稽闹剧。剧中描述三个游手好闲却异想天开的无业闲散百姓为了逃避修城抓夫的差事而躲到城隍庙里假扮成城隍、判官和小鬼，企图蒙混过关，躲过抓夫服役所发生的荒诞又无奈的遭遇。一个名叫嘎七的无业百姓，为了躲避抓差，临时抱佛脚地跑到城隍庙祷告，却意外发现城隍庙中的所有神像都没了踪影，只剩下神像身上的衣服。嘎七不由突发奇想，换上神像衣服，假扮城隍企图骗过抓夫的官差。接着和嘎七有着同样身份、同样性格的另两个人马八、刘九也为了同样目的跑到城隍庙，两个后来者发现嘎七的行为后不约而同效仿嘎七。三个人就此扮成城隍庙中的三个神位：城隍爷、判官、小鬼。接着两个官派公差上场，因老百姓纷纷躲避抓夫，两个官差到处抓不着人完不成差事，无奈跑到庙里来许愿，寻求城隍爷保佑。但许愿之后，并无灵验事发生，为了撒气，于是就先后把庙中城隍、判官和小鬼各打了一顿，谁料，最初扮成城隍爷的嘎七为了躲避下一顿挨打，每回都和另两人把装扮的衣服换掉，却阴差阳错每回都沦为挨打的对象。最终挨打不过暴露了真实身份被打城隍泄气的官差发现，三个人最终逃不脱被抓夫的命运。

这是一出典型的丑角戏。历史背景在剧中被严重淡化。剧情虽短却充满了强烈的讽刺效果。多处矛盾的设置使剧情充满了荒诞却又富有真实的逻辑意味。在几近重复的情节演进中，加重喜剧气氛，由“误会”而生波澜，紧凑而严谨。

和该剧相近的剧目还有豫剧《拿懒人填馅》，该剧也是《哭长城》中的一折。

剧本欣赏

打城隍

主要角色

嘎七：丑

马八：丑

刘九：丑

差人甲：丑

差人乙：丑

秦始皇修筑万里长城。百姓嘎七等为避徭役，假扮城隍以图隐匿。不意差官捉役无着，怒打城隍。事遂暴露，嘎七等被拿获。

京剧《打城隍》场景

嘎七　（内白）　啊哈！

（嘎七上。）

嘎七　（数板）　昨晚三更刚要睡着，忽听门外呛啷啷啷有人把我的门环敲。开开门来看，原来是财神爷把我来找。他在头里走，我在后面跑。一跑跑到一个元宝窖，上面盖的破麻包。掀开麻包看，嗬！金子银子真不少。横的竖的尽是金条，这笔财我是发定了。想置地又怕旱涝，想买房子又怕火烧。想买几个姨奶奶又怕跟着人家跑，左思右想我好心焦！忽然间一个青头愣的蝎子把我找，一钩子把我的好梦螫醒了。

（白）　在下，嘎七。今有秦始皇无道，修造万里长城，捉拿懒人填馅。这要是把我拿了去，可怎么好哇？有咧！我们这儿有一个城隍庙，城隍老爷子最灵验不过。我不免到那儿许个愿去，倘若城隍老爷子保佑我，不把我拿去，也未可知。我就是这个主意。

（嘎七走圆场。）

嘎七　（白）　行行去去，去去行行，到啦！待我进去。

（嘎七进。）

嘎七　（白）　我先下上一跪。

（嘎七跪。）

嘎七　（白）　城隍老爷子在上，我嘎七在下，今有秦始皇无道，修造万里长城，捉拿懒人填馅。要是把我拿去了，我一家七八口，就我是好人，您要显点灵验，保佑我，别把我拿了去。跟您这儿许个愿，我多给您上点儿供——我给您买三个猪头，两担老米，一匹绸子，一匹缎子，我还买——

（嘎七抬头看。）

嘎七　（白）　哟！怎么没有城隍爷呀！噢，八成城隍爷出巡啦。他可把衣帽放在这儿啦。

（嘎七看城隍衣帽。）

嘎七　（白）　有咧！我把城隍爷这套衣帽，穿上戴上，装城隍爷。他们拿人不能拿神仙哪！我就是这个主意。待我穿上。

（嘎七穿衣。）

嘎七　（白）　得！我穿好啦。等会儿来人一看，我就是城隍爷啦。

（马八内咳嗽。）

嘎七　（白）　嘿！来人啦。我先坐好哄！

（嘎七坐城隍位。）

马八　（内白）　啊哈！

（马八上。）

马八　（数板）　昨晚做了一个南柯梦，梦见寿星老儿骑着苍蝇。左手揪着苍蝇翅，右手揪着苍蝇鬃，嗡嗡飞到半天空。天上看，满天星，地下看，燕儿刨的坑，坑里看，冻着冰，冰上看，长着松，松上看，落了个鹰，松前看，一老僧，僧前看，有卷经，屋里看，点着灯，墙上看，钉着钉，钉上看，挂着弓。忽然西北玄天起了风，刮散了满天星，刮平了燕儿的坑，刮化了坑里的冰，刮倒了冰上的松，刮飞了松上的鹰，刮走了松前的僧，刮没了僧前的经，刮灭了屋里的灯，刮掉了墙上的钉，刮翻了钉上的弓。这才是星散、坑平、冰化、松倒、鹰飞、僧走、经没、灯灭、钉掉、弓翻，落了一场空。

（白）　在下，马八。今有秦始皇无道，修造万里长城，捉拿懒人填馅。这要是把我拿了去，我可就活不了啦。我得想个主意，别把我拿了去才好！

（马八想。）

马八　（白）　有咧！我们这儿有个城隍庙，城隍老爷子最灵验。我给城隍老爷子许个愿，就许拿不着我啦。我就是这个主意。

（马八走圆场。）

马八　（白）　行行去去，去去行行，到了城隍庙啦，我进去。

（马八进。）

马八　（白）　我给城隍爷跪下。

（马八跪。）

马八　（白）　我说城隍老爷子在上，我马八在下，今有秦始皇无道，修造万里长城，捉拿懒人填馅。您要保佑着我，别把我拿去，我好好供奉您。我给您重修庙宇，塑画金身，重换袍子、帽子、靴子、套子。我说城隍爷，您可多多地显灵验！

（嘎七晃动。）

马八　（白）　哟！城隍爷怎么直动换哪？八成显灵啦！我可害怕，我快跑！

嘎七　（白）　兄弟，别跑，是我。

马八　（白）　敢情是大哥呀！

嘎七　（白）　可不是我吗？

马八　（白）　你怎么穿上城隍爷的衣裳啦？

嘎七　（白）　你听我说：今有秦始皇无道，修造万里长城，捉拿懒人填馅。

我怕把我拿了去呀！因此我上城隍爷这儿许愿来啦，求城隍爷显显灵验，保佑着别把我拿去。我一瞧城隍爷出巡啦，把袍子、帽子脱在这儿啦。我赶紧就给穿上啦。我想装城隍爷往这儿一坐，谁瞧见我，我就是城隍爷。回头差人来拿人，他不能拿神仙哪！

我不是就逃过去了吗？

马八　（白）　嘿！你这个主意真好。对！拿人他不能把神仙拿走啊。这么办得啦，您也给我找一个缺眼儿，我也装一装神仙成不成？

嘎七　（白）　这么办，你看判官也没在家，你穿上判官的衣裳装判官。反正拿人不能拿神仙！

马八　（白）　对！我装判官。我先穿上衣裳。

嘎七　（白）　我帮你穿上。

（嘎七帮马八穿衣。）

嘎七　（白）　我告诉你：判官要左手拿着生死簿，右手拿着笔，还得有个架势哪，瞧！就这样。

（嘎七比划架势。）

马八　（白）　我摆一个架势您看看。这样儿行不行？

（马八摆架势。）

嘎七　（白）　行啦，你可别动！

（刘九内咳嗽。）

嘎七　（白）　得！来人啦。

（嘎七坐城隍位，马八站判官位。）

刘九　（内白）　啊哈！

（刘九上。）

刘九　（数板）　夏至三庚便数伏，哥儿仨下地扛着一把锄。由南来了一个杂毛儿猪，大哥说是狼，二哥说是虎，三兄弟说是七岔子八岔子梅花鹿。起北来了一位董二叔，过去给了一个大脖搂！傻小子！它也不是狼，它也不是虎，它也不是七岔子八岔子梅花鹿。这个玩意我养活得熟，它是多少年的骆驼息子毛儿没长足、没长足。

（白） 在下，刘九儿。今有秦始皇无道，修造万里长城，捉拿懒人填馅。要是把我拿去，可怎么好哇？

（刘九想。）

刘九 （白） 有咧！我到城隍庙给城隍爷许个愿，就许不拿我啦。就是这个主意。

（刘九走圆场。）

刘九 （白） 走着走着，到啦，我进去给城隍爷磕个头。

（刘九进，跪。）

刘九 （白） 城隍爷在上，我刘九在下，您保佑别把我拿了去，我给您打四两酒供奉您，您可显显灵验。

（嘎七晃动。）

刘九 （白） 啊！城隍爷怎么直动换哪？

嘎七 （白） 兄弟，你别害怕，是我。

刘九 （白） 是大哥呀！您怎么穿上城隍爷的衣裳啦？

嘎七 （白） 兄弟你不知道，我也是上这儿许愿来啦。可巧城隍爷出巡啦，我穿上城隍爷的衣裳，我装城隍爷，拿人不能拿神仙，不就是拿不着我了吗？

刘九 （白） 那你也给我找个缺吧！

嘎七 （白） 这么办，你装个小鬼儿。

（嘎七拿小鬼衣与刘九。）

嘎七 （白） 穿上穿上。

（刘九穿衣。）

刘九 （白） 我这小鬼怎么个样儿呀？

嘎七 （白） 我教给你，小鬼要手拿锁链、引魂牌，这样就行啦。

刘九 （白） 我试试。您瞧，行不行？

（刘九学小鬼。）

嘎七 （白） 行啦，别动啦！

（差人甲、差人乙内同咳嗽。）

嘎七 （白） 来人啦，待好喽！

（嘎七坐城隍位，马八站判官位，刘九站小鬼位。）

差人甲、差人乙

（内同白） 啊哈！

（差人甲、差人乙同上。）

差人甲 （念） 奉命差遣。

差人乙 （念） 概不由己。

差人甲 （白） 伙计请啦!

差人乙 （白） 请啦!

差人甲 （白） 咱们奉了秦始皇之命，捉拿懒人。出来好几天啦，一个也没拿着，这可怎么好哇?

差人乙 （白） 不要紧，咱们这儿有个城隍庙，咱们到城隍庙许个愿，就许拿着啦。

差人甲 （白） 对，走着!

（差人甲、差人乙同走小圆场。）

差人乙 （白） 到啦。

差人甲 （白） 咱们进去。

（差人甲、差人乙同进，同跪。）

差人甲、差人乙

（同白） 城隍老爷在上，我们哥儿俩在下，您保佑我们哥儿俩拿着懒人，我们给您唱两台大戏，您可显点儿灵验。我们拿人去啦，这回准得拿住啦。

（差人甲、差人乙同下。）

嘎七 （白） 嘿!你们听见没有?跟我这儿许愿啦，还要给我唱戏哪，这倒不错。

马八、刘九

（同白） 这回绝不能再拿咱们啦。你这个主意真好!

差人甲、差人乙

（内同白） 咳!

嘎七 （白） 又来人啦，快站好喽!

（嘎七坐城隍位，马八站判官位，刘九站小鬼位。差人甲、差人乙同上。）

差人甲 （白） 伙计，没拿着啊。这城隍爷不灵啊，咱们白许愿啦。不行，咱们得问问他去!

差人乙 （白） 走着。

（差人甲、差人乙同进门。）

差人甲 （白） 我说城隍爷，您怎么不灵啊?我们的愿白许啦，还是没拿住。

差人乙 （白） 不用跟他废话啦。咱们打城隍吧!

差人甲 （白） 对!打城隍。把他搬下来打他!

（差人甲、差人乙同搬嘎七下城隍位，同打。）

差人甲 （白） 再给他搬上去。

（差人甲、差人乙同搬嘎七上城隍位。）

差人甲 （白） 我告诉你：再拿不着还打你。伙计走哇，拿人去!

差人乙　（白）　别忙，这事我明白啦。

差人甲　（白）　你明白什么？

差人乙　（白）　咱们给城隍爷许愿，判官恼啦，不给勾账，这人怎么能拿得着哇？咱们趁早再给判官许个愿吧！

差人甲　（白）　对！判官老爷在上，我们哥儿俩在下，我们拿着懒人，给您上供、换衣裳、换靴子。伙计，咱们走吧！

（差人甲、差人乙同下。）

嘎七　（白）　我真倒霉！他怎么单揍我呀？

马八　（白）　嘿！揍你，可在我这儿许了愿啦，给我上供，还换衣裳。

嘎七　（白）　他要是再拿不着，还得打我。这么办吧！咱们俩人换换吧——你当城隍，我当判官。

马八　（白）　换可是换，给我许的愿，都得给我。

嘎七　（白）　都给你，我一点儿也不要。

马八　（白）　好！换就换。

（嘎七扮判官，马八扮城隍。）

差人甲、差人乙

（内同白）　咳！

嘎七　（白）　来人啦！

（马八坐城隍位，嘎七站判官位。）

（差人甲、差人乙同上。）

差人甲　（白）　还是没拿着。咱们还是打城隍！

差人乙　（白）　别打城隍啦。城隍爷让判官勾账，他不勾，这完全是判官的不对。咱们打判官吧！

差人甲　（白）　好！打判官。

（差人甲、差人乙同打嘎七。）

差人甲　（白）　再拿不着，再打你！

（差人甲向差人乙。）

差人甲　（白）　伙计，走！

差人乙　（白）　别走！咱们都许愿啦，就是没给小鬼许愿，小鬼挑眼啦。咱们再给小鬼许个愿吧！

差人甲　（白）　好！小鬼老爷在上，我们哥儿俩在下，您要是保佑我们哥儿俩拿着懒人，我们请您吃炖肉，您可要显点儿灵验。走，拿人去！

（差人甲、差人乙同下。）

嘎七　（白）　他怎么认准了我啦？回头他再拿不着，又打判官，我不能再装判官啦。

（嘎七对刘九。）

嘎七　（白）　我跟你换换，我装小鬼吧!

刘九　（白）　不行! 他们要请我吃炖肉哪。

嘎七　（白）　不要紧，炖肉给你，我逃过一顿打就得啦。

刘九　（白）　好! 换吧。

（嘎七扮小鬼，刘九扮判官。）

嘎七　（白）　咱们站好啦。

（差人甲、差人乙同上。）

差人甲　（白）　还是没拿着。咱们还是打判官。

差人乙　（白）　咱们别打判官啦。判官让小鬼去拿，他不去，咱们打小鬼吧!

差人甲　（白）　好! 打小鬼。

（差人甲、差人乙同打嘎七。）

差人甲　（白）　拿不着，还打你!

（差人甲向差人乙。）

差人甲　（白）　走着!

（差人甲、差人乙同出门。）

差人甲　（白）　伙计! 我瞧这仨神像怎么直换样呀! 八成不是神仙是人吧? 咱们在外边听听!

差人乙　（白）　好! 咱们听他们有动静没有。

（差人甲、差人乙同听。）

嘎七　（白）　咳! 我真倒霉! 一连气打我三回。你们一回也没挨着打。他认准了我啦。八成你动换来着吧?

马八　（白）　我没动换呀!

嘎七　（白）　那他们怎么认准了我啦?

（差人甲、差人乙同会意，同进门。）

差人甲、差人乙

（同白）　哈哈! 你们往哪儿跑吧?

（差人甲、差人乙同锁嘎七、马八、刘九。）

差人甲、差人乙

（同白）　走着!

（众人同下。）

（完）

“王昭君”主题剧目

一、概述

“昭君出塞”是中国民间流传悠久的故事，从历史真实事件发展而来，但在流布过程中逐渐增加了许多民间的或下层文人的理解和期盼成分，使其国泰民安的理想化色彩，渐趋浓重。王昭君，名嫱，字昭君，原为汉宫宫女。公元前54年，匈奴呼韩邪单于被他哥哥郅支单于打败，南迁至长城外的光禄塞下，同西汉结好，约定“汉与匈奴为一家，勿得相诈相攻”，并三次进长安入朝，向汉元帝请求和亲。王昭君听说后请求出塞和亲。后来昭君慢慢地习惯了匈奴的生活，和匈奴人相处得很好。她一面劝单于不要打仗，一面把中原的文化传给匈奴，使匈奴和汉朝和睦相处了60年。昭君死后葬在匈奴人控制的大青山，匈奴人民为她修了坟墓，并奉为神仙。昭君墓即青冢，她到匈奴后，被封为“宁胡阏氏”（阏氏，音焉支，意思是“王后”），象征她将给匈奴带来和平、安宁和兴旺。后来呼韩邪单于在西汉的支持下控制了匈奴全境，从而使匈奴同汉朝和好达半个世纪之久。《西京杂记》“……诸宫人皆赂画工，多者十万，少者亦不减五万，独王嫱不肯，遂不得见。匈奴入朝，求美人为阏氏，于是上案图以昭君行。及去，召见，貌为后宫第一，善应对，举止闲雅，帝悔之。而名籍已定，帝重信于外国，故不复更人。乃穷案其事，画工皆弃市，籍其家，资皆巨万。画工有杜陵毛延寿，为人形，丑女子老少必得其真。安陵陈敞，新丰刘白、龚宽，并……声稀”。

昭君出塞的故事大抵来自历史真实，“塞”是边界险要之处，边塞、关塞的意思，出塞在古代就是指越过长城。故事被民间加以演绎，虚构了昭君出塞的原因，借以表达古代对进入宫廷女子身世命运不由自己把握的同情。同时塑造了一个性格刚烈、宁直不屈、以民族大义为重的奇女子形象。在虚构的故事传说中西汉到了汉宣帝当皇帝的时候，汉朝又强盛了一个时期。那时北方的匈奴由于内部相互争斗，结果越来越衰落，最后分裂为五个单于势力。其中有一个单于，名叫呼韩邪，一直和汉朝交好，曾亲自带部下来朝见汉宣帝。汉宣帝死后，元帝即位，呼韩邪于公元前33年再次亲自到长安，要求同汉朝和亲。权衡形势和利弊，元帝同意了，决定挑选一个宫女当公主嫁给呼韩邪单于。后宫里有很多从民间选来的宫女，整天被关在皇宫里，很想出宫，但却不愿意嫁到匈奴去。管事的大臣很着急。这时，有一个宫女毅然表示愿意去匈奴和亲。她名叫王嫱，又叫昭君，长得十分美丽，又很有见识。管事的大臣听到王昭君肯去，急忙上报元帝。元帝就吩咐大臣选择吉日，让呼韩邪和昭君在长安成了亲。单于得到了这样年轻美丽的妻子，又高兴又激动。临回匈奴前，王昭君向汉元帝告别的时候，汉元帝看到她又美丽又端庄，可爱极了，很想将她留下，但已经晚了。后来元帝回宫后，越想越懊恼，自己后宫有这样的美女，怎么会没发现呢？他叫人从宫女的画像中再拿出昭君的像来看，才知道画像上的昭君远不如本人可爱。为什么会画成这样呢？原来宫女进宫时，一般都不是由皇帝直接挑选，而是由画工先画了像，再送给皇帝看，以此来决定是否入选。当时的画工给宫女画像，宫女们要送给他礼物，这样他就会把人画得很美。王昭君对这种贪污勒索的行为不满意，不愿送礼物给绘画工，所以画工就没把王昭君的美貌如实地画出来。为此，元帝极为恼怒，惩办了画工。王昭君在汉朝和匈奴官员的护送下，骑着马，离开了长安。她冒着塞外刺骨的寒风，千里迢迢地来到匈奴地域，做了呼韩邪单于的妻子。

昭君出塞的故事在中国民间几乎家喻户晓，传播深远。自汉代至明清，有关昭君出塞的撰述，民间传说、文人诗词、戏曲、小说难以计数。在故事传播过程中，昭君的人物形象不断发展、逐渐丰满，进而使得昭君故事家传户诵，妇孺皆知。

王昭君的故事在中国民间几乎家喻户晓

二、“王昭君”戏曲剧目

京剧《昭君出塞》

京剧《昭君出塞》剧情选取的情节是王昭君不愿贿赂画工，被选上远赴西域和亲，临出行前，百官前来相送，昭君先是悲诉现实："那文官齐齐全无用，……就是那，是那武将森森也是枉然。却将我红粉去和番，臣僚呵，于心怎安，于心怎安？"这开篇的抱怨带有很强烈的讽喻现实意味，间接地讽刺了汉王朝的软弱无能，这种大胆的讽刺也从另一侧面反映了昭君刚烈直率和敢做敢为的性格。昭君虽对朝廷不满，却依然忠君爱国，通过《山坡羊》唱词"一俟海枯石烂，手挽着金镶玉嵌的琵琶儿一面。俺这里便思刘想汉，眼睁睁，眼睁睁盼不到南来雁。南来雁，哎呀雁儿吓。你与我把书传，你与我多多拜上刘王天子，道昭君要见也无由见。恨只恨毛延寿，误写丹青，教奴家红粉亲自去和番。伤吓惨，放声哭出雁门关。心哪酸，心在南朝身在北番。昭君哪，去和番，要见刘王难上难。"表现了她终究还是留恋中原家乡，思念家中父母，心中满含对画工毛延寿怀恨在心却又对命运的不公无可奈何的复杂情绪，是亲情和节义等的综合性表现。

全剧一方面通过主人公的唱词直接抒情，如："哎呀，爹娘啊，孩儿今日别了你，又未知，何年何月，何日何时，再见得我那爹娘啊！"表现了王昭君留恋故国，难舍家乡父母的悲苦情绪，对毛延寿的存心陷害悲愤难消的愤怒情怀。另一方面通过景物的描写衬托主人公的悲苦愁绪，烘托全剧凄苦的氛围。如："人影稀，只见北雁南飞。冷清清，朔风似箭，又只见旷野云低。细雨与蛟枝。……转眼望家乡飘渺以似云飞。又只见，海水连天，野花满地。愁似，雁门关上望长安，总有那，巫山十二难寻觅。怀抱琵琶别汉君，西风飒飒走胡尘。朝中甲士千千万，始信功劳在妇人。愁默默，恨沉沉，咬牙切齿恨奸臣。今朝别了刘王去，若要相逢，若要相逢，一似海样深。"借景抒情，对全剧的情感表现，对主人公身世命运的刻画起到了良好的烘托、衬垫作用。

结尾通过主人公唱词"我宁作南朝黄泉客，不作夷邦掌国人"表现昭君心系故国、故土难离的悲苦愁绪，是对全剧复杂情感的自然化收束，合情合理，真实感人。

王昭君故事自古流传至今，昭君作为一弱女子为国家安定毅然背井离乡，远嫁边塞，换来国家的平定安宁，在历史上和民间都对昭君给予高度评价，如昭君"青冢"墓碑诗："一身归朔漠，数代靖兵戎，若以功名论，几与卫霍同。"而唐·汪遵《咏昭君》诗："汉家天子镇寰瀛，塞北羌胡未罢兵。猛将谋臣徒自贵，蛾眉一笑塞尘清。"

然而，在今天看来，在专制的封建制度下，如果一国的安定却要系于一女子身上，也可谓是封建制度的悲剧了。自古也有很多文人学者对昭君的身世命运给予深切的同情和吟咏，如王安石著名的诗歌《明妃曲》所写：

明妃初出汉宫时，泪湿春风鬓脚垂。低徊顾影无颜色，尚得君王不自持。

归来却怪丹青手，入眼平生未曾有；意态由来画不成，当时枉杀毛延寿。

一去心知更不归，可怜着尽汉宫衣；寄声欲问塞南事，只有年年鸿雁飞。

家人万里传消息，好在毡城莫相忆；君不见咫尺长门闭阿娇，人生失意无南北。

此诗立意甚高，主题开掘深刻。“君不见，咫尺长门闭阿娇，人生失意无南北”才是诗的主题。玩弄、遗弃女子，历代封建帝王皆如此。历史长河之中有很多像昭君一样的红颜女子在深宫中消磨了美好的青春岁月。如何回溯到历史语境中，突破以往仅仅抒写王昭君的离愁别恨、惋惜她的红颜薄命的窠臼，是值得追索的更深广问题。

剧本欣赏

昭君出塞

主要角色

王昭君：旦

王龙：丑

马夫：武生

（四兵卒引王龙同上。）

王龙　（引子）　蟒衣三爪，玉带垂腰。一生富贵乐滔滔。谁似我，一品当朝，一品当朝。

　　　（念）　马备征鞍将挂袍。柳梢枝上月儿高。男儿要挂封侯印，腰下常悬带血枪。

兵卒　（同白）　倒了韵了。

王龙　（白）　咱家。倒运的王龙便是。今有昭君娘娘，往北和番。

　　　　　　　手下的，车辇可曾齐备？

兵卒　（同白）　齐备多时。

王龙　（白）　带往十里长亭吓。

（兵卒同允，行。）

王龙　（唱）　朝臣待漏五更冷，

兵卒　（同唱）　五更冷，

王龙　（唱）　铁甲将军去跳井，

兵卒　（同唱）　去跳井。

王龙　（唱）　一连跳了个七八个。
兵卒　（同唱）　七八个。
王龙　（唱）　啊噗嘤。噗嘤，噗嘤，噗嘤，又噗嘤。
兵卒　（同唱）　啊噗嘤。噗嘤，噗嘤，噗嘤，又噗嘤。
（同白）　来到十里长亭了。
王龙　（白）　伺候了。
娘娘有请。
（王昭君上。）
王昭君　（风入松牌）　别离泪涟，
怎忍舍汉宫的辇。
无端反贼弄朝权，
汉刘王，特煞柔软。
王龙　（白）　文官齐齐，护送娘娘。
王昭君　（风入松牌）　那文官齐齐全无用。
王龙　（白）　武将森森，护送娘娘。
王昭君　（风入松牌）　就是那，是那武将森森也是枉然。
却将我红粉去和番，
臣僚呵，于心怎安，于心怎安。
王龙　（白）　御弟王龙参见娘娘。愿娘娘千岁，千岁，千千岁！
王昭君　（白）　御弟免礼。
王龙　（白）　千千岁。
王昭君　（白）　御弟，
王龙　（白）　千岁。
王昭君　（白）　车辇可曾齐备？
王龙　（白）　齐备多时。
王昭君　（白）　吩咐看辇。
王龙　（白）　咳。
手下的，看辇哪。
（王昭君上辇。）
王龙　（白）　咳，手下的，娘娘上了辇了。一路上。要你们快快儿的，慢慢儿的，吓，跑哇。
（兵卒同允。）
王昭君　（山坡羊牌）　王昭君，一俟海枯石烂，手挽着金镶玉嵌的琵琶儿一面。

俺这里便思刘想汉，

眼睁睁，眼睁睁盼不到南来雁。

南来雁，哎呀雁儿吓。你与我把书传，

你与我多多拜上刘王天子，

道昭君要见也无由见。

恨只恨毛延寿，误写丹青，

教奴家红粉亲自——

众人　（同山坡羊牌）去和番。

伤吓惨，放声哭出雁门关。

心哪酸，心在南朝身在北番。

昭君哪，去和番，

要见刘王难上难。

王昭君　（山坡羊牌）　要见刘王只是难上难。

王龙　（白）　启上娘娘：来此沙漠之地。车辇难行。请娘娘换了马罢。

王昭君　（白）　吩咐住辇。

王龙　（白）　咳，手下的，住辇哪。

（王昭君、兵卒同下。）

王龙　（白）　马夫哪里，哪里？咳，马夫哪里？

（马夫上，跳。）

马夫　（念）　奔腾千里荡尘埃，荡尘埃，渡水扒山紫雾开。拽断丝缰溜玉辔，火龙飞下九天来。

（白）　马夫叩头。

王龙　（白）　抬起头来。

吓，你是娘个什么东西？

马夫　（白）　小的是个马夫。

王龙　（白）　你是个马夫。可有良马？

马夫　（白）　良马俱已差尽。只剩得一匹劣马。

王龙　（白）　良马俱已差尽了，只剩得一匹劣马了。你可降得来？

马夫　（白）　降得来。

王龙　（白）　咳。马夫你与我降吓。

（马夫降马。）

马夫　（白）　马到。

王龙	（白）	好马。真乃的好马。可有鞍辔？
马夫	（白）	有鞍辔。
王龙	（白）	带下去备来。

（马夫允，备。）

王龙	（白）	真乃人是衣衫，马是鞍辔。备上鞍辔越发好看了。 马夫，带紧了。待你老爷试个试个。马夫，与你老爷加了鞭儿。
马夫	（白）	咳，咳，咳。

（王龙行，栽。）

王龙	（白）	这样马，也是你娘娘骑跨得的？
马夫	（白）	肚带不曾收紧。
王龙	（白）	肚带不曾收紧。待你老爷，煞个煞个肚带。 娘娘有请。

（王龙下，王昭君上。）

王昭君	（念）	昭君扶玉鞍，上马啼红血。今日汉宫人，明朝胡地妾。
	（白）	马夫与我加鞭。
马夫	（白）	咳，咳，咳。

（王昭君、马夫同行。）

王昭君	（白）	这是哪里了？
马夫	（白）	汉陵了。
王昭君	（楚江吟牌）	汉陵云横雾迷， 撇下朔风吹透征衣。

（王昭君、马夫同行。）

王昭君	（白）	又是哪里了？
马夫	（白）	汾关了。
王昭君	（楚江吟牌）	人到汾关珠泪淋，
	（白）	马为何不行？
马夫	（白）	南马不过北。
王昭君	（白）	与我加鞭。
马夫	（白）	咳。咳，咳。

（王昭君、马夫同行，王龙换衣上。）

王昭君	（楚江吟牌）	慢说道人有思乡之意， 马呵，岂无恋国之心，何况人乎？

慢说是个人，就是马到关前，
马到关前，它就步懒移。
人影稀，
只见北雁南飞。
冷清清，朔风似箭，
又只见旷野云低。
细雨与姣枝，在皇宫多尊贵，
受洪福与天齐。
自少儿在闺阁之内，
哪曾受，哪曾受这风霜劳意。
（白） 御弟。
王龙 （白） 千岁。
王昭君 （白） 可曾望得见家乡。
王龙 （白） 来路远了，望不见了。
王昭君 （白） 带转马头。
（牧羊关牌） 哎呀，爹娘啊！
孩儿今日别了你，
又未知，何年何月，何日何时，
再见得我那爹娘啊！
转眼望家乡，缥缈以似云飞。
又只见，海水连天，
野花满地。
愁似，雁门关上望长安，
总有那，巫山十二难寻觅。
怀抱琵琶别汉君，
西风飒飒走胡尘。
朝中甲士千千万，
始信功劳在妇人。
愁默默，恨沉沉，
咬牙切齿恨奸臣。
今朝别了刘王去，
若要相逢，若要相逢，一似海样深。

思我君来想我主，
想主实指望，凤枕鸾衾同欢会。
又谁知，凤只鸾孤，
都作了一样肚肠碎。

（内锣鼓响。）

王昭君（牧羊关牌）又听得金鼓连天震地，
人似彪，马似龙驹。
旌旗闪闪，
黑白以似云飞。
见他们，好似群羊队，
发似枯松，脸似黑漆，鼻似鹰钩，须卷山眉。
（白）御弟。
王龙（白）千岁。
王昭君（牧羊关牌）叫他们，一个一个下阵到关前去。

（王昭君、马夫同下。二小番同上。）

二小番（同白）压捕。
王龙（唱）臊达子臊达子，娘娘嫌你们腥膻气。
叫你们一个一个下阵到关前去。
二小番（同唱）呜哩哇，哩哇，咯呜哩蒙董，
吃杀乙呀，吱吱呀呀儿杀。
呀。呀。吓得嘞呜杀呀。杀呀。
（同白）厄吉儿。你这个王八日的，打那个王八日的。

（小番乙下。）

小番甲（白）一个蒙古。
王龙（白）不懂的。
小番甲（白）照苏。
王龙（白）不懂的。
小番甲（白）蒙古你不懂的，照苏你也不懂的。亲爹。

（王龙允，小番甲打王龙。）

小番甲（白）蒙古，你不懂的；照苏，你也不懂的。叫你亲爹，你懂的。他那个王八日的，叫我这个王八日，打你这个王八日的。

（小番甲打王龙，小番甲下。）

王龙　（白）　臊达子已去。

娘娘有请。

（马夫、王昭君同上。）

王昭君　（白）　御弟。我有五怨难舍。

王龙　（白）　哪五怨?

王昭君　（唱）　第一来，难忘父母恩。

第二来，难割舍同衾人。

第三来，损害黎民。

第四来，国家粮草都输尽。

第五来，百万铁骑为我昼夜辛勤。

今日昭君舍了身，万年羞辱汉元君。

王龙　（白）　哎!

（唱）　我想呵，他那里，也是个娘，娘呵，

我这里，也是个娘，娘呵。

他那里，也是国母唯，

我这里，也是国母唯。

一般样的荣华，

一般样的受用。

何须愁闷，何须悲泪。

我的娘娘吓，娘娘，娘娘。我的娘娘吓。

王昭君　（唱）　姣容貌，瘦损腰，

手托香腮，泪珠流落。

我宁作南朝黄泉客，

不作夷邦掌国人。

洒泪如珠，洒泪如珠，

恨只恨，毛延寿歹心人，

又谁知助国无成。

碧天连水水连云，

泪斑斑，戴月披星。

这头儿望不见汉长城。

（王昭君、王龙、马夫同下。）

（完）

元杂剧《汉宫秋》

《汉宫秋》是元代剧作家马致远的代表性剧目之一，全名为《破幽梦孤雁汉宫秋》。剧情取材于汉元帝时期宫人王昭君出塞和番的历史事件又经过了作者的加工与虚构，与史实有较大的出入。本剧的故事背景是：汉元帝因后宫寂寞，听从毛延寿建议，让他到民间选美。王昭君美貌异常，但因不肯贿赂毛延寿，被他在美人图上点上破绽，因此入宫后独处冷宫。汉元帝深夜偶然听到昭君弹琵琶，循声找去，见一美人，明眸善睐，颜色超人。元帝喜爱非常，封为明妃，方才醒悟被毛延寿所骗，欲将毛延寿斩首。毛延寿逃至匈奴，将昭君画像献给呼韩邪单于，让他向汉王索要昭君为妻。元帝舍不得昭君和番，但满朝文武怯懦自私，无力抵挡匈奴大军入侵，昭君为免刀兵之灾自愿前往，元帝忍痛送行。单于得到昭君后大喜，率兵北去，昭君不舍故国，在汉番交界的黑龙江里投水而死。单于为避免汉朝寻事，将毛延寿送还汉朝处治。汉元帝夜间梦见昭君而惊醒，又听到孤雁哀鸣，伤痛不已，后将毛延寿斩首以祭奠昭君。

元代戏曲作家马致远（约1250—约1321至1324年）

《汉书·匈奴传》记载，竟宁元年，呼韩邪单于来朝，“自言愿婿汉氏以自亲。元帝以汉宫良家子王嫱字昭君赐单于”。“王昭君号宁朝阏氏，生一男伊屠智牙师。”“乎韩邪死，……复株累单于复妻王昭君，生二女，长女云为须卜居次，小女为当于居次”。

《后汉书·南匈奴传》：“昭君入宫数岁，不得见御，积悲怨，乃请掖，庭令求行。”

史实是当时汉朝强大，匈奴并非大兵压境，强索昭君，而是汉元帝主动赐予匈奴王，昭君生一子二女，并未投黑龙江自杀。

马致远的《汉宫秋》显然不是取材于正史，而是一反正史的记载，在《王昭君变文》的基础上，汲取历代笔记小说、文人诗篇和民间讲唱文学的成就，然后确定自己的创作意图，构思剧本的情节和人物的。从本源上看，毛延寿点破美人图，东晋葛洪《西京杂记》卷二《画工弃市》载：“元帝后宫既多，不得常见，乃使画工图形，案图召幸上。……同日弃市。京师画师于是差稀。”轶闻正是本剧题材所出。剧中把元帝时代的民族矛盾的形势描绘为匈奴强大、汉朝虚弱；把昭君出塞看作是朝廷屈辱求和的表现。元帝与昭君的爱情悲剧已由个人的悲剧而深深染上了国家的民族的历史悲剧的色彩。真挚的爱情因朝廷无力抗御外侮毁于一旦，而“朝纲尽废，坏了国家”的昏君，“只凭佳人平定天下”的庸臣，却正是导致这出爱情悲剧的元凶、祸首。昭君“为国家大计”而出塞和番，又为保全民族气节和爱情忠贞而殉难的壮举，便成了对这帮元凶、祸首的深刻揭露与辛辣嘲讽。

《汉宫秋》把汉元帝作为全剧的主人公，并把发生这场爱情悲剧的根源，也归结到他的身上来。汉元帝一出场，就自夸“朕继位以来，四海宴然，八方宁静”，心中只为“后宫寂寞”而发愁。“百般巧诈，一味阿谀”的中大夫毛延寿投其所好，劝他“遣官遍行天下，选择室女”，正中他下怀。待毛延寿已叛国投敌，单于使者带着美人图，强索王昭君之时，元帝还在做他的太平天子、风流皇帝的美梦，只知标榜自己：“忠臣皆有用，高枕已无忧。”根本无心理政：“我虽是见宰相，似文王施礼；一头地离明妃，早宋玉悲秋。”到兵临城下之时，他又火烧眉毛干着急：骂宰相、斥武将，说什么“满朝中都做了毛延寿”！但是，朝中文臣武将都不买他的账，尚书居然假借“外国”人之口，说出了“陛下宠溺王嫱，朝纲尽废，坏了国家”的客观事实。因此，尽管元帝斥文臣、骂武将，尖锐刻薄，毕竟还是无济于事！他仍然是被迫“割恩断爱”，做了一个“别虞姬楚霸王”。

作者在第三折、第四折，还详细渲染地描写了元帝与昭君的生离死别，是怎样地使元帝悲怆凄恻，愁思郁结，无可排解。通过汉元帝眼前的实景和想象中的虚景结合，强化抒写了离别相思之痛。如：当王昭君的车队渐行渐远，旌旗的影子在漫天风雪中隐显晃动，凄厉的号角声在旷野上回荡。那满目的枯草，那霜兔苍犬的打猎人马，都透出悲凉。而元帝想象中回宫后的昏黄的月光交织着悲泣怨诉的蟋蟀的叫声，正是萧条凄凉之景衬托着忧伤悲凉之情。在第四折中，当汉元帝在落叶萧萧、烛幽人静的寒宫中，梦见昭君，那“一声儿绕汉宫，一声儿寄渭城”的凄楚雁鸣，何止是以长空孤雁的叫声来唤醒汉元帝，分明将抒情色彩和悲剧气氛都强化到极点。作者尽力刻画了风流皇帝温柔多情的一面，让他尽情倾吐了由生离死别而郁结于胸的哀痛。风流皇帝的温柔多情，不仅仅以其真挚深沉的感情引起观众对他的同情和怜悯，而且还能激励读者认真思索：为何堂堂天子，大汉皇帝，连自己的爱妃都无力保全？

《汉宫秋》还特别创造了王昭君在番汉交界处舍身殉难的情节。由于王昭君的慷慨殉难，既保全了民族气节和对元帝的忠贞，又达到了匈奴与汉朝和好，并使毛延寿被送回汉朝处死的目的。因此，王昭君以身殉难的悲壮之举，与那“只凭佳人平定天下”的屈辱求和之举，形成了鲜明的对比。全剧用曲笔概括塑造了昭君美丽、聪明、善良、勇敢，同时又深明大义，不以色事敌，慷慨赴国难的形象，以一女人的正气，充分地反衬出那些以“女色败国论”来文过饰非者的怯懦与无耻。昭君既有对元帝的眷恋之情，又能为“国家大计”而毅然地“出塞和番”，并不惜以身殉国难，这就充分表现了作者对她的深切同情和高度赞扬；而对于以元帝为首的封建王朝来说，则只是深刻的揭露与辛辣的嘲讽！

《汉宫秋》特别渲染了强凌弱的气氛。匈奴的使臣，竟然敢于当面勒逼汉元帝：“（单于）特遣臣来，单索昭君为阏氏，以息两国刀兵；陛下若不从，俺有百万雄兵，刻日南侵，以决胜负。”强敌压境，尚书竟只能规劝：“陛下割恩断爱，以社稷为念，早早发送娘娘去罢！”元帝更是束手无策。于是，王昭君只落得“待不去，又怕江山有失；没奈何，将妾身出塞和番”。把王昭君放在匈奴强大、“专事攻伐”，汉朝虚弱、“只凭佳人平定天下”的特定历史条件下，这样写，深刻地揭示出产生爱情悲剧的社会根源，暴露封建王朝的腐败无能。

剧本欣赏（节选）

汉宫秋

第二折

（番王引部落上，云） 某呼韩单于，昨遣使臣款汉，请嫁公主与俺；汉皇帝以公主尚幼为辞，我心中好不自在。想汉家宫中，无边宫女，就与俺一个，打甚不紧？直将使臣赶回。我欲待起兵南侵，又恐怕失了数年和好。且看事势如何，别做道理。

（毛延寿上，云） 某毛延寿，只因刷选宫女，索要金银，将王昭君美人图点破，送入冷宫。不想皇帝亲幸，问出端的，要将我加刑。我得空逃走了，无处投奔。左右是左右，将着这一轴美人图，献与单于王，着他按图索要，不怕汉朝不与他。走了数日，来到这里，远远地望见人马浩大，敢是穹庐也。

（做问科，云） 头目，你启报单于王知道，说汉朝大臣来投见哩。

（卒报科）（番王云） 着他过来。

（见科，云） 你是什么人？

（毛延寿云） 某是汉朝中大夫毛延寿。有我汉朝西宫阁下美人王昭君，生得绝色。前者大王遣使求公主时，那昭君情愿请行；汉主舍不得，不肯放来。某再三苦谏，说："岂可重女色，失两国之好？"汉主倒要杀我。某因此带了这美人图献与大王。可遣使按图索要，必然得了也。这就是图样。

（进上看科）（番王云） 世间那有如此女人！若得他做阏氏，我愿足矣。如今就差一番官，率领部从，写书与汉天子，求索王昭君，与俺和亲。若不肯与，不日南侵，江山难保。就一壁厢引控甲士，随地打猎，延入塞内，侦候动静，多少是好。（下）

（旦引宫女上，云） 妾身王嫱，自前日蒙恩临幸，不觉又旬月。主上昵爱过甚，久不设朝。闻的今日升殿去了，我且向妆台边梳妆一会，收拾齐整，只怕驾来好服侍。

（做对镜科）（驾上云） 自从西宫阁下，得见了王昭君，使朕如痴似醉，久不临朝。今日方才升殿，等不的散了，只索再到西宫看一看去。

（唱） 【南吕·一枝花】四时雨露匀，万里江山秀。忠臣皆有用，高枕已无忧。守着那皓齿星眸，争忍的虚白昼。近新来染得些证候，一半儿为国忧民，一半儿愁花病酒。

【梁州第七】我虽是见宰相，似文王施礼；一头地离明妃，早宋玉悲秋。怎禁他带天香着莫定龙衣袖！他诸馀可爱，所事儿相投；消磨人忧闷，陪伴我闲游；偏宜向梨花月底登楼，芙蓉烛下藏阄。体态是二十年挑剔就的温柔，姻缘是五百载该拨下的配偶，脸儿有一千般说不尽的风流。寡人乞求，他左右，他比那落伽山观自在无杨柳，见一面得长寿。情系人心早晚休，则除是雨歇云收。

（做望见科，云） 且不要惊着他，待朕悄地看咱。

（唱） 【隔尾】恁的般长门前抱怨的宫娥旧，怎知我西宫下偏心儿梦境熟。爱他晚妆罢，描不成，画不就，尚对菱花自羞。

（做到旦背后看科）（唱） 我来到这妆台背后，元来广寒殿嫦娥，在这月明里有。

（旦做见接驾科）（外扮尚书，丑扮常侍上，诗云）

调和鼎鼐理阴阳，秉轴持钧政事堂，只会中书陪伴食，何曾一日为君王。某尚书令五鹿充宗是也。这个是内常侍石显。今日朝罢，有番国遣使来索王嫱和番，不免奏驾。来到西宫阁下，只索进去。

（做见科，云） 奏的我主得知：如今北番呼韩单于差一使臣前来，说毛延寿将美人图献与他，索要昭君娘娘和番，以息刀兵；不然，他大势南侵，江山不可保矣。

（驾云） 我养军千日，用军一时。空有满朝文武，那一个与我退的番兵！都是些畏刀避箭的，恁不去出力，怎生教娘娘和番？

（唱） 【牧羊关】兴废从来有，干戈不肯休。可不食君禄，命悬君口。太平时、卖你宰相功劳，有事处、把俺佳人递流。你们干请了皇家俸，着甚的分破帝王忧？那壁厢锁树的怕弯着手，这壁厢攀栏的怕攧破了头。

（尚书云） 他外国说陛下宠昵王嫱，朝纲尽废，坏了国家。若不与他，兴兵吊伐。臣想纣王只为宠妲己，国破身亡，是其鉴也。

（驾唱） 【贺新郎】俺又不曾彻青霄高盖起摘星楼；不说他伊尹扶汤，则说那武王伐纣。有一朝身到黄泉后，若和他留侯留侯厮遘，你可也羞那不羞？您卧重茵，食列鼎，乘肥马，衣轻裘。您须见舞春风嫩柳宫腰瘦，怎下的教他环佩影摇青冢月，琵琶声断黑江秋！

（尚书云） 陛下，咱这里兵甲不利，又无猛将与他相持，倘或疏失，如之奈何？望陛下割恩与他，以救一国生灵之命。

（驾唱） 【斗虾蟆】当日个谁展英雄手，能枭项羽头，把江山属俺炎刘？——全亏韩元帅九里山前战斗，十大功劳成就。恁也丹墀里头，枉被金章紫绶；恁也朱门里头，都宠着歌衫舞袖。恐怕边关透漏，殃及家人奔骤。似箭穿着雁口，没个人敢咳嗽。吾当僝僽，他也、他也红妆年幼，无人搭救。昭君共你每有什么杀父母冤仇？休、休，少不得满朝中都做了毛延寿！我呵，空掌着文武三千队，中原四百州；只待要割鸿沟。陡恁的千军易得，一将难求！

（常侍云）　见今番使朝外等宣。

（驾云）　罢罢罢！教番使临朝来。

（番使入见科，云）　呼韩耶单于差臣南来奏大汉皇帝：北国与南朝自来结亲和好；曾两次差人求公主不与。今有毛延寿，将一美人图献与俺单于。特差臣来，单索昭君为阏氏，以息两国刀兵。陛下若不从，俺有百万雄兵，刻日南侵，以决胜负，伏望圣鉴不错。

（驾云）　且教使臣馆驿中安歇去。

（番使下）（驾云）　您众文武商量，有策献来，可退番兵，免教昭君和番。大抵是欺娘娘软善，若当时吕后在日，一言之出，谁敢违拗！若如此，久已后也不用文武，只凭佳人平定天下便了！

（唱）　【哭皇天】你有甚事疾忙奏，俺无那鼎镬边滚热油。我道您文臣安社稷，武将定戈矛。您只会文武班头，山呼万岁，舞蹈扬尘，道那声诚惶顿首。如今阳关路上，昭君出塞；当日未央宫里，女主垂旒。文武每，我不信你敢差排吕太后。枉以后，龙争虎斗，都是俺鸾交凤友。

（旦云）　妾既蒙陛下厚恩，当效一死，以报陛下。妾情愿和番，得息刀兵，亦可留名青史。但妾与陛下闱房之情，怎生抛舍也！

（驾云）　我可知舍不得卿哩！

（尚书云）　陛下割恩断爱，以社稷为念，早早发送娘娘去罢。

（驾唱）　【乌夜啼】今日嫁单于，宰相休生受。早则俺汉明妃有国难投。它那里黄云不出青山岫。投至两处凝眸，盼得一雁横秋。单注着寡人今岁揽闲愁。王嫱这运添憔瘦，翠羽冠，香罗绶，都做了锦蒙头暖帽，珠络缝貂裘。

（云）　卿等今日先送明妃到驿中，交付番使，待明日朕亲出灞陵桥，送饯一杯去。

（尚书云）　只怕使不的，惹外夷耻笑。

（驾云）　卿等所言，我都依着。我的意思，如何不依？好歹去送一送，我一会家只恨毛延寿那厮！

（唱）　【三煞】我则恨那忘恩咬主贼禽兽，怎生不画在凌烟阁上头？紫台行都是俺手里的众公侯，有那桩儿不共卿谋，那件儿不依卿奏？争忍教第一夜梦迤逗，从今后不见长安望北斗，生扭做织女牵牛！

（尚书云）　不是臣等强逼娘娘和番，奈番使定名索取；况自古以来，多有因女色败国者。

（驾唱）　【二煞】虽然似昭君般成败都皆有，谁似这做天子的官差不自由！情知他怎收那膘满的紫骅骝。往常时翠轿香兜，兀自倦朱帘揭绣，上下处要成就。谁承望月自空明水自流，恨思悠悠。

（旦云）　妾身这一去，虽为国家大计，争奈舍不的陛下！

（驾唱）　【黄锺尾】怕娘娘觉饥时吃一块淡淡盐烧肉，害渴时喝一杓儿酪和粥。我索折一枝断肠柳，饯一杯送路酒。眼见得赶程途，趁宿头，痛伤心，重回首，则怕他望不见凤阁龙楼，今夜且则向灞陵桥畔宿。

（下）

第三折

（番使拥旦上，奏胡乐科，旦云）

妾身王昭君，自从选入宫中，被毛延寿将美人图点破，送入冷宫；甫能得蒙恩幸，又被他献与番王形像。今拥兵来索，待不去，又怕江山有失；没奈何将妾身出塞和番。这一去，胡地风霜，怎生消受也！自古道："红颜胜人多薄命，莫怨春风当自嗟。"

（驾引文武内官上，云）　今日灞桥饯送明妃，却早来到也。

（唱）　【双调·新水令】锦貂裘生改尽汉宫妆，我则索看昭君画图模样。旧恩金勒短，新恨玉鞭长。本是对金殿鸳鸯，分飞翼，怎承望！

（云）　您文武百官计议，怎生退了番兵，免明妃和番者。

（唱）　【驻马听】宰相每商量，大国使还朝多赐赏。早是俺夫妻悒怏，小家儿出外也摇装。尚兀自渭城衰柳助凄凉，共那灞桥流水添惆怅。偏您不断肠，想娘娘那一天愁都撮在琵琶上。

（做下马科）（与旦打悲科）（驾云）

左右慢慢唱者，我与明妃饯一杯酒。

（唱）　【步步娇】您将那一曲阳关休轻放，俺咫尺如天样，慢慢的捧玉觞。朕本意待尊前挨些时光，且休问劣了宫商，您则与我半句儿俄延着唱。

（番使云）　请娘娘早行，天色晚了也。

（驾唱）　【落梅风】可怜俺别离重，你好是归去的忙。寡人心先到他李陵台上？回头儿却才魂梦里想，便休题贵人多忘。

（旦云）　妾这一去，再何时得见陛下？把我汉家衣服都留下者。

（诗云）　正是：今日汉宫人，明朝胡地妾；忍着主衣裳，为人作春色！

（留衣服科）（驾唱）　【殿前欢】则什么留下舞衣裳，被西风吹散旧时香。我委实怕宫车再过青苔巷，猛到椒房，那一会想菱花镜里妆，风流相，兜的又横心上。看今日昭君出塞，几时似苏武还乡？

（番使云）　请娘娘行罢，臣等来多时了也。

（驾云）　罢罢罢！明妃，你这一去，休怨朕躬也。

（做别科，驾云） 我那里是大汉皇帝！

（唱） 【雁儿落】我做了别虞姬楚霸王，全不见守玉关征西将。那里取保亲的李左车，送女客的萧丞相？

（尚书云） 陛下不必挂念。

（驾唱） 【得胜令】他去也不沙架海紫金梁，枉养着那边庭上铁衣郎。您也要左右人服侍，俺可甚糟糠妻下堂！您但提起刀枪，却早小鹿儿心头撞。今日殃及煞娘娘，怎做得男儿当自强！

（尚书云） 陛下，咱回朝去罢。

（驾唱） 【川拨棹】怕不待放丝缰，咱可甚鞭敲金镫响。你管燮理阴阳，掌握朝纲，治国安邦，展土开疆；假若俺高皇，差你个梅香，背井离乡，卧雪眠霜，若是他不恋恁春风画堂，我便官封你一字王。

（尚书云） 陛下，不必苦死留他，着他去了罢。

（驾唱） 【七弟兄】说什么大王、不当、恋王嫱，兀良！怎禁他临去也回头望。那堪这散风雪旌节影悠扬，动关山鼓角声悲壮。

【梅花酒】呀！俺向着这迥野悲凉。草已添黄，兔早迎霜。犬褪得毛苍，人搠起缨枪，马负着行装，车运着糇粮，打猎起围场。他、他、他，伤心辞汉主；我、我、我，携手上河梁。他部从入穷荒；我銮舆返咸阳。返咸阳，过宫墙；过宫墙，绕回廊；绕回廊，近椒房；近椒房，月昏黄；月昏黄，夜生凉；夜生凉，泣寒螀；泣寒螀，绿纱窗；绿纱窗，不思量！

【收江南】呀！不思量，除是铁心肠；铁心肠，也愁泪滴千行。美人图今夜挂昭阳，我那里供养，便是我高烧银烛照红妆。

（尚书云） 陛下，回銮罢，娘娘去远了也。

（驾唱） 【鸳鸯煞】我索大臣行说一个推辞谎，又则怕笔尖儿那伙编修讲。不见他花朵儿精神，怎趁那草地里风光？唱道伫立多时，徘徊半晌，猛听的塞雁南翔，呀呀的声嘹亮，却原来满目牛羊，是兀那载离恨的毡车半坡里响。

（下）

（番王引部落拥昭君上，云）

今日汉朝不弃旧盟，将王昭君与俺番家和亲。我将昭君封为宁胡阏氏，坐我正宫。两国息兵，多少是好。众将士，传下号令，大众起行，望北而去。

（做行科）（旦问云） 这里甚地面了？

（番使云）　　这是黑江，番汉交界去处。南边属汉家，北边属我番国。

（旦云）　　大王，借一杯酒望南浇奠，辞了汉家，长行去罢。

（做奠酒科，云）　　汉朝皇帝，妾身今生已矣，尚待来生也。

（做跳江科）（番王惊救不及，叹科，云）

嗨！可惜，可惜！昭君不肯入番，投江而死。罢罢罢！就葬在此江边，号为青冢者。我想来，人也死了，枉与汉朝结下这般仇隙，都是毛延寿那厮搬弄出来的。把都儿，将毛延寿拿下，解送汉朝处治，我依旧与汉朝结和，永为甥舅，却不是好？

（诗云）　　则为他丹青画误了昭君，背汉主暗地私奔；将美人图又来哄我，要索取出塞和亲。岂知道投江而死，空落的一见消魂。似这等奸邪逆贼，留着他终是祸根；不如送他去汉朝哈喇，依还的甥舅礼，两国长存。

（下）

明传奇《王昭君出塞和戎记》

浮雕《昭君出塞》

《和戎记》成书于明初，全称《王昭君出塞和戎记》主要剧情是：汉朝越州人王嫱，有个妹妹王秀真，弟弟王龙，父亲王朝珊，为越州太守。汉元帝正宫虚位，安国候张槐奏称王嫱美貌，元帝欲娶王嫱为后，遂使西台御史毛延寿前往越州描王嫱画像以观。毛延寿索贿千两黄金，王嫱断然拒绝。毛延寿于是描取王嫱肖像，但故意在面容上添加左痣右疤，献给元帝。元帝见画大怒，以为王嫱有欺君之意，遂将王嫱打入冷宫，一门大小上下发配。后元帝闲暇之余闲游后宫，忽闻琴声美妙，得与王嫱相会，才意识到受到毛延寿欺骗。遂娶王嫱，册立为皇后，封昭君。毛延寿携带王嫱画像畏罪潜逃至沙陀国，将画像献于单于，并唆使单于兴兵南下索取昭君。元帝让宫女肖善音假扮昭君出塞议和。三年后，假昭君被识破，单于兴兵卷土重来，元帝无奈只得送真昭君至塞外和番，昭君使计假称先让单于答应奉降书降表，再杀毛延寿，才能进番城与之成美。单于一一照办，杀毛延寿后，昭君投乌江而死。太白金星命土地变作白雁，为昭君传书于元帝，昭君托梦给元帝，元帝再娶昭君妹妹王秀真为后，封赛君。全剧在"洞房花烛"的祥和气氛中落幕。剧情反映了民间群众对昭君出塞的同情和理解，既写出昭君和亲的无奈，也表现出昭君保国爱民的高尚思想。

《和戎记》是南曲"生旦戏"，篇幅较长，共有三十五折充分发挥南曲的擅长表现男女爱情的特点，将元帝与昭君的爱恋描写得缠绵悱恻，对昭君出塞的哀怨之情展现得淋漓尽致，真切感人。全剧在语言风格上明显体现出民间艺人创作的特点，以鄙俚粗浅为主，虽不似文人创作那么典雅妍丽，但更符合大众传播的审美趣味。大量使用民间的俚语或成语，如"夫妻本是同林鸟，大限来时各自飞""世上万般哀苦事，无非死别共生离"，充分说明《和戎记》作者身份。《和戎记》对后世昭君戏影响很大，郑振铎先生曾肯定《和戎记》等作品的价值，认为剧作具有古朴之趣、本色之美、萧野之风。

剧本欣赏（节选）

王昭君出塞和戎记

第二十八折

外夫占上：

【三捧鼓】唱：一程迢遥出长城，割舍孩儿离帝京。三盅别酒送行程，表却衷肠父子情。

念：车马纷纷，想是孩儿来也，母子恩情怎生割舍。

旦丑上：

【前腔】唱：哀哀哭出汉长城，最苦昭君离帝京。远观未审近分明，都是一家骨肉亲。

（相见哭）介念：爷娘，不觉一旦分离，再无会日，

占：姐姐天降灾殃

旦：拜别爹娘与弟兄

占：远望高原听鹌鸰

外：天公错使阴阳剑，斩断人间父子情

【孝顺歌】外：儿孝顺心痛悲，年华高迈倚靠谁。我死向沟渠，孩儿怎知，端的离愁几　许。难割舍，抛临边地，举眼相看，肝肠裂碎。

【前腔】夫：怎忍别心惨悽。此行去再不归。今日汉宫人，明朝胡地里，愁无所倚，怎得鳞鸿，把音书来寄。

【前腔】旦：儿不孝，苦别离，衷肠不尽泪珠垂，非奴要相抛，非奴把亲弃，非奴别你，只为汉室江山，将身舍弃。（合前）

【前腔】占：千般苦，万种悲，生离死别怎舍伊，姐妹两东西，止不住双泪垂。承蒙训诲，好似孤鸿分开两处。（合前）

【尾声】合：生离死别应难□，不忍别离情。流泪眼观流泪眼，断肠人送断肠人。

（外夫占下）世上万般哀苦事，无非死别共生离。

盛明杂剧《昭君出塞》

剧本欣赏

昭 君 出 塞

【夜行船】〔贴扮宫女上〕彩凤晓衔丹诏往，青鸾远降赐戎王。一霎宫闱，万端悲怆，忍使翠尘珠央。

（金壶漏尽禁门开，飞燕昭阳侍寝回。随分独眠秋殿里，遥闻笑语自天来。奴家是汉宫中一个女官是也。领着君王诏旨，宣王昭君上殿。守宫的，快请你王娘娘承旨！）

【金珑璁】〔旦扮昭君上〕倚帘听半晌，宫嫔笑语风香。何忽忽，唤娘娘。〔贴〕有旨！〔旦〕空庭春暮矣！惊传诏奉清光。疑错报，幸平阳。

（朝日残莺伴妾啼，开帘惟见草萋萋。庭前时有东风入，杨柳千条尽向西。宫人，有甚旨来？〔贴〕官家今日御未央宫，传旨宣王嫱上殿，下嫁单于。〔旦作悲介〕兀的不闷杀人也！〔贴〕请娘娘宽心。）

【二郎神】〔旦〕心悒怏，叹韶年受深宫业障。（〔贴〕娘娘，向来情绪如何？）〔旦〕只粉泪香魂消共长。这分明琐定、沉沉金殿鸳鸯。凤吹鸾笙霞外响。〔贴〕娘娘，人人道六宫中是阆苑蓬莱、人间天上哩！〔旦〕羞杀人蓬莱天上。（〔贴〕娘娘，官家也曾行幸来么？）〔旦〕说甚雨云乡？到巫山才知宋玉荒唐！

【前腔】思量！愁容镜里，春心弦上。户牖恩光犹妄想。（宫人！宫人！）怎落花飞燕，这般样衔出宫墙？（〔贴〕只为前日毛延寿，指写丹青，遍需金帛。娘娘自恃天香国色，不送黄金，因此乔点画图，故淹珠玉。今日官家按图遣嫁，耽误了娘娘也！〔旦〕原来如此。）却信着翻覆丹青浪主张，悔那日黄金空阻当。我待诉君王。（〔贴〕娘娘面奏时，那毛延寿该万死也！〔旦〕宫人，你觑我面貌呵！正是一时憔悴尽，如今却是画图中。）怕如今双双泪眼相当。〔下〕

（〔众扮中常侍二人，中涓二人，力士二人，随生扮汉皇上〕〔众报〕至尊来也！）

【绕池游】〔生〕和亲定讲，此日天孙降。向银河蚤填潾沆。（看女官到时，速宣王嫱上殿来！〔众应介〕〔旦上叩头介〕〔生作惊介〕呀！怎生与画图中模样，相去天渊？分明是洛浦仙姿，蓝桥艳质。压到三千粉黛，惊回十二金钗。毛延寿这厮，好生误事！着武士将毛延寿斩了！〔众应介〕〔生〕我便别铨淑女，远赐单于。省得埋没了这照乘明珠，连城美玉，也由得我。只一件：姓名已去，若寡人失信单于，眼见得和亲不忐诚也。罢罢罢！）

【啭林莺】美人！你双蛾淡扫忒恁妆。教人追恨贪狼！〔旦拜辞介〕〔生〕看你云鬟敛怨辞仙仗。宫恩虏信，势不两全今日里恩和信，怎地商量？天公酝酿，千般痛尽在这去留一晌。谩匆忙，（美人，少留一刻呵！）强如别后，空寻履迹衣香。

【前腔】〔旦〕君王爱奴鸾与凰，便莺燕老何妨。自嗟薄命投夷帐，无情是画笔平章！沉吟自想。（可怜臣妾此去呵。）只明月送人关上。更彷徨金徽形影，谁怜我玉殿肝肠？

（〔生〕着中常侍四人，中涓二十人，羽林将领，一一如嫁公主旧例，好送昭君出关也。〔众应介〕〔生下〕〔众〕请娘娘换了新妆，上马者！〔旦更衣介〕）

【北双调新水令】征袍生改汉宫妆，看昭君可是画图模样？旧恩金勒短，新恨玉鞭长。迤逗春光，旆旌下，塞垣上。

【南步步娇】〔众〕翠拥珠围雕鞍傍，遮莫骊驹唱，齐纨汉苑香。吹落龙沙，草回花放，娘娘，何必闷膻乡。（比着先前孤另呵，）便绮罗宫里同惆怅。

（〔旦〕中常侍，我不为别的。）

【北折桂令】听了些鼓角笙簧，气结愁云，泪洒明琅。守宫砂点臂犹红，衬阶苔履痕空绿，辟寒金照腕徒黄。关几重，山几叠，遮拦仙掌。云一携，雨一握，奚落巫阳。〔外末〕（那单于也是一国之主。）〔旦〕道甚君王，想甚风光。单则为名下阏氏，耽误了纸上王嫱。

（将琵琶上来！〔作弹介〕）

【南江儿水】〔二贴〕灯下茱萸帐，车前苜蓿乡。（常言道：言语传情不如手，）伤情并入琵琶唱。那更这灞桥流水伤来往，渭城新柳添凄怆。娘娘，着甚支吾鞅掌。（女儿每呵！）转向长门，两地一般情况。

【北雁儿落带得胜令】〔旦〕宫人！那里是哭虞姬别了楚霸王，端的是送娇娃替了山西将。保亲的像李左车，送女的一似萧丞相。止不过汉戟凛胡霜，则待出红儿、扰白狼，压翻他杀气三千丈，那里管啼痕一万行！（〔贴〕娘娘，你怨着官家，可想着宫中来么？）〔旦〕苍黄！今日个盼宫中，忘鞍上。参商，来日个望天山，疑帝乡。望天山，疑帝乡。

【南侥侥令】〔外末〕娘娘，伤心怀汉壤，（众官员呵！）携手上河梁。你有一日蒲桃春酿赏，又只怕鸿雁秋来断八行。

【北望江南】〔旦〕呀！恁便是鸿雁秋来断八行，谁一会把六宫忘？尽着他箜篌马上汉家腔。殃及煞愁肠！俺自料西施北方，料西施北方，百不学东风笑倚玉栏床。

【南园林好】〔二贴〕谪青鸾冤生画郎。今日呵！辞丹凤愁生故乡。（娘娘，虽未度关，想这一片心呵！）先向李陵台上。怜岁月，伴凄凉，还遣梦到椒房。

（〔众〕已到玉门关了，请娘娘过关。〔旦〕俺只着马儿款款行，车儿慢慢随。缘何这般样到的快也？左右！替我勒驻马者。〔应介〕）

【北沽美酒带太平令】〔旦〕觑中常扣紫缰，觑中涓泣红妆。西出阳关更渺茫。似仙姝投鬼方，如天女付魔王。（护送官！）〔众应介〕还宫奏当今主上，只说感皇恩去国婆娘。若问咱新来形象，休道比旧时摧丧。（我好恨也！好恨杀人也！）这一断铁肠，酌量两厢。死不分未央欢赏！

【南尾】〔众〕可怜一曲琵琶上，写尽关山九转肠。却使千秋罗绮伤！

请娘娘过关保重！〔旦〕（生受你，这一天愁，怎生发付我也？）

〔众〕莺燕衔花出上阳，一枝寒玉任烟霜。

〔旦〕泪痕不学君恩断，拭却千行更万行。

一、概述

河西走廊上依然耸立着的汉代长城

玉门关是古汉长城的关隘之一，始置于汉武帝开通西域道路、设置河西四郡之时。元鼎或元封中（前 116—前 105 年）修筑酒泉至玉门间的长城，玉门关大致在此时建关。据《汉书·地理志》记载，玉门关与另一重要关隘阳关，均位于敦煌郡龙勒县境，皆为都尉治所，为重要的屯兵之地。当时中原与西域交通莫不取道两关，为中原与西域边境的界限。玉门关地处荒凉辽远之地，为抵御西域诸少数民族袭扰的前沿要塞，有西北门之称。自古许多仁人志士都在西域前线为抵抗外敌的袭扰征战建功，立下了赫赫战功，千秋伟业。

自汉代建关以来，多少行人游子，迁客骚人从此处路过，踏上生命中的一段旅程。前方的路也许寂寞，也许精彩，也许凶险，也许坦荡。踏出关门的那一瞬间，人生也许从此海阔天空，也许马革裹尸。一座孤城承载了多少代人的梦想与希望，也见证了多少时代的风云与沧桑。

自古以来，玉门关下留下了许许多多脍炙人口的不朽名篇，如王之涣《凉州词》中“羌笛何须怨杨柳，春风不度玉门关”；王维《渭城曲》中“劝君更尽一杯酒，西出阳关无故人”；王昌龄《从军行》中“青海长云暗雪山，孤城遥望玉门关。”；胡曾《咏史诗·玉门关》中“半夜帐中停烛坐，唯思生入玉门关”；李白《关山月》中“明月出天山，苍茫云海间。长风几万里，吹度玉门关”。

而戏曲艺术中，传唱最广的就是班超投笔从戎，通西域立下千秋功名的故事和蔡文姬身世飘零，流落胡地，满腔悲怨化为千古绝唱《胡笳十八拍》的故事了。

岁月沧桑，玉门关现今已化为一个文化的符号，深深地镌刻在五千年中华文明的巍巍丰碑之上，永不磨灭，熠熠生辉。

今甘肃省玉门关遗址

“玉门关”主题剧目

二、“玉门关”戏曲剧目

京剧《玉门关》

京剧《玉门关》的本事，出自《后汉书·班超传》，但戏剧多采取稗官小说家言，与正史所述出入较大，价值高下迥异。特别是不同戏班的演出本，在内容、结构、情节和人物设置与审美价值上各有不同。剧情描述了西汉班超原为一书生，耻于埋首于书札笔记之中，立志在沙场上建功立业，名垂千秋，于是毅然投笔从戎，率领智勇双全的义士三十六名，作为大将军窦固的前使，出使西域，安抚西域诸少数民族属国。班超来到鄯善国见到鄯善国主说明来意，鄯善国主满口应承归顺汉朝，却又背地里同匈奴使者阴谋算计，要擒拿汉朝使者班超众人，反叛汉朝。班超秘密探知鄯善国主的阴谋、伎俩，同所率领的义士深入分析了敌我形势，决定先下手为强，于是同众人商议，决定兵行险招，不入虎穴，焉得虎子，定下计谋，趁月黑风高之际，突袭匈奴使者大营，趁敌人惊慌失措，不明底细，杀死匈奴使者，最终迫使鄯善国主安心归顺汉朝。

第一场：起首主人公引子念词“紫气凌云玉门关，万里封侯取功名”为全场奠定了一个昂扬高亢的主旋律。通过主人公念词交代剧情事件始由：“奉主旨意，去往西凉各国催贡。”再通过唱词表达主人公班超安定边疆的宏愿：“看将来西番地原非草莽，但愿得此一去复归我邦。”

第二场、第三场：转化视角立场，交代矛盾的对立面，描写汉朝的宿敌匈奴王蓄意造反，准备要趁“班超前来催贡”以下犯上，并欲拉拢鄯善王共同反汉。

随后，鄯善国王礼迎班超，班超说明来意，“相邀老大王，年年进贡，每岁来朝”，鄯善王满口应承。班超走后，匈奴王拜见并游说鄯善王：“将班超杀死，以免我等数载贡奉。”鄯善王转变立场，欲同匈奴王合作。将矛盾冲突的双方交代清楚，紧张气氛烘托出来。

第四场：是全剧高潮和精彩之处，班超设宴与同僚畅饮，酒后酣睡之间，帐中忽现猛虎之影，众人皆醒。以此为吉兆，决定“不入虎穴，焉得虎子”，做好了同敌将交锋的准备。矛盾冲突尖锐，已达顶点。

第五场、第六场：为全剧结尾，写班超斩获匈奴王，鄯善王甘心降服。事件结局，符合事理逻辑，且班超智勇性格显现完成。

此剧主要描写班超投笔从戎后出使鄯善国，出奇制胜杀匈奴使臣迫使鄯善归附汉朝的历史典故。但剧情十分简略，场次之间衔接过渡亦过于简单，人物性格的刻画也比较单一，主要是武戏的打斗展现，唯第四场增加猛虎乍现的场景，对剧情氛围的渲染、内容的暗示起到一定作用，虚实结合较得当，冲淡了其中封建神秘主义色彩的消极影响，成为剧情中的一个亮点。

剧本欣赏

玉门关

【第一场】

（八龙套、四大将同上，班超上。）

班超　（引子）　紫气凌云玉门关，
万里封侯取功名。

（吹打。）

班超　（念）　忆昔当年起战场，如今垂念汉高皇。绪成岁战未浆琼，投笔封侯日如朗。
（白）　本爵定远侯班超，在汉皇驾前为臣。奉主旨意，去往西凉各国催贡。为此带领人马前往。众将官——

八龙套、四大将
（同白）　有。

班超　（白）　人马可齐？

四大将　（同白）　俱已齐备。

班超　（白）　如此带马伺候。
（西皮导板）　离长安上坐骑暗暗思想，
（西皮正板）　叹不尽功名事古今贤良。
在金殿领王命镇守西凉，
惟愿得西番地复归我皇。
玉门关观杀得风吹草茫，
亦似有渔樵人放牛牧羊。
看将来西番地原非草莽，
但愿得此一去复归我邦。

（众人同下。）

【第二场】

（四龙套、四番将、匈奴王上。急急风牌，点绛唇牌。）

匈奴王　（白）　某，匈奴国王达里呵，适才探马报道，班超前来催贡。何不乘此机会，以下反上，岂不是好。众巴图鲁——

四龙套、四番将

（同白） 有。

匈奴王 （白） 带马。

（众人同下。）

【第三场】

（四龙套同上，同站门，鄯善王上。）

鄯善王 （念） 眼观旌旗起，耳听好消息。

（报子上。）

报子 （白） 定远侯驾到。

鄯善王 （白） 有请。

（班超上，报子下。）

鄯善王 （白） 吓。侯爷。

班超 （白） 老大王。

鄯善王 （白） 请坐。

班超 （白） 谢坐。

鄯善王 （白） 不知侯爷驾到，未曾远迎，多有得罪。

班超 （白） 岂敢。末将来得鲁莽，老大王海涵。

鄯善王 （白） 侯爷到此何事？

班超 （白） 奉了汉天子之命，相邀老大王，年年进贡，每岁来朝。

鄯善王 （白） 情愿年年进贡，每岁来朝。请至馆驿。

班超 （白） 告辞了。带马。

（班超下。报子上。）

报子 （白） 匈奴国王驾到。

鄯善王 （白） 有请。

（匈奴王上，报子下。）

匈奴王 （白） 王兄。

鄯善王 （白） 御弟请坐。

匈奴王 （白） 告坐。适才何人到此？

鄯善王 （白） 班侯爷到来，催讨贡俸。

匈奴王 （白） 老大王怎样回答？

鄯善王 （白） 情愿年年进贡，每岁来朝。

匈奴王 （白） 此人现在何处？

鄯善王　（白）　　　　现在馆驿。

匈奴王　（白）　　　　小弟有计在此。

鄯善王　（白）　　　　有何妙计？

匈奴王　（白）　　　　今晚三更时分，将馆驿团团围住，将班超杀死，以免我等数载贡俸。

鄯善王　（白）　　　　此计甚好。御弟前行，孤家大兵，随后接应。

匈奴王　（白）　　　　众将官，抬枪带马。

（众人同下。）

【第四场】

（班超上，四大将同上。）

班超　（西皮二六板）　想高皇坐江山全亏韩信，

吕太后与萧何害却忠臣。

斩英布诛彭越三杰丧命，

已有那张子房告老归林。

数百年至平帝王莽乱政，

天不灭汉家后光武中兴。

（白）　　　　列位将军，桌案现有酒宴，大家畅饮一回。

四大将　（同白）　　　侯爷请。

班超　（白）　　　　列位将军。

（牌子。）

班超　（白）　　　　呀呀呀。你我安息了吧。

（班超睡。阴锣。虎形上，站班超后。四大将同醒，同看。）

四大将　（同白）　　　侯爷醒来。

班超　（白）　　　　呀！

（唱）　　　　耳边厢忽听得有人喧嚷。

（班超醒，看。）

班超　（唱）　　　　又只见众将军站立两旁。

（白）　　　　列位将军，何事惊慌？

四大将　（同白）　　　启侯爷：猛虎出现。

（班超看。）

班超　（白）　　　　啊呀，猛虎出现，乃大吉之兆。有道是“不入虎穴，焉得虎子”。呀！

（唱）　　　　交锋之际加兵将，

大小儿郎要提防。

你我暂且把马上。

（四大将同下。）

班超　（白）　唯愿此阵收复西凉。

（班超上马，下。）

【第五场】

（匈奴王上，四番将、四龙套同上。急急风牌。众人过场同下。）

【第六场】

（班超、四大将同上。急急风牌。会阵。四番将、匈奴王同上。）

班超　（白）　马前敢是达里呵？

匈奴王　（白）　然。

班超　（白）　带领人马前来则甚？

匈奴王　（白）　住了。想我西凉各国，哪有贡献于你！特地前来，与你见个高下。

班超　（白）　好反复无常的匹夫，放马过来！

（班超、匈奴王同开打，同下，同上。匈奴王接，四大将同下。班超杀匈奴王下。鄯善王上，跪。）

班超　（白）　老大王，还有何话讲？

鄯善王　（白）　情愿年年进贡，岁岁来朝。

（鄯善王下。）

班超　（白）　众将官，回朝缴旨。

（尾声。）

班超　（笑）　哈哈哈哈！

（班超下。）

（完）

京剧《玉门关(前本)》

京剧《玉门关(前本)》所述故事出自《后汉书·班超传》中,历史典故里的"班超以三十六人定西域"和班超"投笔从戎"的这两种说法就是这一本戏中的史料依据。全剧主要描写班超怀抱奇才大志,不甘于埋首书札笔记之中虚度时日,无所作为。适逢窦固率军出征匈奴,招揽智勇之士,班超遂投笔从军,弃文就武,窦固即命其出征,收复西域各诸侯国邦。班超率领三十六名志同道合的弟兄,同出玉门关,作为大将军窦固的前使,出使西域,安抚西域诸少数民族属国。

班超来到鄯善国见到鄯善国主说明来意,鄯善国主满口应承归顺汉朝,却又背地里同匈奴使者阴谋算计,要擒拿汉朝使者班超众人,反叛汉朝。班超探知此伎俩后同所率领的三十六名义士,决定冒险用计,突下打击手段,最终,在杀死匈奴使者后,迫使鄯善国主归顺了汉朝。

第一场写扶风郡书生班超胸有文采、身怀武艺,结识徐干等一干义士好友,更怀有"男儿一副好身手,不立功名誓不休"的鸿鹄远志,却苦于终日埋首兰台,做些"供佣笔砚"的闲事,好不烦闷。在得知大将军窦固将奉旨出征匈奴后,产生了投笔从戎、建功立业、一展大志的愿望,欲邀徐干等一帮志同道合的兄弟同行。念白、唱词主要交代人物身世,事件来由。

第二场剧情承接上场,班超去见徐干,介绍徐干是一位"浑身真是胆,两臂力千钧"的英雄。班超向他说明大将军窦固将招贤纳士、出征匈奴一事,再次表达了"大丈夫当效力疆场,扬威异域"的宏愿,之后说服徐干相助,一同从军建功。情节上主要介绍徐干,推进发展。

第三场不同人物出场亮相,众兄弟齐聚徐干家中,个个是"精神抖擞刁拳勇,准备他年立战功"。而徐干也是重情尚义的侠士,"座上客常满,樽中酒不空"。徐干向众人说明班超的志向,得到众人拥护,愿扶助班超同行。

此前三场戏总体介绍班超的身份、心理愿望以及所处的环境,为观众交代清楚下文班超出使西域,建功立业的基础和前提,也顺势交代、介绍了徐干等人的特点。正是有了这班重义尚勇的兄弟辅助,加上班超本身的文韬武略,才有了以后的巨大成功,剧情十分合乎艺术的真实性特征,初步营造了典型环境中的典型性格。

第四场写班超拜见窦固,讲明"懒拭长桥赋,来投细柳营",欲随军出征、建功立业的意图。窦固命他收复西域诸国,班超欣然领命,并向窦固表明欲将三十六壮士组成的奇兵"跃马横戈出玉关"。班超英勇行为得到窦固的夸赞:"国士无双班仲升,今番一去定立功。"通过窦固之口先为班超日后的成就设下铺垫。

第五场描写班超回到徐干家中,向众弟兄讲明情况,大家一致拥护,最后下定"燕雀安知鸿鹄志,不斩匈奴誓不休"的决心。剧情依势再向前推进。另外,本场通过班超念白"将相本无种,英雄不在名"表达了朴素的平等意识。

前五场剧情情节连贯,节奏紧凑,一顺而下,主要是通过人物语言展现内在的心理和高昂的志向。在一定程度上展现了人物的性格。

第六场插叙匈奴王派大将呼韩豹自述将“暗结诸羌”，背弃汉朝归顺匈奴的阴谋。作为转场戏，内容情节简单，但是为以下情节的合理展开引出由头。

第七场写班超率众弟兄出得玉门关，眼中所见关外“黄沙漠漠，野草萋萋，好一派凄凉景况也”，不由得见景生情，追思前人，忆念当年张骞通西域的功劳。暗中再一次在心中结下“要念前功继武皇”的志愿。是以哀景衬宏愿的技法，并为下文蓄足势。暗应着《后汉书·班超传》中“……奉使绝域，备遭艰厄”的记载。

第八场至第十场三场场景转换到西域。第八场、第九场在结构上是过场戏，先借西域鄯善王之口叙述鄯善国重要地理位置，“东极阴关接玉门，楼兰旧部俺为尊。匈奴士马精强甚，沙漠相依左右邻”。正是因为鄯善国在西域诸国中实力较强，又与匈奴接壤，所以对汉朝而言战略意义尤为重大，因之班超才会首先出使鄯善国，与之交好。之后剧情描述鄯善国王早有联匈奴、反汉朝之心。恰逢匈奴使者呼韩豹来访，便欲与之密谋归顺匈奴之事。恰在此时班超使团也到访，鄯善王一时惊慌失措，不知如何为好，继而得知班超一行共三十六人，不由得放松戒备，欲设伏兵擒拿班超众人。

整体说来，通过第八、第九两场过场戏，到第十场在剧情上有意设置巧合，使班超与匈奴使者同时出现，把鄯善王置于矛盾冲突的中间让其左右为难，来表现鄯善王性格，通过鄯善王的语言和行动，表现了鄯善王没有主见，左右摇摆的立场和胆小怕事却又欺软怕硬的性格，这也为下文班超出奇制胜做好铺垫，使戏剧产生起伏，吸引观众。

第十一场仍是过场戏，各方人物碰面，为后面剧情张本。第十二场描写班超、鄯善王主客相见，各有心计假意奉承。班超劝鄯善王归顺汉朝，“我大汉天子，与贵国通好，业已三百余载”。鄯善王婉拒。班超再次正言相劝，鄯善王欲翻脸，班超突起发难，先下手为强制住鄯善王并点破其阴谋，鄯善王被迫交代实情。通过语言和行动再一次展现了鄯善王软弱无能的性格。班超审出实情离去，而鄯善王私下再与呼韩豹密谋诡计。

本场剧情设置上形成第一个小高潮，第一次展现班超的有勇有谋、英明果断的形象。同时，在矛盾冲突的演进中，也展现了鄯善王等人的性格，显示出正义与阴谋的是非价值判断。

第十三场写班超脱险后与众弟兄商议，料定鄯善王“怎肯与我们甘休”，决定兵行险招，“不入虎穴，焉得虎子”“为了大汉威名”，偷袭匈奴敌营。班超一一部署完备，众人全都依计行事。

第十四场至第二十一场承前面剧情写王忠、朱武趁着“月沉沉更深人静”暗中混入敌营。先探得敌营粮草处火烧粮草，再写引发敌军混乱。班超带众弟兄狙击敌军，众勇士奋勇杀敌，双方展开激烈战斗，打斗场面十分惨烈：“观不尽人头滚荒郊”“烈焰中马嘶人哭叫”，最后，班超率众勇士打退呼韩豹。

本场中通过人物形象的对比，既展现了徐干等一干英雄的重勇轻谋、置死生于度外的英雄侠义精神，又反衬出班超谋划周全，调度得当的统帅才能。矛盾冲突双方，你死我活的尖锐程度，表明剧情发展到达高潮顶峰。

第二十二场进入全剧尾声，呼韩豹被擒，人头被斩，班超借此威吓鄯善王。鄯善王不敢再起异心，“情愿归降大汉，望求饶恕”。班超大功告成，与众弟兄同贺，大团圆结局。

全剧结构完整，剧情生动，有文有武，节奏紧凑，张弛有度，扣人心弦。人物形象塑造是全剧的亮点。通过人物的语言、心理独白、行动等方面塑造出班超、徐干、鄯善王、呼韩豹等一系列性格各异却又生动鲜活而丰满的人物形象，尤其是将主人公班超的壮志雄心、智勇双全的人物性格展现得淋漓尽致，基本实现了以人物为主和以故事为主的平衡，不失为传统剧目中的佳作。

剧本欣赏（节选）

玉门关（前本）

【第一场】

（班超上。）

班超　（引子）　书卷埋头，怎能够，万里封侯？

（班超坐。）

班超　（念）　钻研故纸及春秋，橐笔京华赋壮游。男儿一副好身手，不立功名誓不休。

（白）　小生，姓班，名超，乃扶风郡平陵人氏。父名班彪，长兄班固。俺自幼承父兄教诲，每日攻苦读书，自量胸中才学，也不愧文中飞将。只是俺自从跟随长兄到了洛阳，就在兰台下供佣笔砚。俺想这种书蠹的事儿，哪有出头之日？因此结交了一位好朋友，名唤徐干，还有一干有名的义士，每日盘枪舞剑，熟读兵书，以备将来用武之地。只是俺堂堂丈夫，无人知晓，也是枉然。思想起来，好不烦闷啊。

（唱）　抵掌谈兵意气豪，
英名不数霍票姚。
虎头燕颔称年少，
不爱毛锥爱宝刀。

（白）　咳，我想近日窦将军窦固，奉旨将兵，出征匈奴，投他军中效力，一来为国立功，二来施展施展平日的大志。俺不免前去与徐大哥商议商议。就是这个主意。

（班超起，执笔。）

班超　（白）　嗳，这一支笔儿，你就苦我了。

（班超投笔。）

班超　（唱）　文章倚马终何用，
万里沙场要横行。
长枪大戟威风整，
愿效终军去请缨。

（班超下。）

……

【第四场】

（四兵卒、中军同上，窦固上。）

窦固　（引子）　仗节出边，统雄兵，扫荡烽烟。

（窦固坐。）

窦固　（念）　封侯拜爵在朝端，大纛高牙夜出关。十万男儿齐拍手，铭功刻石到祁连。

（白）　老夫窦固，表字孟孙，汉室为臣，官拜奉车都尉之职。老夫奉了朝旨，出征匈奴，通道西域，招纳天下壮士，统率出关。却这无人应命。中军，伺候了。

（下人上。）

下人　（念）　无事不敢乱禀，有事不敢不报。

（下人跪。）

下人　（白）　元帅，班超前来投效。

窦固　（白）　传他进帐。

（班超上。）

班超　（念）　懒拭长桥赋，来投细柳营。

（白）　将军在上，小生有礼。

窦固　（白）　少礼落座。

班超　（白）　谢坐。

窦固　（白）　仲升来此何干?

班超　（白）　闻说将军奉旨出征，小生不才，愿随将军马足，听候驱策。

窦固　（白）　仲升果有此意，就可随同郭恂，收复西域诸国。但不知仲升前去，可带多少人马?

班超　（白）　小生有壮士三十六人，英勇无敌。兵在出奇制胜，毋须多用。

窦固　（白）　好!班超听令。

班超　（白）　在。

窦固　（白）　命你前赴西域，收复诸羌。此去多加小心。

班超　（白）　遵令。

带马!

（唱）　读书不遂男儿愿，

跃马横戈出玉关。

（班超下。）

窦固　（唱）　国士无双班仲升，

今番一去定立功。

（窦固、中军、四兵卒同下。）

【第五场】

（徐干、众武士同上。）

众人　（同念）　酒逢知己千杯少，话不投机半句多。

（众人分坐。）

王忠　（白）　班公子怎么还不见到来?

徐干　（白）　等候便了。

（班超上。）

班超　（念）　将相本无种，英雄不在名。

徐干　（白）　贤弟回来了。

王忠　（白）　公子有礼了。

班超　（白）　少礼。请坐。

王忠　（白）　请。

（班超、王忠分坐。）

徐干　（白）　贤弟，此去怎样?

班超　（白）　奉将军之令，命俺带领众位弟兄，一到西域，收复诸羌。众位弟兄，可曾愿去?

王忠　（白）　愿去不辞。

班超　（白）　如此甚好，就可一同前往。

王忠　（白）　遵命。

（四兵卒同上。）

班超　（白）　马来。

（唱）　燕雀安知鸿鹄志，
横沙绝漠度春秋。
腰中宝剑双鸣吼，
不斩匈奴誓不休。

（众人同下。）

【第六场】

（呼韩豹、四番卒同上。）

呼韩豹　（念）　连兵驰沙漠，走马度阴山。

（白）　俺，匈奴大将军呼韩豹是也。闻说汉兵出塞，奉我主命令，一到西域，暗结诸羌，教他们违背汉家，归顺我主。今日正起程。

巴图鲁，听俺令下。

四番卒　（同白）　嗄!

呼韩豹　（唱）　中军虎帐传一令，

大小儿郎听分明：

催开战马往前进，

行兵莫要露真情。

（众人同下。）

……

【第十场】

（鄯善王、四番卒同上。呼韩豹、四番卒同上。）

呼韩豹　（白）　老大王在上，末将有礼。

鄯善王　（白）　少礼，请坐。

（鄯善王、呼韩豹分坐。）

鄯善王　（白）　不知将军远来，未曾远迎，面前恕罪。

呼韩豹　（白　岂敢岂敢。

鄯善王　（白）　将军来此何事?

呼韩豹　（白）　奉我主命令，带领三千人马，亲到贵邦，一来奉书问候，二来劝老大王归顺我主，反抗天朝。不知老大王意下如何?

鄯善王　（白）　孤家早有此意，将军来得甚好。但事要机密，不可泄漏。

（探子上，跪。）

探子　（白）　汉朝大将班超要见。

（呼韩豹惊疑。）

呼韩豹　（白）　汉兵到来，这、这、这便如何是好?

他带来多少人马?

探子　（白）　三十六人。

鄯善王　（白）　这班超小儿，胆敢带领三十六人，深入虎口!老夫自有道理。

将军请在后帐饮酒。

（呼韩豹、四番卒同下。）

鄯善王　（白）　吩咐二将进帐。

四番卒　（同白）　二将进帐。

（二番将同上。）

二番将　（同念）　大王传唤，进帐去见。

（二番将同进帐。）

二番将　（同白）　老大王在上，末将参见。

鄯善王　（白）　少礼，落座。

二番将　（同白）　大王将我们传来，有何吩咐?

鄯善王　（白）　今有汉将班超带领三十六人前来，命尔等埋伏帐外，他若好意殷勤，还在罢了；倘有差池，将他立时擒下，不得有误。

二番将　（同白）　得令!

番将甲　（念）　四面安排定，

番将乙　（念）　单等军令行。

（二番将同下。）

鄯善王　（白）　众将摆队相迎。

四番卒　（同白）　嗄。

（众人同下。）

……

【第十三场】

（班超、众武士同上，分坐。）

班超　（白）　今日若非众位弟兄帮助，险遭不测。

众武士　（同白）　好说。似这等犬羊之辈，也不是将军对手。

班超　（白）　众位弟兄!

众武士　（同白）　公子。

班超　（白）　今日老匹夫，受这一场奇辱，怎肯与我们甘休?他若带领匈奴兵马前来，要与我们厮杀，那便怎了?

徐干　（白）　我等堂堂男子，怕死不成?将军不必多虑。

班超　（白）　大哥所言不差。就只一件：我等三十六人，焉能抵敌他三千人马?倘若陷入重围，那时内无粮草，外无救兵，岂非自送其死?

徐干　（白）　如此说来，怎生是好?

刘鹏　（白）　小弟却有个主见，不知大家看着怎样?

众人　（同白）　如此请讲。

刘鹏　（白）　我们敌他不住，不如差人下书，请窦将军调兵来救。你们看着怎样?

邓远　（白）　此地离大营三四千里，等到调兵到来，我们饿也饿死了。你这话不中用。

刘鹏　（白）　不中用，算我没说。

班超　（白）　你我兄弟因何而来？

众人　（同白）　为了大汉威名。

班超　（白）　却道是不入虎穴，焉得虎子？我想今晚夜间，三更时分，暗暗混进敌营，一在后面放火，一在前面喊杀。倘若胜了番兵，国家必有重赏；若是不胜，就为国一死，也不失英雄的体面。

众人　（同白）　将军之言有理，就请传令。

班超　（白）　王忠、朱武听令！

王忠、朱武

（同白）　在！

班超　（白）　命你二人扮作番兵模样，混进敌营。等到三更时分，一齐放火，不可有误。

王忠、朱武

（同白）　遵令！

（王忠、朱武同下。）

班超　（白）　邓远听令！

邓远　（白）　在！

班超　（白）　命你埋伏高岗之上，等到敌营火起，擂鼓助战，当作疑兵，不可有误。

邓远　（白）　遵令！

（邓远下。）

班超　（白）　刘鹏、马严、郭昭听令！

刘鹏、马严、郭昭

（同白）　在！

班超　（白）　徐大哥！

徐干　（白）　将军！

班超　（白）　我们今晚就可一同前往。

徐干　（白）　好。

班超　（念）　单身伏猛虎，

众人　（同念）　赤手缚长蛇。

（众人同下。）

……

【第二十一场】

（邓远执旗上。众马军同上。内鼓声。）

邓远　（白）　前面火起，我不免登高擂鼓助战者。

（邓远登山，内鼓声。）

邓远　　（白）　　呀，好一场厮杀也！

　　　　（石榴花牌）只见那番兵番将似海潮，

　　　　　　　　观不尽人头滚荒郊。

　　　　　　　　又只见将士纷纷一阵乱剿，

　　　　　　　　烈焰中马嘶人哭叫。

　　　　　　　　助他阵战鼓咚咚，

　　　　　　　　助他阵战鼓咚咚。

　　　　　　　　我天朝将帅把那刀枪绕，

　　　　　　　　高高下下飞腾，也应烟冒。

　　　　　　　　见一派旌旗烧，

　　　　　　　　见一派旌旗烧。

　　　　　　　　胡尘也应尽扫。

　　　　　　　　俺这里一战灭儿曹。

（班超、王忠、刘鹏、马严、徐干、郭昭同上。呼韩豹、四番卒同上，同开打，呼韩豹败下，众人同追下。）

邓远　　（白）　　马军！

众马军　（同白）　在！

邓远　　（白）　　你看番兵败下，带马前去截杀者。

（邓远下山，带众马军同下。）

【第二十二场】

（呼韩豹、四番卒同上。班超、王忠、朱武、徐干、刘鹏、马严、郭昭、邓远同上。班超坐。）

班超　　（白）　　众将！

（众人同允。）

班超　　（白）　　把番将绑上来！

（呼韩豹站立，不跪。）

班超　　（白）　　你这狗虏，私通鄯善，要谋害俺的性命。

　　　　　　　　来！

众人　　（同白）　有！

班超　　（白）　　绑下去杀！

（军卒绑呼韩豹同下。内鼓声。军卒捧人头上，跪。）

军卒　　（白）　　将军请看。

班超	（白）	悬在辕门。
		众将！
众人	（同白）	有！
班超	（白）	传鄯善国王进帐。

（众人同允。鄯善王上，惊。）

鄯善王	（白）	嗳吓！吓、吓死我也！

（鄯善王进见，跪。）

鄯善王	（白）	将军将我传来，有何吩咐？
班超	（白）	你这老奴才，违背大汉，私通匈奴，要害某的性命。
		来！
众人	（同白）	嗄。
班超	（白）	绑下去杀！

（鄯善王叩头。）

鄯善王	（白）	将军且请息怒，在下不敢害将军。情愿归降大汉，望求饶恕。
班超	（白）	看你老迈，暂且饶过。限你三天，将军马点齐，待本官查验，不得违误。下去。
众人	（同白）	下去！

（鄯善王起。）

鄯善王	（白）	嗳吓，险哪！

（鄯善王下。）

班超	（白）	请在后帐，与诸将贺功。
众人	（同白）	请！

（众人同下。）

（完）

京剧《文姬归汉》

金代张瑀所作《文姬归汉图》

文姬，指蔡文姬。据《后汉书·董祀妻传》，蔡文姬为陈留郡国人，是东汉著名学者蔡邕的女儿。“名琰，字文姬。博学有才辩，又妙于音律。”初嫁河东人卫仲道，夫亡后归居家中。时值天下动乱，四处交兵。董卓在长安被诛后，其父蔡邕曾因为董卓所迫，受官中郎将而获罪，为司徒王允所囚，并被处死狱中。蔡文姬则于兵荒马乱中为董卓旧部羌胡兵所掳，流落至南匈奴左贤王部，在胡地生活十二年，生有二子。建安中，随着曹操军事力量的不断强大，吕布、袁绍等割据势力被逐步削平，中国北方因之也趋于统一。在这一历史条件下，曹操出于对故人蔡邕的怜惜与怀念，“痛其无嗣”，乃遣使者以金璧将蔡文姬从匈奴赎回国中，重嫁给陈留人董祀，便让她整理蔡邕所遗书籍四百余篇，为中国文化的传播做出了贡献。这就是历史上所谓“文姬归汉”的故事。后来，这个故事又被编入小说、戏剧，被之管弦，得以广泛流传。

京剧《文姬归汉》写蔡邕的女儿名叫蔡琰，又叫蔡文姬，跟她父亲一样，是个博学多才的人。她父亲死后，关中地区又发生李傕、郭汜的混战，长安一带百姓到处逃难。蔡文姬也跟着难民到处流亡。那时候，匈奴兵趁火打劫，掳掠百姓。有一天，蔡文姬碰上匈奴兵，被他们抢走。匈奴兵见她年轻美貌，就把她献给了匈奴的左贤王。左贤王久仰蔡氏父女的名望，对文姬一见倾心。劝说文姬随他回匈奴。文姬自感孤苦伶仃，时局混乱，自己一个孤弱女子没有容身之所，又见左贤王一片赤诚。无奈何依从了左贤王。打这以后，她就成了左贤王的夫人，左贤王很爱她。她在南匈奴一住就是十二年，还生下了两个儿子。虽然过惯了匈奴的生活，还是十分想念故国。

有一天，曹操想起了蔡文姬，就派使者带着礼物到南匈奴，把她接回来。

左贤王当然舍不得把蔡文姬放走，但是不敢违抗曹操的意志，只好让蔡文姬回去。蔡文姬能回到日夜想念的故国，当然十分愿意；但是要她离开在匈奴生下的子女，又觉得悲伤。在骨肉亲情和家国之思两难全的矛盾的心情下，她写下了著名诗歌《胡笳十八拍》。剧中将之谱入京剧唱腔，彰显了青衣应工之唱功的精彩魅力。

剧本欣赏（节选）

文姬归汉

【第一场】

（侍琴引蔡琰同上。）

蔡琰　（引子）　才华空把青春误，薄命难赓白首吟。

（念）　镜鸾孤掩已成尘，念乱忧家更痛心。自古文章难赎命，可怜身做未亡人。

（白）　奴家蔡琰字文姬，陈留围人也。我父在日，官拜左中郎将，封高阳乡侯。奴家幼侍卫仲道，只因夫亡无子，只得归宁在家。幸有我父留下满架图书，堪以日常消遣。今日闲暇无事，我不免将焦尾琴抚弄一回，也好解除愁闷。侍琴——

侍琴　（白）　有。

蔡琰　（白）　取焦尾琴过来。

侍琴　（白）　是啦。

（侍琴取琴。）

侍琴　（白）　小姐，瑶琴在此。

蔡琰　（白）　放下。

侍琴　（白）　是啦。

蔡琰　（白）　待我抚弄一回便了。

（南梆子）　日长时怎解我心中烦闷？
见瑶琴不由我睹物思人。

（白）　想我父以抚弄传名，今已成《广陵绝调》了。

（南梆子）　好比那寡女丝弦清调冷，
又好比别鹤吟动魄凄心。

（西皮摇板）　在家中从未见捕蝉奇景，
却缘何带有那杀伐之声？

（苍头上。）

苍头　（白）　启禀小姐：大事不好了！

蔡琰　（白）　何事惊慌？快快讲来！

苍头　（白）　今有匈奴国造反，逢州抢州，遇县夺县，看看杀到我们这里来了哇！

蔡琰　（白）　这便如何是好哇？

苍头　（白）　小姐就该寻个安静所在，躲避躲避。

程砚秋先生饰演的蔡文姬

蔡琰　（白）　　事已至此，也只好暂且逃生。苍头——

苍头　（白）　　在。

蔡琰　（白）　　你在我家多年，家中之事，只好奉托与你。别是物件都不要紧，唯有老爷留下满架图书，你须要小心保护。

侍琴——

侍琴　（白）　　有。

蔡琰　（白）　　将焦尾琴带好，同我逃生去吧。

侍琴　（白）　　是啦。

蔡琰　（西皮摇板）　没奈何我只得仓皇逃命，

留下了老苍头看守门庭。

苍头　（白）　　哦，是是是。

蔡琰　（西皮摇板）　家中事还望你多多地照应，

侍琴　（白）　　小姐，咱们可快点儿走吧！

……

【第三场】

蔡琰　（内西皮导板）　登山涉水争逃命，

（蔡琰、侍琴同上。）

蔡琰　（西皮快板）　女哭男号不忍闻。

胡兵满野追呼近，

哪晓今朝是死生？

举目看，旌旗影，

侧耳听，刀剑声。

我呼天，天不应，

我待入地地无门。

没奈何我只得奔波前进，

（西皮散板）　乱哄哄后边来万马千军。

（二番将、四番兵同上。）

二番将　（同白）　　哎！你们是做什么的？

侍琴　（白）　　你管我们哪！我们是逃难的！

二番将　（同白）　　哪里是逃难的，分明是奸细！巴图鲁！

四番兵　（同白）　　有！

二番将　（同白）　　拿下了！
四番兵　（同白）　　啊！
（二番将、四番兵擒蔡琰、侍琴同下。）
……

【第五场】
（四龙套同上，中军引曹操同上。）
曹操　（引子）　　队伍神威，气轩昂，统三军，剿灭他邦。
（众曹将同上。）
曹操　（念）　　堂堂将才恃英武，威威虎将镇帝都。纷纷剑戟如霜雪，个个儿郎胆气足。
　　（白）　　老夫，曹操。自讨灭群雄，迁都许昌，自为首相，这且不言。今日故旧凋零复痛，桥公之墓。最可叹者，蔡中郎伯喈与我十分交好，又无子嗣。闻得他女文姬，流落南匈奴，为左贤王匹配。此女才学，颇有父风。老夫准备厚礼，赎她回国。使蔡中郎有后，以继香烟。想周近熟悉胡情，不免命他前往。
　　　　来！
中军　（白）　　有。
曹操　（白）　　周近进帐。
中军　（白）　　是。
　　　　周大夫进帐！
周近　（内白）　　来也。
（周近上。）
周近　（念）　　一生素识边夷信，怕是曹公命远行。
　　（白）　　参见丞相。
曹操　（白）　　一旁坐下。
周近　（白）　　谢座。传唤小官，有何吩咐？
曹操　（白）　　老夫今日想起一事，想蔡中郎与老夫交好，又无嗣子。闻得其女文姬，流落南匈奴，为左贤王妃。命你去往胡营，将她赎回国来。老夫准备黄金千两，彩缎百段，送与那单于。我想此事，定能办到，只是有劳大夫远行了。
周近　（白）　　区区远行，何劳之有？待小官收拾起行便了。
曹操　（白）　　有劳大夫了！
　　（西皮摇板）　　想此事表人情一番举动，
　　　　准备着行聘礼送到胡中。

周近　（白）　遵命。

　　（西皮摇板）　别丞相此远行亦非劳顿，

　　表一表朋友情五伦之中。

（周近下。）

曹操　（西皮摇板）　记当日拜桥公过世腹痛。

　　（白）　掩门。

（四龙套同下。）

曹操　（西皮摇板）　喜此番赎文姬定庆成功。

（曹操下。）

【第六场】

（侍琴上。）

侍琴　（西皮摇板）　胡中岁月无皇历，

　　但见草枯又一年。

　　（白）　我，侍琴。只因我家小姐听我相劝，嫁了左贤王，左贤王倒也十分喜爱。怎奈我家小姐终日愁眉泪眼，闷闷不乐，想念家乡。唉！这也难怪，就是连我，将来也不知道如何打算哪？计算起来也有十年了，且喜我家小姐生下二子，我家小姐的意思，叫我教给二位公子汉朝的文字，将来也好回国。咳！这也是我家小姐一片痴心妄想。人家的孩子哪能跟你回国呢？咳，看今日天气晴和，不免带他们两人出去游逛便了。

　　（西皮摇板）　在胡中衣和食两都不便，

　　悔不该与小姐误进忠言。

（侍琴下。）

……

【第八场】

（四宫娥引蔡琰、侍琴同上。）

蔡琰　（西皮原板）　荒原寒日嘶胡马，

　　万里云山归路遐。

　　蒙头霜霰冬和夏，

　　满目牛羊风卷沙。

　　伤心竟把胡人嫁，

　　忍耻偷生计已差。

京剧《文姬归汉》场景

		月明孤影毡庐下， 何处云飞是妾家？

（左贤王上。）

左贤王	（西皮散板）	看贤妻这恩情半真半假， 却缘何每日里泪落如麻？ 我只得进宫院揆她情话，
蔡琰	（西皮散板）	原来是上早朝走马还家。
左贤王	（白）	啊，我看妃子面带泪痕，为了何事？
蔡琰	（白）	我并未落泪呀？
左贤王	（白）	明明泪痕未干，怎说无有？何必隐瞒于我？
侍琴	（白）	对啦，小姐。
左贤王	（白）	哦！莫非是我胡人粗鲁？还有什么不满意之事么？
蔡琰	（白）	王爷待我恩情甚好，还有什么不满意之处？王爷不要多疑。
左贤王	（白）	既然如此，我从不见你一开笑口。你我既为夫妻，有话就该言讲，不必隐瞒于我，也好替妃子你分忧解愁。
侍琴	（白）	小姐，您有什么话儿，就跟王爷说吧。
蔡琰	（白）	王爷再三询问，妾也不敢隐瞒。自古道“狐死尚要首丘”，何况我们人类？是我每日思念家乡，故而伤心落泪。
左贤王	（白）	这倒容易得很。
蔡琰	（白）	噢！真个容易？不知几时可以回国？

左贤王　（白）　　待我养兵数载，夺取汉朝天下，带你回国。那时还要封你做王后，岂不容易得很？

蔡琰　（白）　　王爷，你要取那汉室天下，便是我国仇人。恬颜事仇，妾所不愿。唯有一死而已！

左贤王　（白）　　不必如此，你我饮酒取乐。

蔡琰　（白）　　陪侍王爷。

左贤王　（白）　　来，酒宴摆上。

四宫娥　（同白）　　是。

（牌子。四宫娥同摆宴。）

左贤王　（白）　　妃子请。

蔡琰　（白）　　请。

左贤王　（白）　　啊！你为何又伤心落泪呀？

蔡琰　（白）　　我并未落泪。

左贤王　（白）　　待我与妃子把盏。

蔡琰　（白）　　妾实不会饮酒，王爷多吃几杯吧。

左贤王　（白）　　哦，妃子既不愿饮酒，你我去至郊外，行围射猎，消遣一回，你看如何？

蔡琰　（白）　　胡人欢喜骑射，妾是不惯的。

左贤王　（白）　　这又不好，那又不好，这倒难了。

（家院上。）

家院　（白）　　宫中宣召，速速进宫。

左贤王　（白）　　知道了！

（家院下。）

左贤王　（白）　　啊，妃子，宽饮几杯，我去去就来。

带马。

蔡琰　（白）　　送王爷。

（左贤王下。）

蔡琰　（白）　　看他这样殷勤，他哪知我的苦心喏！

（西皮散板）　　终日里对胡人笑啼都假，

献殷勤又何必埋怨于他？

（蔡琰下，众人同下。）

……

【第十场】

（左贤王上，侍琴上。）

左贤王（白）你将这圣旨交与你家小姐，叫她即刻回国便了。

（左贤王递旨。）

侍琴（白）哎，是啦。

（左贤王下。）

侍琴（白）啊！这下可好啦！我们小姐要回国了！我给我们小姐送个信儿去。
有请小姐。

（蔡琰、二王子同上。）

蔡琰（念）极目胡天空咏叹，不知何处是长安。
（白）何事？

侍琴（白）小姐，您大喜啦！您瞧瞧这上面都写的是什么？

蔡琰（白）待我看来。

（侍琴呈旨，蔡琰看。）

蔡琰（白）好了，待我谢天谢地。
侍琴！

侍琴（白）有。

蔡琰（白）你可晓得几时可以启程？

侍琴（白）那我也不知道哇！

蔡琰（白）你去传话周大夫，要急速启程才好。

侍琴（白）是啦。

二王子（同白）妈呀！您上哪儿呀？

蔡琰（白）无端生此两儿，我一旦回国，他二人岂不成无母之人么？
侍琴！

侍琴（白）哎。

蔡琰（白）你替我想来，如今我倒是去住两难了。

侍琴（白）这叫我也是没有主意呀！

蔡琰（白）我一心想念家乡，适逢机会，难道为这两个孽障，就永远葬身此地不成？机缘错过，后悔难追！还是硬着心肠，回国便了。

二王子（同白）妈呀！您回去带着我吧！您带着我！您带着我！

侍琴（白）哎，我说小姐，这父母疼子可都是一样的。

蔡琰（白）咳！是啊！父母爱子，人有同情。想我父在日，何等疼爱于我。如今三尺孤坟，连一杯麦饭都无人祭扫。我若是牵连私情，把祖宗丘墓弃之不顾，我怎对得住先人？又怎对得起那曹丞相啊？也罢！你与我收拾行装，就此启程便了。

侍琴　（白）　是啦。

二王子　（同白）　妈！您带着我！带着我！您带着我！

蔡琰　（白）　好好好，你二人不要啼哭，你随着侍琴去换衣服，我们带你回去就是。

侍琴　（白）　是啦，咱们去换衣服去。

二王子　（同白）　您带我们去啦？

侍琴　（白）　走吧，走吧，走吧，咱们换衣裳去。

蔡琰　（白）　侍琴。

侍琴　（白）　哎。你们俩先去吧。

二王子　（同白）　你来，你来，你来。

（二王子同下。）

侍琴　（白）　小姐，您叫我什么事啊？

蔡琰　（白）　你看他二人如此可爱，叫我怎生舍得？

侍琴　（白）　不用说您舍不得，就是连我也舍不得他们哪！

蔡琰　（白）　怎么！你也是舍不得他们？

侍琴　（白）　对啦。

蔡琰　（白）　哎呀，这就好了。我本想带你回国，看此情形，只好烦你抚养他们，待成人之后，我多备金银，赎你回国。你不要推辞，我这里拜托了。

侍琴　（白）　我说小姐，事到如今，我也不敢推辞。可是一样，小姐此番回得国去，可不要忘了我呀！

蔡琰　（白）　侍琴，我焉能忘你的大恩？你去哄住他二人，不要与我见面。免得临别之时，悲痛难挨也！

侍琴　（白）　哎！是啦！

（侍琴下。）

蔡琰　（白）　生离不如死别了！

（西皮摇板）　日日思归归又怨，

不归却又一心悬。

还乡惜别两难遣，

宁弃胡儿归故园。

……

【第十二场】

蔡琰　（内西皮导板）　整归鞭行不尽天山万里，

（四兵丁、周近引蔡琰同上。）

蔡琰　（西皮慢板）　见黄沙和边草一样低迷。

又听得马啸啸悲风动地，

虽然是行路难却幸生归。

悔当日生胡儿不能捐弃，

到如今行一步一步远足重难移。

从此后隔死生，

（西皮散板） 永无消息，

周近 （白） 趱行者！

蔡琰 （西皮散板） 反叫我对穹庐无限依依！

（众人同下。）

【第十三场】

（周近上。）

周近 （西皮摇板） 望长天观日落光辉暗淡，

倒不如在此处少驻整鞍。

（白） 一路行来，天色将晚，不免在馆驿住宿一宿，明日再行。远远望见小姐来也。

（四兵丁引蔡琰同上。）

周近 （白） 小姐：天色已晚，就在馆驿安宿一宵，特来请示。

蔡琰 （白） 但凭大夫。

周近 （白） 驿馆去者。

四兵丁 （同白） 啊。

（众人同走圆场。）

蔡琰 （白） 大夫鞍马劳乏，请歇息去吧。

周近 （白） 遵命。

（周近下。）

蔡琰 （念） 爱胡儿又恨胡乡，旧怨初平新怨长。

（号角声。）

蔡琰 （白） 看如此荒郊，月光惨淡，朔风四起，孤灯不明，叫我这伤心人如何可以安睡？驿亭外胡笳远鸣，声声哀怨，似代我诉说离愁。我蔡文姬柔肠寸断矣！想我在胡中多年，感胡笳之声，用琴写之。曾制有《胡笳》第十三拍，今夜千愁万恨并在心头，我不免再制成《胡笳》第十四拍，也好稍抒幽愤。人生到此，怎不凄凉人也！

（号角声。）

蔡琰 （二黄慢板） 身归国兮儿莫知随，

心悬悬兮长如饥。

四时万物兮有盛衰，

唯有愁苦兮不暂移。

山高地阔兮见汝无期，

更深夜阑兮梦汝来斯。

梦中执手兮一喜一悲，

觉后痛吾心兮无休歇时。

十有四拍兮涕泪交垂，

河水东流兮心是思。

侍女　（白）　天已不早，请小姐登程。

蔡琰　（白）　就此启程。正是：

（念）　星河寥落胡天晓，关塞萧条白日长。

（众人同下。）

……

【第十五场】

（张四上，李成上，四兵丁、周近引蔡琰同上。）

李成　（白）　来此已是。

蔡琰　（白）　可有香火？

李成　（白）　哦，外国不兴那个。

蔡琰　（白）　待我潦草祭奠一番。

李成　（白）　是。

蔡琰　（白）　明妃啊！我与你境遇相同，这伤心一样。我今日到此，祭奠与你，不知你地下阴灵可能知晓否？

（二黄导板）　见坟台哭一声明妃细听，

周近　（白）　席地而坐。

（众人同坐。）

蔡琰　（回龙）　我文姬来奠酒诉说衷情：

（反二黄慢板）　你本是误丹青毕生饮恨，

我也曾被娥眉累苦此身。

（反二黄快三眼）　你输我及生前得归乡井，

我输你保骨肉幸免飘零。

问苍天何使我两人共命？
听琵琶马上曲悲切笳声。
看狼山闻陇水梦魂，
（反二黄散板）犹警，
可怜你留青冢独向黄昏。

张四 （白） 参见小姐，我名叫张四，我也是中国人。听说您回国，您把我带回去得啦。

李成 （白） 哎，小姐，他还年轻哪。让他这儿看着，您把我带回去得啦。

张四 （白） 别介！别介！别介！您把我带回去得啦。

蔡琰 （白） 你二人俱是中原人，可晓得墓中也是中国人哪？烦你们多看守几年，待有机会，再回国去吧。

李成、张四
（同白） 是。

蔡琰 （白） 看赏。

周近 （白） 是。

（周近递银。）

李成 （白） 谢小姐。咳！你呀！你净跟着搅吗你！

张四 （白） 你净跟我吵吗！

李成 （白） 谁也不带啦！

（李成、张四同下。）

蔡琰 （白） 我们启程吧。
（反二黄散板）这叫作惜惺惺相怜同命，
她那在九泉下应解伤心。
我只得含悲泪兼程前进，
还望她向天南月夜归魂。

（众人同下。）

【第十六场】

（吹打，四龙套、曹操同上。四兵丁、周近引蔡琰同上。）

曹操 （白） 大夫歇息去吧。

（周近下，四兵丁同下。）

蔡琰 （白） 叩见伯父。

曹操 （白） 免礼，快快请起。一路劳乏，歇息去吧。

蔡琰 （白） 容侄女回家探视，再来叩府谢恩。

曹操　（白）　好，回府歇息去吧。

蔡琰　（白）　正是：

　　　（念）　我生不辰逢离乱，幸叫生入玉门关。

（蔡琰下。）

曹操　（白）　回府！

（众人同下。）

（完）

盛明杂剧《文姬入塞》

明沈泰编的《盛明杂剧》收明杂剧六十种，其中《文姬入塞》是上编第十种，陈与郊著，是一出具有典型南杂剧特点的剧目。在剧本结构设置上，该剧也具有南杂剧独特的艺术创新。最突出的一点就是结构体制上的锁闭式特点，即作家采用了类似“蓄势”的方法，刻意压缩情感的抒发，在情感处于饱和状态的瞬间迸发出来。让戏剧的矛盾性产生的张力达到一个爆炸性的效果。剧本人物不需太多，情节简单而情感内涵丰富。在《文姬入塞》一剧中，仅截取蔡文姬得知汉朝派人来接前后的心理变化和语言行动，表现了她一生中最矛盾、最痛苦的抉择时刻——一面是多年来对中原故乡的魂牵梦绕；一面是即将与亲生儿子生离死别，这构成剧中女主角情感上的尖锐矛盾。这是我国传统戏剧中作为戏剧冲突主要特征的心理冲突和情感危机的焦点。从接受心理的角度审视，这也是情感的凝聚和爆发点。作家巧妙地抓住这一点，因而能在短短一折的篇幅之中展示最大容量的情感内涵，造成极其强烈的艺术效果，使读者无不动容。前人称此剧令人“哽咽不能读竞”。

剧本欣赏

文姬入塞

明代《胡笳十八拍》图卷第二拍 佚名

（〔生扮官服小黄门，持节引侍女从人上〕风劲角弓鸣，军麾动洛城。人惊青凤去，天借白云迎。下官是汉朝曹丞相门下走动的一个小黄门是也。则为蔡中郎单生一女，名呼蔡琰，字曰文姬。前日乱军中，没入左贤王帐下。俺丞相近日从一驿中经过，见壁上有半段小词，却是那蔡文姬从汉入胡，题愁写恨者。那词道："初离汉旬心将碎，幽恨绵绵，春日如年，马上时时闻杜鹃。"俺丞相看罢此词，不觉感叹了一回，当时也作一歌行，伤其流落。中间有两句道："敲乾鸾凤和胶髓，扑碎骊龙照乘珠。"那一日门下官员，好些流泪，好些太息。昨日俺丞相又道是中郎有女，蔡琰无辜。待移粪上之英，仍作匣中之玉。续成青史，完一代文章；免陷黄沙，恨千秋罗绮。奏过官里，差下官带着侍女，赍着黄金百镒，锦缎千端，赎取蔡夫人还朝。不免走一遭也。蔡夫人！）

【红衲袄】你只合弄箫，贮着帝子台。却缘何抱冰弦，守着夫人寨。便有碧玉蹄，飞不出黄龙界。紫貂裘，温不透红杏腮。塞鸿书，何处裁？胡笳泪，何处洒？（蔡夫人，蔡夫人！你本是翠帏班马，到做了玉帐姬姜。）可不道埋没了丰城贯斗才。

（想古人那有这般堪恨来！）

【前腔】怎比着闭长门生绿苔，怎比着嫁穹庐啼紫塞。可知你冰雪怀，洗向琉璃海。那里管鹧鸪天，吹翻鹦鹉杯。你肯把曲河肠在弦上厂，大刀心做爨下灰。（因此上俺丞相呵！）使我向离骚买将兰蕊回。〔下〕

【齐天乐】〔旦扮蔡文姬引婢上〕蛾眉自困龙城也！怕问洛阳枝叶。匣玉墙荚，胡霜汉月，总是命儿薄劣！〔贴〕雁儿嘹亮，风儿叫吼，梦儿虚怯。〔合〕忽报春雷，乍惊春燕也惊蛇。

【浣溪纱】（〔旦〕弦上依稀见泪痕，王庭风雪易黄昏。远情深恨与谁论？〔贴〕记得当年寒食近，延秋门外卓金轮。〔旦〕日斜人散暗消魂。〔贴〕娘娘叩头！〔旦〕青衣起来。妾乃蔡文姬是也。自堕军中，辱在左贤王帐下，偷延数载，岂惜一生？则为先中郎兰玉萧条，琴书散失，因此上强厚春风之面，丐命穹庐；图归月下之魂，致情丘垅。青衣，倘终已矣，宁不悲哉！〔贴〕娘娘省烦恼。见说南朝差一位官员，来请娘娘去也！〔旦〕那里有这等事？这话从那里来的？〔贴〕昨日前帐传来，有一位官员，来见大王爷。他说道奉着汉天子诏令，车金辇绣，赎取娘娘还朝。〔旦〕果有这等事来？谢天谢地！得还乡井，到先中郎墓下，便一盂麦饭，也不枉了几载偷生。青衣，你看我汉家装束来！〔更衣冠介〕）

【红衲袄】〔旦〕我则道绣罗襦叠破了褶，翠云翘断送些。苜蓿惊沙，葫芦乱雪，拚结果异乡日月。谁知道丹凤书从天上跌，似黄粱梦向枕上撇！（这般天大样一桩喜事，）若不是些个恼人肠，把满镜愁都扫彻！

【前腔】〔贴〕娘娘，往常时则见你望秦关、伤汉月，今日里可待离龙城、还凤穴。一声声刚歇着咨嗟，一点点又湿着腮颊。（待青衣猜一猜，前者珠玉泥沙，人怀痛恨。今番归国，未免到添了些些。）敢怕为道路流传似画蛇？（〔旦〕也不是。〔贴〕玉帐貂裘，倘亦有并州故乡之意。）早难道邯郸唤醒还迷蝶？（〔旦〕一发不是！则这小王子放心不下，以此痛心。）〔贴〕原来为这根苗。母子天性，可知那肠儿有一万结！

（〔旦〕你再去打听，那官员消息是实否？〔应介〕）

【霜天晓角】〔生仍持节，带侍女从人上〕侵星际夜，踏遍关山月。莫道黄金贱也，狄宫曾把春赊。

（〔相见拜叩头介〕〔旦〕大人何来？〔生〕蔡夫人，下官是汉使小黄门。曹丞相因念令先君是绝代儒宗，夫人是名公爱子，不忍埋没这白草黄云之外。以此奏过官里，差下官赍带黄金百镒、锦缎千端，赎取夫人还朝。适间已送上左贤王，都收下了。分付驾车一辆，射手百人，送夫人归国。〔旦〕大王爷怎么说？〔二卒〕启娘娘，大王爷传令：汉天子有诏，不敢不从。今日恰好是大单于诞日，随班进贺，不得亲送娘娘。着把都儿护送到关。〔旦〕知道了。如此，上谢大王，下谢曹丞相。先中郎虽在九泉之下，不忘结草衔环。只一件，奴家有个孩儿，与他一别，即便上车。把都儿，前帐去请小王子来。〔众应介〕〔生〕蔡夫人，这也不须留恋了。〔旦〕黄门大人！）

【青衲袄】我待把孽根儿抛弃者，泪珠儿□住些；争奈母子心肠自盘叠。也知道生得胡儿羞汉妾，话到舌尖儿，又待说，又软怯。待要歇，怎忍歇？一寸柔肠便一寸铁。也痛的似痴绝！

【前腔】〔生〕蔡夫人，劝你把一天愁，替咱打叠。直恁的越情牵、楚思结。送将归的流水漫呜咽。（蔡夫人，你既痛小王子，到不如不见他罢。）见他还痛嗟，你待觅半缄离恨赦，却早领一道追魂索命牒，枉了那些周折！便把百般心、千遍说，只落得将人不去将愁去也！

（〔小旦金冠抹额，扮小王子上〕〔众报〕小王子来也！〔小旦作跪抱介〕娘娘！你这般装束，待往那里去来？〔贴〕汉朝中差一位近臣，请取娘娘回京。〔旦〕孩儿！）

【二郎儿慢】归朝者。叹婴儿向龙荒割舍，我一霎地衷肠乱似雪。这地北天南，可是等闲离别？渺渺关山千万叠，便是梦魂儿飞不到也！（〔生〕蔡夫人，你是南国名家；小王子，是北胡孽子。那里苦苦恋他！）〔旦〕任胡越，手中十指，长短总疼热。

【莺集御林春】〔小旦〕却才的说得伤嗟，野鹿心，肠断绝。母子们东西生死别！（〔旦〕你自有你爹爹在哩！）〔小旦〕父子每觉严慈差迭。娘娘，腹生手养，一步步难离，怎向前程歇？明夜冷萧萧，是风耶雨耶？教我娘儿怎宁贴？

【前腔】〔生贴〕夫人，刚道是旧恨才平，这新恨又叠。梓里沙场难两撇。怕断送恁弱枝衰叶！我相看泪洒，你自合不啼清泪啼清血！离和合、死和生，总是你娘儿那前劫！

（〔旦〕黄门大人，我那孩儿呵！）

【前腔】他须是黄口雏儿，怎解人罗网下设。青衣，他水草牛羊漂泊夜，怕不免卧冰餐雪。（〔生〕不是下官劝夫人，今日呵！正是寒泉更洗沉泥玉，明烛重燃煨烬灰。悲喜重轻，自当排遣。〔旦〕黄门大人，）似这样灯儿再爇，到不如煨烬从灰灭。（孩儿！常言道：一息不相知，何况异乡别。）正生死不相知，何处娘儿诉磨折？

（〔小旦作牵衣介〕〔旦〕你放手者。〔小旦〕娘娘！）

【前腔】我落得哭哭啼啼，你则待闪闪撇撇。（〔贴〕娘娘，这般样痛着王子，王子又这般样恋着娘娘。只是今日哩，剑合珠还，也顾不得许多了！王子，你放手罢！〔小旦〕天！娘娘去后呵，）那时节两两攒眉空向月。争得似手持衣拽。娘娘！你此去家山那些？把姓名枝派从头说。待刺血写书儿，倘上林有雁飞越，与孩儿寄纸问安帖。

【四犯黄莺儿】（〔旦〕孩儿！）你一点类痴呆，却十分能哽咽。（到此也不得不说了。家住陈留，身名蔡琰。俺爹爹蔡中郎，是汉室大儒。）陈留蔡氏中郎舍。（儿生为别世之人，死为异域之鬼，你那里寄甚么书！）枉问半歇，怎寄半摺？（你还有你爹哩！我此去北里无贤兄，东邻无小姑。）痛煞我月明乌鹊无枝叶。肠似乱结，心似搅切。（从今后，你则知你苦，我则知我苦，说也没用。）一星星向伊浪说。

【前腔】〔生贴〕蚕驾着碧油车，晓光寒，塞路赊。（请夫人早早登程！）今夜里河津只尺参商别。（夫人！）挟不飞鸿鹄这孽；（小王子，）跳不出豺虎那穴！（死别生离，总是付之无奈。）死前何异生前别？（〔众报〕已到玉门关了！）〔生贴〕玉关免涉，泪珠省，两下打开忧□。

（〔旦小旦作哭介〕天那！）

【尾声】一声痛哭咽喉绝，蘸霜毫把中情曲写。便是那十八拍胡笳还无一半也。

〔生〕怜君何事到天涯，〔旦〕结子翻教怨落花。

〔贴〕临水自伤流落久，〔小旦〕马蹄今去入谁家？

“杨家将”主题剧目

一、概述

杨家将是北宋时期以杨业、杨延昭、杨文广祖孙三代为代表，长期活跃在抗辽、西夏等民族战争前线，为后世颂扬至今的军事家族 。杨家将故事传说在发展中于明清两代衍生出无数分支，在中国民间以致在中华民族传统文化中都影响深远，杨氏父子以及杨门女将们一代接一代地为保家卫国、恪尽职守而不辞奔波，不惜杀身成仁的精神成为中华民族精神中的一道脊梁。他们的为国尽忠的悲情故事，不断走入传说、故事、戏曲舞台和影视剧创作。北宋著名文学家欧阳修，称赞杨业、杨延昭“父子皆名将，其智勇号称无敌，至今天下之士至于里儿野竖，皆能道之。”宋元之际，民间艺人把杨家将的故事编成戏曲，搬上舞台。到了明代，民间文学家又把他们的故事编成《杨家将演义》《杨家将传》，用小说、评书的形式在社会民间广泛传播。这些传说和故事，把杨家将英勇战斗、牺牲的过程，叙述得十分详细和感人。他们还把宋代官员潘仁美描绘成大奸臣做陪衬，使杨家将的英雄形象和崇高家风更加高大和完美。七郎八虎闯幽州、血战金沙滩、穆桂英挂帅、杨门女将、十二寡妇征西、佘太君百岁挂帅、杨排风……一个个栩栩如生的爱国者形象，在世间广为流传，家喻户晓，尽人皆知，以致分不清哪些是史实，哪些是演义和传说。即使是传说，也是人物传说和史实传说难以分清。对于杨家将忠心报国世代相传的优良家风，对于一个家族前赴后继捍卫祖国既忠又勇的行为，人们传诵他们，缅怀他们，热爱他们，崇敬他们，以各种形式，为他们竖起一座座丰碑。特别是在民间戏剧演出中，“杨家将”题材已形成一个繁杂的系列，各剧种，不同演出团体，都有各自的理解以及符合自身的演出形式和内容。

杨家将的故事和人物已经在中华民族广大百姓心中扎下了深深的根基。杨家一门人丁兴旺，人才辈出，但历代传说和各种曲艺版本中的杨家将人物都不固定。现将各种故事版本中的杨家将人物梳理一下。

第一代：火山王杨衮，字君爱，由后汉、宋初时的杨信演变而来。“金刀杨会”之子。

第二代：北宋的抗辽名将杨业演变成小说中的杨继业。评书中杨家将第二代为兄弟七人，有杨继忠、杨继孝、杨继仁、杨继义、杨继康、杨继凯、杨继业、杨继亮（义子，原名高怀亮），合成“老八郎”。

第三代:《宋史》等书所记兄弟七人是:延朗（延昭)、延浦、延训、延玉、延环、延贵、延彬。《烬余录》中所记兄弟七人为：渊平、延浦、延训、延环、延贵、延昭、延彬。其中，大郎杨延昭已经变成杨六郎。有的书中，杨延昭作杨延钊。元明杂剧中，写杨六郎（或为杨六使）的戏文较多，剧中人名多叫杨景或杨朗。明代小说《北宋志传》中，兄弟七人为:渊平、延定、延辉、延朗、延德、延昭、延嗣。而《杨家府》中兄弟七人则为:渊平、延广、延庆、延朗、延德、延昭、延嗣。早期京剧《铁旗阵》中，七兄弟都为单名，他们是：杨泰、杨贵、杨顺、杨口、杨春、杨景、杨希。晚清时，评书、戏曲中，七兄弟才定型为延平、延定、延光、延辉、延德、延昭、延嗣，加上杨继业的义子延顺（原名王平），合称“七郎八虎”或作“中八郎”。从前述中可知，大郎杨渊平，流传几百年，最后才改渊平为延平。二郎杨延定，是由《北宋志传》延用而来。三郎杨延光与《杨家将》中的杨延广音近，可能与其有关。四郎杨延辉，在《北宋志传》中为三郎，自京剧《四郎探母》问世后，四郎杨延辉已经定型。五郎杨延德从明人小说到今天的评书、戏文一直未变。六郎杨景字延昭，从元人杂剧一直流传到今天。七郎杨延嗣从明人小说一直流传到今天。八郎杨延顺源于京剧与河北梆子《雁门关》。此外，还有八姐杨琪（京剧中作春花）和九妹杨瑛。

第四代：历史上有大郎杨延昭（朗）之子传永、德政、文广、充广，还有六郎杨延贵之子杨宗闵。明代小说中的六郎之子杨宗保，是由历史上的杨宗闵演变而来的。评书中杨门第四代堂兄弟七人是：杨延辉之子杨宗孝、杨宗峰（忠）；杨延昭之子杨宗保、杨宗勉（京剧中作杨宗冕或杨宗显）；杨延嗣之子杨宗英；杨延顺之子杨宗林（德、连、奎）、杨宗飙，加上杨延昭的义子任宝童（任堂惠之子），合称“少八郎”。其中，杨宗保、杨宗英二人的故事最多。

第五代：杨文广由历史上杨家将第四代的杨文广演变而来。明代小说《杨家府》中，杨文广有一个姐姐杨宣娘。后来在评书中，第五代有杨文广、杨文举、杨金花兄妹三人（均为穆桂英所生）。其中，杨文广的小说、评书最多。另外，京剧《太君辞朝》中还有个杨藩。

“杨家将”之后，“杨门女将”继续在艺术舞台上绽放着光辉。

第一代：杨衮之妻金玉荣。

第二代：杨继业之妻佘赛花，后称作佘太君或杨令婆。

第三代：明代小说《杨家府》中有：大郎之妻周夫人，二郎之妻耿金花，三郎之妻董月娥、邹秀兰，六郎之妻黄琼女、重阳女，八郎之妻马赛英等。后来的评书、鼓书中有：大郎之妻张金定，二郎之妻李翠屏，三郎之妻朱月梅（或称作花谢玉），四郎之妻林素梅（或称作林月英），五郎之妻马赛花（或称作马翠玉），六郎之妻柴美容、王兰英，七郎之妻杜金娥（京剧中，有的称作杜玉娥；另称作呼延赤金），八郎之妻周淑荣（或称作班秀英）及八姐、九妹、杨排风等人。京剧《雁门关》中，四郎化名木易，娶碧莲公主（《四郎探母》中称作铁镜公主）；八郎化名王司徒，娶青莲公主。

第四代：有杨宗保之妻穆桂英，杨宗勉之妻焦月娘，杨宗英之妻姜北平（或称作姜翠苹、江北萍）。别本中还有一个石丽贞。

第五代：在小说《杨家府》中，杨文广之妻有杜月英、窦锦姑、鲍飞云和长善公主。在评书《呼杨合兵》中，杨文广之妻有吴金定、曾凤英、苏三娘。杨文举之妻有万红玉、黄翠琼。

杨家将故事从元杂剧开始就有了传唱。大部分剧目是表现杨门父子忠烈报国、以死抗击北方辽邦袭扰的武场戏。到了清代，戏曲艺术从内容到表现形式都日趋成熟，依然表现并强化着“一门忠烈”的主题。杨家将故事大致有两类：一类是移植、改编的传统杨家将故事，如《金沙滩》《天门阵》《杨文广征西》，等等；另一类是民间艺人新编的杨家将故事，如《四郎探母》《牧虎关》《杨八姐游春》，等等。传统故事主要取材于《杨家将演义》《杨家将》和宫廷戏。这类剧目在搬演演义和宫廷戏故事的同时，无可避免地也接受了它们的思想和审美趣味的影响，把忠君报国当作了戏剧的基本主题。随着时代的发展，杨家将戏剧的内容主题也发生了扩展，出现了“人情化”的趋势，从一味地表现忠勇逐渐转向表现人的悲欢离合。到了清代时舞台上流行的杨家将戏，表现他们悲欢离合的故事远远超过了传统的忠节故事，且“极受台下欢迎”。同时在当时舞台上“男女戏”盛行的风气影响下，杨家将的招亲故事更是层出不穷。杨家门里每一个成员几乎都有一段浪漫故事。不仅传统的招亲戏《余塘关》《穆柯寨》等）大为流传，而且像杨六郎招亲这个在演义里只略提一笔的内容，也被敷衍成一出大戏（豫剧《状元媒》，又名《傅杨争亲》）。甚至一些正面描写两国交锋的武戏（《九龙峪》《孤鸾阵》等），男女关系的描写也占了十之八九。不管这些戏的思想内容有多大的差别，仅仅是题材上的世俗性、生活性的强化这一变化，已经露出观众和艺人对旧题材的淡漠，反传统的倾向始露端倪。

实际上，当时舞台上杨家将故事的演出，不仅题材出现了“人情化”的趋势，就连一部分传统故事的内容也发生着深刻的变化。旧故事里那些“忠肝义胆，争光日月而震动乾坤”的英雄，被一个一个从天上拉回了人间。戏曲艺术家们在这些“怀赤心白意以报效天子”的忠臣良将血管里注入了凡夫俗子的血液，使他们充满了普通人的感情、欲望和弱点。借用“现代化”概念来说，就是英雄们被“非英雄化”了。

杨令公死节的故事，演义所着意表现的是英雄遭害、壮志难酬的愤慨。这从杨令公在李陵庙上题的字可以看出来：其所以触碑而死，也是因为“圣上遇我甚厚，实期捍边讨贼以仰答之，不意为奸臣所逼，而致王师败绩，我尚有何面目求活！”然而，在京剧《托兆碰碑》里，这种英雄末路的悲壮意境则由另一种凄楚动人的父子之情取代了。这出戏虽然保留了“令公碰碑”的传统情节，但整个情调发生了质的变化，产生了更多向的审美意趣。戏从杨七郎鬼魂“托兆”开始，引出杨令公与儿子梦绕魂牵的动人情节。令公碰碑的动机也由“若被辽人生擒，受他耻辱，不如趁早死之为愈”的死节变成了由于“被困两狼山，白日受饥饿，夜晚受风吹，盼兵兵不到，盼子子不归”的绝望。这出以唱为主的老生戏，用简洁而生动的唱词奠定整出戏悲情难抑的苍凉基调，表现人物复杂的情感，痛苦与节义相纠结到爆出，正是人物的这种感情达到顶峰时痛苦的悲吟。如果说，传统故事是通过“王师败绩”的后果来谴责潘仁美弄权的，那么京剧便是以“一家人无有下梢”的家庭悲剧来揭露权臣的凶残。后者的民众视角和立场“人情化”倾向十分鲜明。

对于传统故事里的各种封建意识，新编故事都有不同程度的打破。一出《四郎探母》几乎对传统故事里的封建正统观念、大汉族主义情绪都作了否定。《四郎探母》能摆脱这种观念的桎梏，敢于正视历史，敢于提示宋辽之间“两国不和常交战”“各为其主夺江山”的封建战争的实质。尤其是它从杨四郎被俘招亲的情节生发开去，安排了萧、杨两家既是亲家，又是敌人的戏剧性情节，通过杨四郎这条纽带，使两家同时陷进了战争所造成的不幸里。这样的描写，其意义已不只是一般化地揭露战争给个别家庭带来的不幸和痛苦，而是反映了民族间的不和睦给两个民族带来的苦难。这表明了作者能够跳出狭隘的民族偏见，对历史作较为深刻的洞察。《四郎探母》所表现的中心内容用两个字来概括，就是“人情”。全剧一共三大段：第一段，探母的准备（坐宫、盗令），写的是杨延辉的思母之情和夫妻间的恩怨；第二段，探母的过程（过关、巡营、见娘、哭堂），着力刻画了杨家将生离死别的痛苦；第三段，探母的后果（回令），虽然夹杂了一些庸俗的科诨，但中心还是没有离开骨肉之情。围绕着赦、杀杨延辉的戏剧纠葛，展开的是人情与王法的冲突。最后是人情战胜了王法。由此可见，戏剧主题的变化从根本上反映的是老百姓情感里、血脉里核心的追求。这种对艺术审美本质上的追求恰恰是“杨家将”题材的各种艺术形式生命力经久不衰的根本源头，也会在广大中华民族百姓的心目中永久地传承下去。

二、“杨家将”戏曲剧目

京剧《李陵碑》

京剧《李陵碑》为“杨家将”题材戏剧之一，原名《托兆碰碑》，又名《两狼山》或《苏武庙》。全剧描写令公杨继业率兵救驾，血战金沙滩后兵败被困两狼山内。随军征战的七个儿子三个战死、两个失踪，身边只剩六子杨延昭和七子杨七郎。令公让七郎回雁门关向奸臣潘洪求救，因担心七郎遭潘洪暗算，又让六郎延昭杀出重围回去探听消息。杨继业突围无望，盼救兵不至，却巧遇仙人所化的苏隐士。苏隐士设局指点令公杨继业，令公心灰意冷，在李陵碑下碰死以全节义。

第一场：开场主人公杨继业杨老令公徘徊于军营大帐之中，通过杨继业唱词交代故事发生的环境：“七郎儿回雁门搬兵求救，为什么此一去不见回头”。杨继业派七郎回雁门关搬兵，又恐奸臣潘洪借机陷害，心中牵挂七儿放心不下，六郎巡营见父亲独倚案头瞌睡，于是“我这里用袍服与父遮冷”，体现父子情深、互为牵挂的感人深情。令公欲派六儿杨延昭突围回去探听消息，六郎不忍独留老父自己离去，却又难舍手足之义，只能在矛盾的心情中与父亲忍痛分别。本场开篇唱词感情凄惨愁苦，反映了杨继业兵败被围的艰苦环境，以之渲染了一种悲凉低沉的氛围。

第二、第三场：皆为过场，敌军主帅韩延寿把守雁门关，在路上巡营遇到六郎杨延昭。双方大战一场，六郎退走，敌军紧追不舍。杨六郎设法摆脱追兵。这过场戏表现了前线军情险急的情形，为下文令公兵败先行埋下伏笔。

第四场：描写令公杨继业苦守营中。通过唱词交代剧情背景：北国兴兵犯境，奸臣潘洪挂帅统兵迎敌却让杨氏父子“倒作了马前的英豪”，杨家父子为先锋，“金沙滩双龙会一阵败了，只杀得血成河鬼哭神嚎”。杨氏三个儿子战死，二个儿子失踪，七郎被潘洪害死，只剩下六郎随父苦撑。后又中敌军埋伏，被困两狼山中，外无援兵，内无粮草，形势危急。 此时，令公想杀出重围，又被敌军阻挡，身处内忧外患、无计可施的境地。本场通过主角的唱词交代剧情的形势紧迫，把环境推向一个极端的形势，为下场剧情高潮的到来奠定基础，营造氛围。

第五场：为全剧剧情发展的高潮。情节中虚构了一个仙人所化的苏隐士出场，通过人物告白自叙身份，苏隐士乃是“南朝人也，当年大战北国，流落到此，每日在这海上牧羊度日”。苏隐士已明了形势，将设迷局以点化令公，“从而成全他一世英名也”。亦仙亦神的通过令公与苏隐士对话揭示了苏隐士现身此处的目的。苏隐士设隐语暗示令公的命运。“逃生是妄想，今日死老羊”。杨继业不信宿命，欲斩苏隐士，却被引入“苏武庙”中，见庙中树“李陵碑”，上书令公必死之言，杨继业心灰意冷，自念“盼兵兵不到，望子子不归，白日受饥饿，夜晚被风吹，也罢，不免拜谢宋王爵禄之恩，我就碰死在这李陵碑下”。

于是在李陵碑下碰死以保全节义。

此场乃全剧高潮。通过虚设的苏隐士这一人物揭示了杨继业的悲剧性命运，展现杨继业慷慨赴死的忠烈品格。结尾安排令公碰死，没有刻意去拔高令公的光辉形象，只是在真实性逻辑安排下让令公自然选择了以死而全节达志。既符合当时人物的真实境遇，又表现了令公在走投无路的窘迫境地中仍不忘气节大义，从而使得碰碑身死的结局显得合情合理。但剧中借神仙化身安排人物命运，虽然在剧情和结构上更趋完整，但不免有宿命论流露之嫌，这也是封建旧传统文化中的糟粕残留，当客观认识。

在本剧中，既有杨老令公英雄末路的悲壮意境的渲染，更有一种凄楚动人的父子之情贯穿其中，为本剧增添了浓厚的悲剧色彩。这出戏虽然保留了“令公碰碑”的传统情节，但整个情调发生了质的变化。前半场杨令公“念子”“别子”“望子”环环相扣的动人情节，已为后面剧情的发生、发展蓄足了势。令公碰碑的动机也由传统剧目中“若被辽人生擒，受他耻辱，不如趁早死之为愈”的死节变成了由于“被困两狼山，白日受饥饿，夜晚受风吹，盼兵兵不到，盼子子不归”的绝望，更加符合剧情逻辑。这出以唱为主的老生戏，几乎完全是以声乐来表现人物的，由心理活动到外在神采愈加丰满。大段的唱词所叙事件惨痛壮烈，所表现的情感真挚悲痛，一件件、一桩桩顺序到来，给观众一种难以释怀的悲壮心绪。“盼娇儿不由人珠泪双流”的成套“二黄”唱腔，一开始就表明了令公的心事，“含悲泪进大营双眉愁皱，腹内饥身寒冷遍体飕飕”唱词更是为整出戏奠定了悲情基调，而作为“戏核儿”的大段“反二黄”则是通过追叙杨家八郎的不幸结局充分表现杨令公面临此境自然产生的痛子之情。特别是两个“我的儿啊！”的大腔，既强烈，又沉重，完全是人物的这种感情达到顶峰时痛苦的悲吟，达到主人公抒情的顶点。如果说，传统故事是通过“王师败绩，国家危难”的后果来谴责潘仁美弄权的，那么本剧便是以“一家人无有下梢”的人物凄惨命运、家庭悲剧来揭露权臣的凶残，剧作的“人情化”倾向十分鲜明，也更易为人接受，特别是在审美品格上，显得崇高而沉雄。

剧本欣赏

李陵碑（又名：托兆碰碑）

李鸣盛先生饰演的杨继业

主要角色

杨继业：老生

杨延嗣：净

杨延昭：老生

韩延寿：净

苏武：老生

【第一场】

（起初更鼓。）

杨继业　（二黄导板）　金乌坠玉兔升黄昏时候，

（杨继业上。）

杨继业　（二黄回龙）　盼娇儿不由人珠泪双流。我的儿啊！

（二黄原板）　七郎儿回雁门搬兵求救，

为什么此一去不见回头？

怕只怕潘仁美前仇依旧，

怕只怕我的儿一命罢休。

含悲泪进大营双眉紧皱，

腹内肌身寒冷遍体飕飕。

（杨继业睡。起二更鼓。杨延昭上。）

杨延昭　（唱）　听谯楼打罢了二更时分，

杨延昭倒做了巡更之人。

迈虎步我且把宝帐来进，

又只见老爹爹瞌睡沉沉。

我这里脱衣衫急忙盖定，

困沉沉坐一旁不敢高声。

（杨延昭坐，睡。起三更鼓。四鬼卒引杨延嗣同上。）

杨延嗣　（唱）　听谯楼打罢了三更时分，

半空中又来了七郎鬼魂。

叫鬼卒驾阴风宋营来进，

又只见老爹爹瞌睡沉沉。

我这里将他的梦魂惊醒，

（杨延嗣拂杨继业。）

杨继业　（唱）　猛抬头又只见七郎娇生。

我命儿回雁门搬兵求救，

儿为何哭啼啼身带雕翎？

我这里下位去将儿抱定！

（杨继业睡。）

杨延嗣　（唱）　老爹爹休贪睡儿有话云。

都只为两狼山父子被困，

老爹爹命孩儿搬取救兵。
潘洪贼想起了打子仇恨，
将孩儿绑芭蕉乱箭攒身。
回头来我再与六兄来论，
小弟言来听分明：
高堂母还要你多多侍奉，
休得要学小弟不孝之人。
我本当与六兄多谈多论，
怕的是天明亮难回天庭。

（杨延嗣、四鬼卒同下。）

杨继业 （唱） 方才朦胧刚睡定，
梦见七郎回大营。
睁开了昏花眼用目观定，
又只见六郎儿瞌睡沉沉。

（白） 我儿醒来！

杨延昭 （唱） 适才间与七弟把话来论，
猛抬头又只见年迈爹尊。

（白） 哎呀爹爹呀！适才见七弟浑身是血，头带雕翎，不知是何缘故？

杨继业 （白） 唔呼呀！为父也得此梦。我想梦梦相同，必有应验。哎呀儿呀！快快回去，探听你七弟下落！

杨延昭 （白） 孩儿不去。

杨继业 （白） 为何不去？

杨延昭 （白） 爹爹年迈，孩儿放心不下。

杨继业 （白） 为父虽然年迈，身体倒还健康。我儿不必忧虑，快快前去才是！

杨延昭 （白） 孩儿还是不去！

杨继业 （白） 哎呀儿呀！为父倒有父子之情，难道我儿你就无有手足之义么？

杨延昭 （白） 爹爹不必如此，孩儿前去就是。

杨继业 （白） 这便才是。快快上马去吧！

杨延昭 （白） 孩儿去也！

（唱） 倘若胡儿来骂阵，
稳坐大营莫出兵。
辞别爹爹跨鞍镫，

探得消息即回程。

（杨延昭下。）

杨继业　（白）　六郎！延昭！唉，我的儿呀！

（唱）　见娇儿上了马能行，

手指潘洪发恨声。

我儿若有好和歹，

我把老命与尔拼。

（白）　儿呀！

（杨继业下。）

……

【第四场】

（四老军扛刀、抬弓引杨继业同上。）

杨继业　（唱）　叹杨家秉忠心大宋扶保，

到如今只落得兵败荒郊。

恨北国萧银宗打来战表，

擅敢夺我主爷锦绣龙朝。

贼潘洪在金殿帅印挂了，

我父子倒做了马前英豪。

金沙滩双龙会一阵败了，

只杀得血成河鬼哭神嚎。

大郎儿替宋主把忠尽了，

二郎儿短剑下命赴阴曹；

杨三郎被马踏尸骨难找，

四、八郎失番邦无有下梢；

杨五郎在五台削发修道，

七郎儿被潘洪射死芭蕉。

只剩下六郎儿随营征讨，

可叹他尽得忠又尽孝、身披铠甲、南征北剿、昼夜杀砍、马不停蹄、为国勤劳。

可叹我八个子四子丧了，把四子丧了，

我的儿呀！

一家人只落得无有下梢。

方良臣与潘洪又生计巧，
请我主到五台快乐逍遥。
又谁知中了那奸贼圈套，
四下里众番奴有如海潮。
多亏了杨延昭一马来到，
一杆枪保圣驾闯出笼牢。
有老夫领人马夜来战道，
那时我东杀西砍、左冲右撞、虎撞羊群、被困在两狼山，内无有粮、外无有草、盼兵不到、盼子不归、眼见得我这老残生就难以还朝。
我的儿呀！

四老军　（同白）　饿呀！
杨继业　（唱）　饥饿了就该把战马砍倒！
四老军　（同白）　冷啊！
杨继业　（唱）　身寒冷就该把帐棚焚烧。

（空中雁鸣。）

四老军　（同白）　雁来了！

（杨继业打雁，弓折弦断。）

杨继业　（唱）　宝雕弓打不着空中飞鸟，
弓又折弦又断为的哪条？

（探子上。）

探子　（白）　报！战马被石虎咬倒。
杨继业　（白）　不好了！
（唱）　恨石虎把我的战马咬倒，
为大将无良骑怎把兵交？
看过了青铜刀前把路找，
找一个避风所再作计较。

（杨继业、四老军同下。）

【第五场】

（苏武上。）

苏武　（白）　吾乃汉世苏武是也。今当令公归位之期，不免在此点化于他。待我点化一座庙宇，一座碑牌，再变一只老羊。远远望见令公来也！

（杨继业上。）

杨继业　（唱）　当年路过五台山，
智空长老对我言。
他道我在两狼山前遭围困，
到如今果应了智空言。

老丈　（白）　请了！

苏武　（白）　请了！

杨继业　（白）　请问老丈，此地是什么所在？

苏武　（念）　此地是我庄，庄前是两狼。虎口交牙峪，犯者一命亡！

杨继业　（白）　老丈在此做些什么？

苏武　（白）　在此牧羊。

杨继业　（白）　这样兵荒马乱，你还牧的什么羊啊？

苏武　（念）　兵荒不兵荒，与我却无妨。老汉无别干，在此牧老羊。

杨继业　（白）　这老羊有什么贵处呢？

苏武　（念）　慢道老羊无贵样，提起老羊甚惨伤。生下几个羊羔子，轰轰烈烈在世上。
今日几个死，明日几个亡。老汉掐指算，今日死老羊。

（白）　羊！老羊！还不与我死！

杨继业　（白）　呀呸！

（唱）　老丈说话理不通，
句句说的杨令公。
手执宝刀将你砍，

（苏武接刀下。）

杨继业　（唱）　狂风一阵影无踪。

（白）　且住！一阵狂风，老丈不见，又将我的宝刀收去。有道是：为大将者，能舍千军，不舍寸铁。待我找上前去。

（杨继业走小圆场。）

杨继业　（白）　来此已是苏武庙，待我进去看来。那旁有一碑碣，待我看来。“李陵碑”，呀呀呸！想这李陵乃是背主求荣之人，是何人与他立这碑碣在此？上面还有几行小字，待我看来。

（念）　“庙是苏武庙，碑是李陵碑。令公来到此，卸甲又丢盔。”

（白）　且住！这诗句分明是指点于我。想我被困在两狼山——

（念）　白日受饥饿，夜晚受风吹。盼兵兵不到，盼子子不归。

（白）　　我何必等到冻饿而死，也罢！不免拜谢宋王爵禄之恩，就碰死在这李陵碑下！

（杨继业碰壁，死。四番兵、韩延寿同上。）

韩延寿　（白）　　呜呼呀！原来是老令公碰死李陵碑下。

巴图鲁，将他尸体搭了下去！

（四番兵搭杨继业同下。）

韩延寿　（白）　　待我报与太后知道便了！

（韩延寿下。）

（完）

今甘肃省境内后人相传为李陵碑遗址的所在

京剧《告御状》

京剧《告御状》（依据马连良藏本整理）主要描写杨延昭回京后，状告潘洪十大罪状，在“唱”“白”中列陈冤情，表现人物性格。宋太宗赐三道圣旨，命呼延必显至雁门关捉拿潘洪，奸佞受惩，矛盾得解。

剧本欣赏

告御状

主要角色

杨延昭：老生

宋太宗：老生

赵德芳：小生

呼延必显：小生

（四太监、大太监引宋太宗同上。）

宋太宗　（引子）　龙楼凤阁九重霄，有道君王坐龙朝。

（念）　午夜漏声催箭晓，九重春色醉仙桃。旌旗日暖龙蛇动，宫殿风微燕雀高。

（白）　孤、大宋天子国号雍熙在位。只因胡儿打来战表，寡人命潘洪挂帅，杨家父子以为先行，前去征剿，不知胜负如何。今日早朝。

内侍，展放龙门！

大太监　（白）　遵旨。展放龙门哪！

（赵德芳上。）

赵德芳	（念）	感叹忠良事，奏与叔王知。
	（白）	儿臣见驾，叔王万岁！
宋太宗	（白）	平身，赐坐。
赵德芳	（白）	谢坐！
宋太宗	（白）	皇儿上殿，有何本奏？
赵德芳	（白）	启奏叔王：今有呼延老将军与杨家做保，气呕身亡了！
宋太宗	（白）	唉，老将军哪！

（宋太宗哭。）

赵德芳	（白）	杨老将军围困两狼山，里无粮草，外无救兵，命七子回营搬兵求救。潘太师不发人马倒也罢了；反提起打子之仇，将七将军绑在芭蕉树上，乱箭射死。
宋太宗	（白）	咳，我朝又丢了一员虎将！
赵德芳	（白）	杨老将军在两狼山下，望兵兵不到，望子子不归，在李陵碑下尽忠而亡！
宋太宗	（白）	皇儿怎么知道？
赵德芳	（白）	杨郡马回朝来了。
宋太宗	（白）	为何不上殿见孤？
赵德芳	（白）	他有父孝在身，不敢上殿。
宋太宗	（白）	恕他无罪。 内侍，宣杨郡马上殿！
大太监	（白）	杨郡马上殿哪！
杨延昭	（内白）	领旨！

（杨延昭上。）

杨延昭	（高拨子）	为上殿先打朝王鼓， 午门外来了我叩阁臣。 朝前走不见了我的年迈父， 朝后看又不见七弟小英雄。 往日里上金殿弟兄们成双摆对， 到如今只落得延昭一个人。 凄惨惨悲切切把金殿来上， 有罪的杨延昭见圣君。
	（白）	罪臣杨延昭见驾，吾皇万岁！
宋太宗	（白）	杨郡马为何不抬起头来？
杨延昭	（白）	有罪不敢抬头。

宋太宗　（白）　恕卿无罪。

杨延昭　（白）　谢万岁!

宋太宗　（白）　头顶何物?

杨延昭　（白）　御状。

宋太宗　（白）　呈上来。

（杨延昭呈状，宋太宗看，念。）

宋太宗　（白）　具叩阁人罪臣杨延昭，今告太师潘洪按兵不发，谋篡山河等……

赵德芳　（白）　唔!大胆杨郡马!别人可以告得，潘太师乃当今国丈，你都敢告?吃小王一锏!

宋太宗　（白）　皇儿，只要他告得有理。有道是：王子犯法，与庶民同罪。可以告得。

赵德芳　（白）　可以告得?

杨郡马，万岁准告，你有什么冤枉?一一诉来!

杨延昭　（白）　容奏!

（唱）　杨延昭跪金阶啼哭掉泪，
尊一声万岁爷和八贤君。
我这里写就了御状一纸，
听为臣一本一本奏当今：
那胡儿打来了连环战表，
他要夺吾主爷锦绣乾坤。
潘仁美在金殿挂了帅印，
臣父子在马前做了先行。
在三关领兵来点卯，
误了日期问典刑。
多亏了呼延将军把情讲，
赦却了父子戴罪立功。
一计不成把二计定，
可怜他年迈之人气死边庭。
黄道日不发人和马，
黑煞日期要兴兵。
五百名校刀手把守关门上，
他要臣父子们将胡儿斩尽绝根。
要得胜许我们回营交令，
斩不尽杀不绝不许回营。

臣父子只得决一死战，
围困在两狼山好不惨情。
被番兵四下里围成铁桶，
内无粮草外无救兵。
命七弟回大营搬兵取救，
潘太师提起了打子事情。
将臣弟绑法标屈死可悯，
射一百单三箭一命归阴。
臣的父两狼山望兵不到，
他望子来子亦无音。
命臣我探听七弟信，
可怜他年迈人李陵碑下丧残生。
臣当初八个人把幽州闯，
到如今只剩下为臣一人。
没奈何逃出了边关外，
写下了御状叩明君。
臣不告圣天子三宫六院，
臣不告王子与龙孙，
臣不告朝中公侯驸马，
臣不告文武众公卿，
臣不告五府并六院，
臣不告各府州县共子民，
臣不告解粮官限误时刻，
十道本告的是太师潘洪。

宋太宗 （白） 告他何来？

杨延昭 （白） 万岁！

（唱） 一告他私通辽邦打战表，
二告他谋篡山河是真情，
三告他文官挂了武帅印，
四告他要臣父子做先行，
五告他逼得那呼延老将丧了命，
六告他尚方宝剑乱斩人，

七告他公报私仇射死我七弟，
八告他害我父李陵碑下命归阴，
九告他在边关开怀畅饮，
十告他卖官爵私受金银。
臣告他若有一事错，
情愿枭首在午门。
杨延昭心中苦楚说不尽！

赵德芳　（唱）　贤王听来也伤心。
宋太宗　（唱）　这是君也哭来，
杨延昭　（白）　万岁！
　　　　（唱）　我臣也哭，
赵德芳　（唱）　小王落泪，
大太监　（唱）　两旁内侍臣大放悲声。
杨延昭　（白）　万岁呀！
　　　　（唱）　万岁准了臣的本，
君是君来臣是臣。
万岁不准臣的本，
回到火塘为庶民。

（杨延昭下。）

宋太宗　（白）　皇儿传旨：可有粗心胆大之臣，去到雁门关提拿潘洪进京问罪？
赵德芳　（白）　遵旨。

（赵德芳向内。）

赵德芳　（白）　万岁有旨：可有粗心大胆之臣，去到雁门关提拿潘洪进京问罪？
呼延必显　（内白）　呼必显愿往！
赵德芳　（白）　启奏叔王：呼必显愿往。
宋太宗　（白）　随旨上殿！
赵德芳　（白）　随旨上殿。
呼延必显　（内白）　领旨！

（呼延必显上。）

呼延必显　（白）　扫殿侯呼必显见驾，吾皇万岁！
宋太宗　（白）　平身。
呼延必显　（白）　万万岁！

贤爷千岁！

赵德芳 （白） 平身。

呼延必显 （白） 千千岁！

宋太宗 （白） 呼卿，命你去到雁门关提拿潘洪进京问罪，可有此胆量？

呼延必显 （白） 小臣有此胆量。求万岁赐臣三道圣旨！

宋太宗 （白） 哪三道圣旨？

呼延必显 （白） 头道圣旨：提尚方宝剑。

宋太宗 （白） 二？

呼延必显 （白） 二道圣旨：发饷银十万犒赏三军。

宋太宗 （白） 三？

呼延必显 （白） 三道圣旨：后宫娘娘问候老太师金安。

宋太宗 （白） 件件依从。正是：

（念） 圣旨到北番，

呼延必显 （念） 捉拿奸佞还。

赵德芳 （念） 但愿多仔细，

呼延必显 （白） 贤爷！

（念） 臣知非等闲。

（呼延必显下。）

赵德芳 （白） 朝事已毕，请驾回宫！

宋太宗 （白） 退班！

（众人同下。）

（完）

京剧《雁门关》

此剧是北宋“杨家将”题材戏剧之一。有不同版本，剧情大同小异，人物设置、唱词、对白等略有出入。本剧写奸臣潘洪专权卖国，在朝倚仗国丈之尊，专门与忠良作对。杨继业父子八人，为当时朝廷的忠臣良将。潘洪因杨七郎在擂台与其子潘豹比武，将潘豹打死，于是结下深仇，多方设计陷害。潘洪暗中与辽国番邦沟通，密召辽国国主萧太后南下进犯边境，他在内中里应外合，继而图谋大宋政权。辽国随即兴兵进犯宋朝边境，情势危急。潘洪在金殿上假意做报国之态，骗得帅印出师御敌，故意举荐杨氏父子为先锋，由自己直接统辖。出师后，故意命令杨继业父子，以老弱残兵迎战敌人大军。待到杨家将受困两狼山，至粮尽援绝而相继阵亡。杨氏一门，除六郎延德外，死的死，亡的亡，大都为国捐躯！杨七郎前往潘洪处搬兵求救更被潘洪设计射死！等到战争平定后杨六郎进京告御状，在真宗前陈述真情，真宗大怒，就命令呼必显，持密旨往雁门关拿解潘洪来京。此剧即描写呼必显抵达边关后，先假意逢迎稳住潘洪，后用计借阅兵事，赚得帅印在手，并遣去其爪牙贺某，然后开旨擒潘洪，霎时打入囚车。以迅雷不及掩耳之法，出其不意，擒获潘洪进京。

第一场：描写主角呼必显出场亮相，交代剧情背景：“本爵扫殿侯呼必显。今奉圣命，去到雁门关捉拿老贼潘洪”。

第二场：紧接着上场转换场景，主角潘洪上场亮相，通过人物自述念白，交代剧情前因：潘洪儿子潘豹设擂，被杨七郎当场打死。潘洪怀恨在心便私通辽国番邦，要里应外合进犯大宋。潘洪假意讨旨挂帅御敌，遣使杨家父子做先锋。潘洪故意按兵不动，使杨氏父子孤军无援，遭遇大败，被困两狼山，后又设毒计害死前来搬兵的杨七郎。此时“看帅字旗无风自动，必有军情”对下面情节发展做出暗示，实质上潘洪心中有鬼，草木皆兵，预感形势不妙。这是为后场潘洪被擒先做了铺垫。

本场主要通过人物自述直接塑造了反角潘洪的形象，直接展现老贼阴险毒辣的一面，使观众对人物性格有了直观的认识，便于下面情节的进一步展开。

第三、第四场：剧情进一步展开，潘洪与呼必显相见，各怀心事，假意寒暄。呼必显小心谨慎，稳妥行事，假意自谦，先利用三道圣旨，稳住潘洪。第一道“发饷银十万，犒赏三军”让潘洪暂消疑虑；第二道“追回尚方宝剑”，“无非是弃旧而换新”，让潘洪安心，并支走潘洪亲信。第三道“后宫娘娘，有密旨前来”向老太师问安，让潘洪彻底解除警惕。接着假意借视察军情欲进一步了解潘洪底细。本场主要通过人物行为展现人物性格，表现了呼必显的机智沉稳。进一步发展剧情，营造氛围。

第五场：描写潘洪点卯召集众将，总兵黄龙马失前蹄回营换马而贻误点卯，为即将到来的杀身之祸埋下伏笔。

第六场：紧接上场描写潘洪乱施淫威，以延误点卯为由，随意处斩了老将黄龙，呼必显闻听此事，借机联合营中众将领定下计谋，假借为潘洪代劳分赏为由，夺取令符兵权，潘洪老贼似有所察觉，却又觉得“谅你沟渠之水，能起多大风浪；小小蝼蚁，焉能撼动泰山”未把呼必显放在心上，在又隐又显中以有所麻痹，进一步刻画潘洪老奸巨猾，却又骄横自持的性格。呼必显计谋成功，将要“孔明用计灭司马，韩信登台灭霸王，本爵扫殿侯呼必显，今奉圣命，犒赏三军”用军威压服住潘洪。这才请出圣旨当众宣读，由黄龙之弟黄信等将领当即把潘洪拿下。潘洪此时才知“雁门关前失了计，凤凰倒被鹊鸟欺”却仍旧淫威不改，黄信等人惧怕老贼淫威，呼必显此时显出超人的胆识谋略：“胆小哪有高官做，不死也要见阎罗。老贼打在囚车内，解上京都再定夺。”把边关印信委托黄信等老将，随即押解老贼潘洪回京城复旨。

本场为全剧高潮，情节发展有张有弛，节奏紧张连贯。情节发展顺畅，人物性格体现鲜明。通过人物语言行为，进一步刻画潘洪骄横跋扈、滥用私权的奸臣本色，同时体现出呼必显年轻有为、有勇有谋、胆略过人的性格特点。不失为性格、故事双重的一出好戏。

剧本欣赏（节选）

雁门关

【第一场】

（四白龙套、四大铠、四将、押旨官、呼延必显同上。）

呼延必显（念）　金殿领圣命，捉拿叛逆臣。

（白）　本爵扫殿侯呼必显。今奉圣命，去到雁门关捉拿老贼潘洪。众将官，雁门关去者。

（众人同允。牌子。众人同下。）

【第二场】

（四红龙套引潘洪同上。）

潘洪（引子）　奉王命威镇边关，那胡儿胆战心寒。

（念）　战鼓鸣锣响仓仓，继业父子困两狼。可叹我儿死得苦，七郎芭蕉乱箭亡。

（白）　老夫，太尉潘。宋室为臣，官拜天下都招讨兵马大元帅。所生二子，长子潘强，次子潘豹。只因那日我儿潘豹，在天齐庙摆下百日擂台，打了九十七擂，不料继业老儿，纵子行凶。上得擂台，将我儿潘豹打死。那时节老夫闻听此言，与那杨继业抓袍夺带，上殿面圣。好个有道圣上，不见罪我等，反与我二家解和。那时节老夫修下书信，叫那北国胡儿，前来夺取宋室天下。是老夫在金殿讨下帅印，单点杨继业父子，与为前站先行，那老儿连退数本不去。内有八主千岁，与他杨家作保，统领大兵。来在这雁门关下，黄道日不叫他父子出马，黑道日叫他父子出兵，他父子又偏偏得胜而回。那时节老夫传下将令，命他父子，将胡儿人马斩尽杀绝，方许进关。我想那胡儿人马，犹如潮水一般，一时焉能斩尽杀绝。他父子情急无奈，杀一阵败一阵，败至两狼山下，内无粮草，外无救兵。命他七子，前来搬兵。那时老夫想起打子仇恨，命贺朝进将那七郎诓下马来，用酒劝醉，绑在芭蕉树上，传齐弓箭手，这哗啦啦，射了他一百单三箭而亡，到如今只剩杨六一人，这、这、这小畜生，他往哪里去了？看帅字旗无风自动，必有军情。

来，伺候了。

（中军上。）

中军　（念）　龙虎台前出入，貔貅帐内传唤。

（白）　启太师：圣旨下。

潘洪　（白）　何人押旨前来？

中军　（白）　扫殿侯呼必显。

潘洪　（白）　呼必显这娃娃，他也出京了。吩咐摆队相迎。

中军　（白）　摆队相迎。

（四红龙套同摆队，众人同下。）

……

【第四场】

（四红龙套、中军、潘洪同上，四白龙套、四大铠、四将、押旨官、呼延必显同上，众人同下。四红龙套、中军、潘洪同上，呼延必显捧旨上，潘洪拜旨。）

呼延必显（白）　太师请上，待小官大礼参拜。

潘洪　（白）　你一路而来，多受风霜之苦，不拜也罢。

呼延必显（白）　哪有不拜之理？

潘洪　（白）　从命了。

（呼延必显拜。）

潘洪　（白）　来，与钦差看座。

呼延必显（白）　且慢，太师在此，哪有小官的座位。

潘洪　（白）　有话叙谈，哪有不坐之理？

呼延必显（白）　谢座。

潘洪　（白）　请问钦差，我主驾安？

呼延必显（白）　我主安泰。

潘洪　（白）　满朝文武可好？

呼延必显（白）　满朝文武，俱有手本问候太师金安。

潘洪　（白）　有劳他们挂念。请问钦差，还是金殿接旨，还是在午门接的圣旨？

呼延必显（白）　金殿接旨。

潘洪　（白）　既是金殿接旨，为何不开读？

呼延必显（白）　内封外发，不敢开读。

潘洪　（白）　如此同拆同读。

中军，香案伺候。

（中军允。潘洪拜旨，拆开。）

潘洪　（白）　头一道圣旨："发饷银十万，犒赏三军。"

钦差，我主乃是有道明君。

呼延必显（白）　本来是有道明君。

潘洪　（白）　愿吾皇万岁万万岁！

第二道圣旨："追回上方宝剑。"

啊？想这尚方宝剑，乃是军中命脉，焉能追回？

呼延必显（白）　无非是弃旧而换新。

潘洪　（白）　中军，命贺朝敬带领四十名长枪手，护送宝剑进京。

中军　（白）　下面听者，太师有令：命贺朝敬带领四十名长枪手，护送宝剑进京。

（四红龙套押剑同下。）

潘洪　（白）　三道圣旨："后宫娘娘，有密旨前来，问候老太师金安。"

啊，钦差，自盘古以来，只有臣问君安，哪有反礼而行？

呼延必显（白）　想太师与娘娘乃骨肉之情，理当一问。

潘洪　（白）　愿娘娘千岁千千岁！

呼延必显（白）　请问太师，小官一路而来，观见五里一墩，十里一铺，还是我国要路，还是他国辖地？

潘洪　（白）　乃是吾国的要路。

呼延必显（白）　既是我国要路，倘若胡儿兴兵前来，一时焉能得到？

潘洪　（白）　老夫有白牌前去，呼唤即到。

呼延必显（白）　如此借老太师虎威一观。

潘洪　（白）　只是不足钦差美观。

呼延必显（白）　岂敢？

潘洪　（白）　中军，白牌进见。

中军　（白）　白牌进见。

（旗牌上。）

旗牌　（念）　忽听传白牌，急忙到帐来。

（白）　参见太师。

潘洪　（白）　罢了。这有白牌，命你调齐四路总兵，辕门听点。

旗牌　（白）　遵命！

潘洪　（念）　白牌出辕门，

旗牌　（念）　调齐四路兵。

（旗牌下。）

潘洪　（白）　后帐摆宴，与钦差接风。

呼延必显（白）　到此就要叨扰。

潘洪　（白）　钦差请。

呼延必显（白）　太师请。

（众人同下。）

……

【第六场】

（四红龙套、中军、潘洪同上，旗牌上。）

旗牌　（白）　众将辕门伺候。

潘洪　（白）　传他等进帐。

旗牌　（白）　众将进帐。

（旗牌下。安定邦、黄信、周虎同上。）

安定邦、黄信、周虎

（同白）　参见太师。

潘洪　（白）　罢了。

安定邦、黄信、周虎

（同白）　提调我等有何军情？

潘洪　（白）　圣上发饷银十万，犒赏你等，望空一拜。

安定邦、黄信、周虎

（同白）　我主乃有道明君，愿吾皇万岁万万岁！

潘洪　（白）　可曾到齐？

安定邦、黄信、周虎

（同白）　俱已到齐。

潘洪　（白）　中军吩咐起鼓听点。

中军　（白）　鼓棚，起鼓听点。

（起鼓。潘洪点卯。）

……

潘洪　（白）　啊？老夫初点大卯，黄龙不到，其情可恼！

众人　（同白）　启禀元帅：天气炎热，营盘调远，挨挤不上，望元帅宽限二卯。

潘洪　（白）　吩咐起鼓，连点二卯。

中军　（白）　吩咐起鼓，连点二卯。

（起鼓。）

中军　（白）　前、后营。

（四红龙套同允。）

中军　（白）　左、右营。

（四红龙套同允。）

中军　（白）　大将听点。安定邦。

安定邦　（白）　有！

中军　（白）　周虎。

周虎　（白）　有！

中军　（白）　黄信。

黄信　（白）　有！

中军　（白）　黄龙。

众人　（同白）　未到。

潘洪　（白）　啊？老夫连点二卯，黄龙不到，他往哪里去了？

中军　（白）　启太师：路途遥远，挨挤不上，请元帅宽限三卯。

潘洪　（白）　吩咐起鼓，单点黄龙！

中军　（白）　起鼓单点黄龙。

（起鼓。）

中军　（白）　黄龙。

众人　（同白）　未到。

中军　（白）　黄龙。

众人　（同白）　未到。

中军　（白）　黄龙。

众人　（同白）　未到。

潘洪　（白）　啊！老夫连点三卯，黄龙不到，哪里容得？来，将误卯牌挂出！

（中军允，挂牌。黄龙上。）

黄信　（白）　啊，兄长你来了。元帅连点三卯，你往哪里去了？

黄龙　（白）　马失前蹄，回营换马去了。

黄信　（白）　少时进帐，你要小心一二。

黄龙　（白）　不要紧，元帅喜欢的是我，替我报门。

黄信　（白）　报：黄龙告进。

黄龙　（白）　叩见太师。

中军　（白）　启太师：黄龙到，黄龙到，黄龙到。

潘洪　（白）　黄龙你来了！

黄龙　（白）　末将来了。

潘洪　（白）　老夫连点三卯不到，你往哪里去了？

黄龙　（白）　马失前蹄，回营换马去了。

潘洪　（白）　哦，回营换马，这也难怪。

黄龙　（白）　我说元帅喜欢的是我，不要紧的。

潘洪　（白）　哇！倘若胡儿杀进大营，你也是回营换马去了？

黄龙　（白）　元帅开恩。

潘洪　（白）　抬起头来。

黄龙　（白）　有罪不敢抬头。

潘洪　（白）　恕你无罪。

黄龙　（白）　谢太师。

潘洪　（白）　哦呵呀！将倒是一员好将，可惜他老了。

黄龙　（白）　末将上阵杀得贼，却也不老。

潘洪　（白）　老了。

黄龙　（白）　不老。

潘洪　（白）　老了，老弱残兵，枉费国家钱粮。
　　来，斩了！

黄龙　（白）　哎呀！

（四红龙套押黄龙同下。起鼓。四红龙套同上。）

四红龙套（同白）　斩首已毕。

潘洪　（白）　号令辕门。

（四红龙套同下。呼延必显上。）

呼延必显（白）　啊？正在后帐饮宴，忽听前帐斩斩杀杀，但不知斩的哪路兵丁。待我进帐。
　　哦呵呀！看这老贼，倒有些威严，且自由他。
　　啊，老太师。

潘洪　（白）　钦差不在后帐饮宴，到此何事？

呼延必显（白）　小官正在后帐饮宴，忽听前帐斩斩杀杀，但不知斩的哪路兵丁?

潘洪　（白）　老将黄龙。

呼延必显（白）　身犯何罪?

潘洪　（白）　误了卯期。

呼延必显（白）　他有多大前程?

潘洪　（白）　小小八台总兵。

呼延必显（白）　啊！八台总兵，不通圣命，擅自斩首！

潘洪　（白）　啊，老夫杀的不公?

呼延必显（白）　杀的公！

潘洪　（白）　杀的不是?

呼延必显（白）　杀的是！

潘洪　（白）　杀的是，也就罢了。

呼延必显（白）　哦呵呀！看这老贼如此行为，叫我如何下手?

黄信　（哭）　哎呀兄长啊！

呼延必显（白）　我自有道理，待我进帐。

啊，老太师。

潘洪　（白）　啊，钦差，二次进帐则甚?

呼延必显（白）　小官奉命犒赏三军，意欲代散军饷，不知老太师意下如何?

潘洪　（白）　此乃老夫分内之事，怎敢劳动钦差?

呼延必显（白）　老太师年迈，难费心机。

潘洪　（白）　尤恐众将不服。

呼延必显（白）　众将不服，借老太师虎头金印一用。

潘洪　（白）　哎！你来的有奸?

呼延必显（白）　无奸。

潘洪　（白）　哎！你来的有诈?

呼延必显（白）　无诈。

潘洪　（白）　既无奸诈，为何要借老夫虎头金印?

呼延必显（白）　小官若有奸诈，后宫娘娘也有密旨，问候太师金安。

潘洪　（白）　谅你沟渠之水，能起多大风浪；小小蝼蚁，焉能撼动泰山?

中军，看印拜过。

（中军取印，呼延必显拜印。）

呼延必显（念）　孔明用计灭司马，韩信登台灭霸王。

（白）　本爵扫殿侯呼必显，今奉圣命，犒赏三军。

中军，吩咐起鼓听点。

中军　　（白）　　鼓棚起鼓听点。

（呼延必显点卯。）

中军　　（白）　　前营。

（四红龙套同允。）

中军　　（白）　　后营。

（四红龙套同允。）

中军　　（白）　　左营。

（四红龙套同允。）

中军　　（白）　　右营。

（四红龙套同允。）

呼延必显（白）　　大将听点。

中军　　（白）　　大将听点。安定邦。

安定邦　（白）　　有！

中军　　（白）　　周虎。

周虎　　（白）　　有！

中军　　（白）　　黄信。

黄信　　（哭）　　哎呀兄长啊！

中军　　（白）　　黄信。

呼延必显（白）　　哇！

黄信　　（白）　　在。

呼延必显（白）　　哇！本爵初点大卯，你在一旁，洋洋不睬，敢是欺我年幼不成？

黄信　　（白）　　侯爷，方才斩的那员将官，乃是末将之胞兄，在一旁思兄落泪，望侯爷饶恕。

呼延必显（白）　　可是你一母同胞？

黄信　　（白）　　正是一母同胞。

呼延必显（白）　　附耳上来。

黄信　　（白）　　是。

呼延必显（白）　　吩咐起鼓，连点二卯。

中军　　（白）　　吩咐起鼓，连点二卯。

（起鼓。）

中军　　（白）　　前、后营。

（四红龙套同允。）

中军　　（白）　　左、右营。

（四红龙套同允。）

中军（白）大将听点。安定邦。

安定邦（白）有！

中军（白）周虎。

周虎（白）有！

中军（白）黄信。

黄信（白）在！

呼延必显（白）众将一概免点，单点太师潘洪。

（中军下。）

潘洪（白）啊，这娃娃不会点卯，将老夫的名讳点在其内，待我进帐。

（众人同喝。）

潘洪（白）哦呵呀！小小年纪，倒有些威严。

呼延必显（白）众将官拿下了！

圣旨下："奉天承运，诏曰：今有潘洪，私通北国胡儿。圣旨到来，捉拿进京问罪。"

拿下了！

（潘洪换衣。）

潘洪（白）反了啊，反了啊！

（二黄摇板）雁门关前失了计，凤凰倒被鹊鸟欺。

（白）呼必显！

众人（同白）哽！要叫侯爷！

潘洪（白）哦，要叫侯爷，罢罢罢，就是侯爷！

（二黄摇板）你在朝我在朝冤仇在，
除非是你死我不奉君两罢休。

呼延必显（二黄摇板）本爵帐中传将令，
大小三军听分明：
有仇便把仇来报，
有冤便把冤来申。

黄信（白）遵命！

（二黄摇板）侯爷帐中传将令，
杀兄冤仇报得清。
手使宝剑将他斩，

潘洪（白）你要斩哪一个？

黄信（白）要斩你！

潘洪　（白）　老夫乃皇亲国戚，你有几个人头？
黄信　（白）　呀！
（二黄摇板）　他本皇家一门亲！
走上前来忙跪定，
太师饶恕我残生。
呼延必显（白）　住了！
（二黄摇板）　胆小哪有高官做，
不死也要见阎罗。
老贼打在囚车内，
解上京都再定夺。
呼延必显（白）　押下去！
（四红龙套押潘洪同下。）
呼延必显（白）　众位将军，我想雁门关乃是咽喉要道，不可一时无主。我有意将印信付与黄老将军执掌，不知众位将军意下如何？
黄信　（白）　末将才疏学浅，不能当此重任。
呼延必显（白）　不必推辞，看印拜过。
（黄信拜印。）
黄信　（白）　后帐摆宴。
呼延必显（白）　王命在身，不敢久停，告辞！
众人　（同白）　带马。
（呼延必显下。）
众人　（同白）　后帐摆宴，与老将军贺喜。
黄信　（白）　大家同饮。
众人　（同白）　请！
（众人同下。）
（完）

京剧《红岐山》

连环画《杨家将》插图，赵健明绘，人民美术出版社 1981 年出版

京剧《红岐山》（一名《黑松林》）写的是杨延昭进京告了御状，申诉了杨门冤案。宋朝太宗皇帝命呼延必显到雁门关设计擒拿了潘洪，押解回了京城。太宗命御史刘智远审潘杨两家公案。刘御史收受潘妃贿赂，包庇潘洪，被八贤王当堂打死。太宗又换清官寇准接手案宗。寇准设计取了潘洪口供。太宗见事已至此，仍有偏护之心，把潘洪投入天牢暂缓宣判。把杨六郎支回三关前防。潘妃在太宗面前为父求情，太宗心软直接赦免了潘洪，并赐了尚方宝剑保命让其回到雁门关官复原职。潘洪仍旧忌惮杨六郎报复，心腹手下贺朝进献计让潘洪与北国私通，里应外合夺取宋室江山，自己称帝。潘洪指使心腹手下潘定安到北国送信。潘定安领命而去。潘洪遇赦的消息传到八贤王和寇准那里，八贤王急招杨延昭进京商议对策，杨延昭初闻消息直接气昏过去。当时就想杀上门去刺死潘洪报仇，被八贤王阻止。寇准献计让杨延昭在潘洪回雁门关的必经之路上截杀潘洪。杨延昭含恨回去准备。

“杨家将”连本戏中有前后勾连之法。有前因后果式，也有前隐后显式。潘定安走在路上内心之中却是思绪万千，原来潘定安是雁门关原副将黄龙之子名叫黄豹，黄龙因马失前蹄误了潘洪点卯，被潘洪大施淫威直接处死。黄豹携母亲逃离了雁门。一直寻找报仇机会却不可得，无奈之下改名换姓潜回潘洪帐下效力，取得了潘洪的信任。此次被潘洪遣往北国报信，黄豹觉得报仇时机到了，要把潘洪私通北国的书信送到三关杨延昭处，联合杨延昭共同报仇。

潘洪带领手下意气风发赶往雁门关赴任。杨延昭带领众兄弟早已埋伏在必经之路上一处叫黑松林的地方等候潘洪一行到来。潘洪还未到来，潘定安先至此地。被埋伏在此的孟良、焦赞拿下。杨延昭取得潘洪的密信。

潘定安向杨延昭表明了身份。两人达成共识，结义为盟。

潘洪一行赶到黑松林，杨延昭众人假扮劫匪拦住潘洪一行。潘洪认出是杨延昭。贺朝进还想逞一下威风，被杨延昭直接刺死。吓得潘洪跪地求饶。潘洪好话说尽，杨延昭杀心已定，向潘洪扎了二百零六枪，大仇终于得报。

杨延昭回京向八贤王禀报事情经过。大家恐怕走漏了风声招致潘妃报复。杨延昭拿出潘洪私通敌国的密信。众人心中顿时有了底细。潘妃果然得到了潘洪遇刺的消息，悲痛之余蛊惑太宗为父报仇。八贤王带着寇准定好妙计假意来探病，亮出潘洪通敌书信，顿时堵住了潘妃和太宗的口。杨延昭回到家中，将刺死潘洪的事情经过告知母亲。老太君肯定了六郎的做法，决定全家自缚到皇宫请罪，以保全杨家一世清名！太宗受到潘妃的蛊惑果然要将杨家满门抄斩。八贤王闻讯一怒之下要进宫向君王进谏。太宗和潘妃开始避而不见，实在避之不及，双方对质。戏剧冲突紧张激烈，矛盾冲突渐趋非解决不可的顶峰。八贤王理直气壮质问太宗为何杀杨家满门，并当场陈述杨家自杨老令公以来杨家为保大宋江山立下的汗马功劳。同时陈述潘洪所犯下的十桩重罪。太宗依然执迷不悟，一气之下八贤王要用御赐金锏击打昏君。太宗吓得赶紧下了赦令。同时赦免六郎刺死潘洪之罪。正在此时，有信来报辽国又来入侵，太宗下令杨延昭挂帅，要御驾亲征退敌保国。全剧在大团圆中落幕。整出戏人物众多，“唱”“白”兼具，矛盾设置巧妙，故事推进真实。在家、国、情、义，公私对比中彰显正义与邪恶，美善与忠义的可贵价值。

剧本欣赏（节选）

红岐山

主要角色

杨延昭：老生

潘洪：净

宋太宗：老生

赵德芳：小生

寇准：老生

潘妃：旦

佘太君：老旦

……

【第二场】

（四太监、大太监引宋太宗同上。）

宋太宗　（引子）　凤阁龙楼。万古千秋。

	（念）	太阳一出照九州，平顶冠上九龙头。蓝田玉带朝北斗，眉头一皱百官愁。
	（白）	孤，大宋天子雍熙在位。自登基以来，风调雨顺，国泰民安。可恨潘洪苦害杨家，那杨郡马告下御状，孤命呼必显前去捉拿潘洪，未见到来。
		内侍，展放龙门！
大太监	（白）	遵旨。
		展放龙门哪！

（呼必显上。）

呼必显	（念）	捉拿潘洪事，奏与万岁知。
	（白）	臣呼必显见驾，吾皇万岁！
宋太宗	（白）	平身。
呼必显	（白）	万万岁！
宋太宗	（白）	命卿捉拿潘洪之事，怎么样了？
呼必显	（白）	臣将尚方宝剑带回，捉拿太师进京来了。
宋太宗	（白）	卿家之功。下殿去吧。
呼必显	（白）	领旨。

（呼必显下。）

宋太宗	（白）	内侍，宣赵德芳上殿！
大太监	（白）	万岁有旨：赵德芳上殿！
赵德芳	（内白）	领旨！

（赵德芳上。）

赵德芳	（念）	忠心扶社稷，肝胆保乾坤。
	（白）	儿臣见驾，叔王万岁！
宋太宗	（白）	赐坐。
赵德芳	（白）	谢坐！宣儿臣上殿，有何国事议论？
宋太宗	（白）	将老贼拿到，命何人审问？
赵德芳	（白）	依儿臣之见，就命西台御史刘智远审问。
宋太宗	（白）	皇儿替孤传旨。
赵德芳	（白）	领旨！

（赵德芳下。）

宋太宗	（白）	退班！

（众人同下。）

【第三场】

（四青袍、二班头引刘智远同上。）

刘智远	（念）	奉命审皇亲，不是降，就是高升。
	（白）	下官、刘智远。官居西台御史。适才圣旨到来，命下官审问潘、杨两家之事。必须按公而断。
		左右，升堂！
丑太监	（内白）	公公到！
刘智远	（白）	有请！

（丑太监上。）

丑太监	（念）	娘娘传密旨，来见有心人。
刘智远	（白）	公公请坐！
丑太监	（白）	有坐。
刘智远	（白）	不知公公驾到，未曾远迎，当面恕罪！
丑太监	（白）	岂敢！
刘智远	（白）	到此何事？
丑太监	（白）	我想潘、杨两家之事，可是阁下审问吗？
刘智远	（白）	正是。
丑太监	（白）	潘娘娘有份礼单，拿去看来！

（丑太监扔礼单。刘智远看礼单。）

刘智远	（白）	好一份厚礼。
丑太监	（白）	本来不薄。
刘智远	（白）	此礼为何？
丑太监	（白）	后宫潘娘娘言道：只叫太师在，不要太师坏。你要把心眼偏偏，我保你升官换纱帽。
刘智远	（白）	就依公公。照旨而办就是。
丑太监	（白）	咱家告辞啦！
刘智远	（白）	送公公！
丑太监	（白）	免！

（丑太监下。）

刘智远	（白）	来，有请太师爷！
二班头	（同白）	有请太师爷！

（潘洪上。）

潘洪	（念）	雁门结仇恨，何日才罢休！
刘智远	（白）	太师爷受惊了！

潘洪　（白）　刘御史，少时升堂，务要谅情一二！

刘智远　（白）　那个自然。雁门之事，推在杨郡马身上也就是了。

潘洪　（白）　你真会办事。等老夫出去，定要保你升个官儿。

刘智远　（白）　多谢太师爷！请至后面。

（潘洪下。）

刘智远　（白）　来，升堂！

（四青袍升堂。）

刘智远　（白）　带杨郡马！

（杨延昭上。）

杨延昭　（白）　我当何人，原来是刘御史！请了！

刘智远　（白）　哇！胆大杨郡马，见了本御史，为何不跪？

杨延昭　（白）　我乃当朝郡马，岂肯跪你？

刘智远　（白）　圣旨在此！

（杨延昭跪。）

杨延昭　（白）　万岁！

刘智远　（白）　你在雁门关怎样苦害潘老太师？当着圣命，要你一一讲来！

杨延昭　（白）　臣启万岁：明明潘家害我杨家，怎见得是杨家害潘家呢？

刘智远　（白）　还是这样利口！来，将他吊在西廊！

四青袍　（同白）　啊！

（四青袍押杨延昭同下。刘智远、二班头同下。）

（同下）

……

【第五场】

（阴锣。四青袍押杨延昭同上，同吊。二班头、刘智远同上，大太监、赵德芳同上，赵德芳打刘智远，刘智远跑下，赵德芳追下，四青袍同惧，同下。刘智远上，赵德芳追上。）

赵德芳　（白）　你可认得此物？

刘智远　（白）　乃是瓦面金锏。

赵德芳　（白）　呀呀呸！这不是瓦面金锏，这是五殿阎君，要尔的狗命来了！

（赵德芳打死刘智远。）

赵德芳　（白）　且住！刘智远被我金锏打死，我不免启奏叔王便了！

（赵德芳下。）

【第六场】

（四太监、大太监引宋太宗同上。）

宋太宗　（唱）　孤坐江山天星顺，
全凭文武保乾坤。
龙行虎步金殿进，
潘、杨二家结怨深。

（大太监、赵德芳同上。）

赵德芳　（唱）　内侍带路金殿进，
见了叔王说分明。

（白）　启奏叔王：今有刘智远审问潘、杨两家之事，不清不明，被儿臣金锏打死。

宋太宗　（白）　死者不亏。该命何人审问？

赵德芳　（白）　叔王，就该查看清官册才是。

宋太宗　（白）　内侍，取清官册过来！

大太监　（白）　遵旨！

（大太监取册。）

宋太宗　（白）　皇儿查来。

赵德芳　（白）　遵旨。

（赵德芳查册。）

赵德芳　（白）　启奏叔王：我想寇准虽然官卑职小，看那清官册上面，倒也忠心无二。就该金牌调他连夜进京，审问此事。

宋太宗　（白）　就依皇儿。替孤传旨。

赵德芳　（白）　领旨。

宋太宗　（白）　退班！

（宋太宗下。四太监、大太监同下。）

赵德芳　（白）　来，传旗牌进见！

大太监　（白）　旗牌进见！

（旗牌上。）

旗牌　（白）　参见贤爷！

赵德芳　（白）　这有金牌一面，去至霞峪县调寇准连夜进京，不得有误！

旗牌　（白）　遵命！

（旗牌下。赵德芳、大太监同下。）

【第八场】

（四太监、大太监引宋太宗同上。）

宋太宗	（唱）	也曾下旨提寇准，
		潘、杨之事可审清。

（赵德芳、寇准同上。）

寇准	（念）	郡马冤仇恨，今日才得明。
赵德芳	（白）	儿臣见驾，叔王万岁！
寇准	（白）	臣寇准见驾，吾皇万岁！
宋太宗	（白）	平身。
赵德芳、 寇准	（同白）	万万岁！
宋太宗	（白）	赐坐。
赵德芳、寇准 	（同白）	谢坐！
宋太宗	（白）	寇卿，审问潘、杨两家之事，怎么样了？
寇准	（白）	是为臣升堂理事，不想潘洪上得堂来，耀武扬威，不肯屈膝。为臣把他好有一比！
宋太宗	（白）	比作何来？
寇准	（念）	大鹏展翅恨天低，张牙舞爪向空飞。倚仗皇亲与国戚，见臣不肯屈一膝。
	（唱）	倚仗他是皇亲丈，
		藐视我主法王章。
宋太宗	（白）	后来便怎样？
寇准	（白）	五刑用尽，并无半点口供。为臣万般无奈，便到南清宫贤爷台前领教。
宋太宗	（白）	啊皇儿，你是怎样定夺？
赵德芳	（白）	儿臣把他也有一比！
宋太宗	（白）	比作何来？
赵德芳	（念）	蓬头垢面出牢监，披枷带锁跪厅前。虽然不比森罗殿，也是阎君半壁天！
	（唱）	现有老贼真口状，
		还望叔王作主张。
宋太宗	（唱）	一见口供实可恨，
		私通外邦害忠臣。
		掌朝太师多荣幸，
		不该起下不臣心。

	（白）	寇卿，替孤传旨，宣杨郡马上殿！
寇准	（白）	杨郡马上殿！
杨延昭	（内白）	领旨！

（杨延昭上。）

杨延昭	（唱）	我杨家秉忠心把国来保， 东西征南北剿立下功劳。 都只为天齐庙打死潘豹， 潘仁美害得我无有下梢。 泪汪汪哭上了金阶御道，
宋太宗	（唱）	见郡马不由孤珠泪双抛。
赵德芳	（唱）	这就是忠良臣为国报效，
寇准	（唱）	可叹他孤单单一人还朝。

宋太宗、赵德芳、寇准、杨延昭

	（同唱）	君臣们只哭得泪如水浇。
宋太宗	（白）	卿家！
赵德芳	（白）	妹夫！
寇准	（白）	忠良臣！
杨延昭	（白）	万岁爷！
	（唱）	这就是为臣我命里该着。
宋太宗	（白）	平身，赐坐。
杨延昭	（白）	谢坐！
宋太宗	（白）	皇儿，杨郡马怎样安置？
赵德芳	（白）	原任三关，多加俸米钱粮也就是了。
宋太宗	（白）	原任三关，多加俸米钱粮也就是了。
杨延昭	（白）	领旨！

（杨延昭欲下。）

赵德芳	（白）	转来！
杨延昭	（白）	是。
赵德芳	（白）	此番原任三关，有了本御白牌，方可进京；无有本御白牌，不可进京！
杨延昭	（白）	却是为何？
寇准	（白）	郡马，内中情由，你还不明白么？
杨延昭	（白）	明白了！
	（唱）	贤爷一言来提醒，

延昭倒作梦中人。
叩罢君恩出午门，
回府禀知老娘亲。

（杨延昭下。）

宋太宗 （白） 寇卿听封！
寇准 （白） 臣。
赵德芳 （白） 启奏叔王：加封寇准以为天官之职。
宋太宗 （白） 皇儿封官与孤一样，就封寇卿以为天官之职。
寇准 （白） 谢万岁！
宋太宗 （白） 皇儿，不知潘洪怎样开消？
赵德芳 （白） 论律当斩！
寇准 （白） 命不该活。
赵德芳 （白） 千刀万剐！
寇准 （白） 晾尸七日。
宋太宗 （白） 也罢！就将他暂押七日天牢。
赵德芳 （白） 七日之后？
宋太宗 （白） 这个！容孤思之。退班！

（宋太宗下。四太监、大太监同下。）

赵德芳 （白） 哎呀卿家呀！你看万岁有放老贼之意，命你在朝中打探消息，如有动静，速报我知！
寇准 （白） 遵命。

（赵德芳、寇准同下。）

……

【第十场】

（四宫女引潘妃同上。）

潘妃 （唱） 实可恨杨郡马行事太短，
苦苦地告我父所为哪般？
将身儿打坐在皇宫后院，
等内侍他到来细问根源。

（丑太监上。）

丑太监 （白） 启娘娘：大事不好啦！
潘妃 （白） 何事惊慌？
丑太监 （白） 万岁将太师押在刑部监牢去啦。

潘妃　（白）　喂呀！

　　（唱）　听说我父受五刑，

　　怎不叫人痛伤情？

（四太监引宋太宗同上。）

宋太宗　（唱）　内侍摆驾西宫进，

　　梓童免礼且平身。

潘妃　（白）　万岁料理朝中之事，多受辛苦！

宋太宗　（白）　何言“辛苦”二字！

潘妃　（白）　妾妃备酒，与万岁同饮。

　　内侍，看酒伺候！

　　（唱）　叫内侍你与我将宴摆定，

　　尊一声万岁爷细听分明：

　　我的父在朝中忠心秉正，

　　为什么押监牢去受苦刑？

宋太宗　（唱）　梓童不必来动本，

　　孤王言来听分明：

　　你的父与杨家结下仇恨，

　　害杨家他有那不忠之心。

潘妃　（唱）　父女之情难救命，

　　（白）　罢！

　　（唱）　不如碰死在宫门。

（潘妃欲碰壁。）

宋太宗　（白）　且慢！

　　（唱）　梓童不必寻自尽，

　　孤王赦他无罪名。

　　（白）　内侍，孤有圣旨一道，去至刑部监牢，将太师赦出，快去！

丑太监　（白）　领旨。

（丑太监下。）

潘妃　（白）　啊万岁，有他杨家做官，也有我潘家做官。就该教我父原任雁门才是！

宋太宗　（白）　那是自然。

（丑太监、潘洪同上。）

潘洪　（白）　臣潘洪见驾，吾皇万岁！

宋太宗　（白）　平身。

潘洪　（白）　娘娘千岁！

潘妃　（白）　赐坐！

潘洪　（白）　谢坐！将老臣提出监来，莫非要罪上加罪？

宋太宗　（白）　焉能罪上加罪！命你原任雁门关也就是了。

潘洪　（白）　恐怕杨家与我作对，万岁作主！

宋太宗　（白）　这！

潘妃　（白）　啊万岁，可赐我父紫金宝锁、尚方宝剑；哪个不遵，先斩后奏！

宋太宗　（白）　赐你紫金宝锁、尚方宝剑；哪个不遵，先斩后奏！

潘洪　（白）　谢万岁！正是：

　　（念）　宫中领圣命，拔剑斩仇人！

（潘洪下。）

潘妃　（白）　请万岁御花园饮酒！

（宋太宗、潘妃同下。）

【第十一场】

（贺朝进上。）

贺朝进　（念）　太师押在监，罢职又丢官。

　　（白）　俺，九门提督贺朝进。太师回朝，押在刑部。将我免官，不免门外闲游。

四龙套　（内同白）　太师回府！

贺朝进　（白）　有请！

（四龙套引潘洪同上。）

贺朝进　（白）　太师怎样赦出监牢？

潘洪　（白）　多亏娘娘保奏，圣上命我原任雁门，又赐我尚方宝剑、紫金宝锁，若有不遵者，先斩后奏！

贺朝进　（白）　真乃有道明君！

潘洪　（白）　说什么有道明君？只是杨六儿镇守三关，若不除之，宋室江山难到老夫之手！

贺朝进　（白）　这有何难？太师修书一封，差一心腹之人下到北国韩昌那里，约定八月中秋发来人马，先杀杨家，后灭宋室，天下岂不是唾手而得？

潘洪　（白）　真乃妙计。老夫有一同宗侄儿，名唤潘定安，此人是老夫心腹之人。来，传潘定安来见！

四龙套　（同白）　潘定安进见！

（潘定安上。）

潘定安　（念）　龙虎台前出入，貔貅帐内传宣。

	（白）	参见叔父！将侄儿传来，有何吩咐？
潘洪	（白）	老夫待你如何？
潘定安	（白）	恩重如山。
潘洪	（白）	既然如此，老夫修书一封，下到北国韩昌那里，你可愿去？
潘定安	（白）	慢说下书，就是粉身碎骨，理所当然。
潘洪	（白）	容墨伺候！
	（唱）	人来与爷看文房， 字字行行写端详。 上写拜上多拜上， 拜上韩昌听端详： 八月中秋发兵将， 合兵一处灭宋王。 一封书信忙修上， 一路之上要提防。
潘定安	（唱）	叔父暂把宽心放， 些许小事理所当。 非是小侄夸口讲， 老贼怎知我心肠。

（潘定安下。）

潘洪	（唱）	人来带过马丝缰， 雁门关前走一场。

（潘洪、贺朝进自两边分下。）

【第十二场】

（大太监引赵德芳同上。）

赵德芳	（唱）	稳坐宫中心烦闷， 叔王做事不公平。

（寇准上。）

寇准	（唱）	听说老贼赴雁门， 定是奸妃巧计生。 急急忙忙宫门进， 见了贤爷说分明。

	（白）	参见贤爷！不、不、不好了哇！
赵德芳	（白）	何事惊慌？
寇准	（白）	不、不、不好了！
赵德芳	（白）	寇卿，你莫非疯了？
寇准	（白）	臣倒不曾疯，只怕是万岁他昏了！
赵德芳	（白）	怎见得？
寇准	（白）	哎呀贤爷呀！那万岁听了潘妃之言，将老贼赦出天牢来了！
赵德芳	（白）	难道他就无罪释放了吗？
寇准	（白）	不但无罪，反赐他尚方宝剑、紫金宝锁，原任雁门。若有不遵者，先斩后奏！
赵德芳	（白）	反了哇反了！
	（唱）	听一言来心头恼， 不由本御怒眉梢。 寇卿与我前引道，
寇准	（白）	哪里去？
赵德芳	（唱）	见了昏王问根苗。
寇准	（白）	哎呀贤爷呀！将杨郡马调回，再作定夺。
赵德芳	（白）	容墨伺候！

（赵德芳修书。牌子。）

……

【第十七场】

（大太监、赵德芳、寇准上。）

寇准	（唱）	看看午刻已然到， 不见郡马为哪条？

（旗牌上。）

旗牌	（白）	郡马到。
赵德芳	（白）	有请！

（急急风牌。四马童、杨延昭同上，四马童同下。）

杨延昭	（白）	参见贤爷！
赵德芳	（白）	见过寇先生。
杨延昭	（白）	寇先生！
寇准	（白）	郡马请坐。

杨延昭 （白） 谢坐！贤爷调臣这样紧急，莫非老贼之事又发作了？

赵德芳 （白） 郡马呀！我叔王听信谗言，将老贼赦出天牢来了。

杨延昭 （白） 难道老贼就无罪不成？

寇准 （白） 非但无罪，反赐他尚方宝剑，紫金宝锁，原任雁门。若有不遵，先斩后奏！

杨延昭 （白） 哎呀！

（杨延昭气椅。）

赵德芳、寇准

（同白） 郡马醒来！

杨延昭 （唱） 我主学了前朝样，

为国忠良无下场。

（白） 贤爷啊！待为臣赶至中途，将老贼一枪刺死！

寇准 （白） 郡马，你将那老贼刺死，不甚紧要。后宫潘娘娘若是知道，只怕你有灭门之祸！

赵德芳 （白） 呸！你张口潘娘娘，闭口潘娘娘，难道本御怕她不成？

寇准 （白） 哎呀贤爷呀！想他杨家东挡西杀，南征北剿，有十大汗马功劳，尚且如此。就是贤爷你也不中用！

（乱锤。）

赵德芳 （白） 郡马，你坐下。

寇卿，你也坐下。

郡马，你可有计？

杨延昭 （白） 为臣无有计策。

赵德芳 （白） 寇卿，你可有计？

寇准 （白） 为臣见事则迷。

赵德芳 （白） 你也无计，本御我……

寇准 （白） 有计！

赵德芳 （白） 也是无计！寇卿，你乃状元出身，又有天官之才，心中不要藏私！

寇准 （白） 这个！为臣计策倒有，不知郡马胆大胆小？

赵德芳 （白） 着哇！

郡马，你是胆大胆小？

杨延昭 （白） 迎敌上阵尚且不惧，何言“胆小”？

寇准 （白） 胆大就好讲了。想那老贼原任雁门，必打红岐山黑松林经过，那时郡马扮作响马模样，吩咐众将扮作强盗模样，埋伏黑松林。老贼到此，一枪将他刺死。人不知，鬼不觉，你看好是不好？

杨延昭　（白）　此计甚好。潘娘娘知道，如何是好？

寇准　（白）　那我就无有主意了。

赵德芳　（白）　郡马，你只管照计而行，有什么大祸，本御替你作主。

寇准　（白）　还不谢过？

杨延昭　（白）　谢贤爷！

赵德芳　（白）　我上了你的当了！

杨延昭　（唱）　谢贤爷你救我全家性命，
寇先生你是我救命恩人。
辞贤爷别先生足跨金镫，
红岐山黑松林大报冤恨。

（杨延昭下。）

赵德芳　（白）　郡马此去，将老贼刺死，他冤仇也报了，本御气也消了，这就好了。

寇准　（白）　热闹的还在后头呢！

（赵德芳、寇准同下。）

【第十八场】

（潘定安上。）

潘定安　（唱）　相府领了老贼命，
北国下书走一程。

（白）　俺，黄豹。我父黄龙。昔年在雁门关潘洪帐下身为八台总兵。潘洪点卯，我父马力不佳，回营换马，误了卯期。恕恼老贼，将父斩首。是我保定我母逃出雁门，有心报仇，怎奈单丝不线，孤树不林，万般无奈，是我改名潘定安，投在老贼帐下听用，他与我“叔侄”相称。有心报仇，总不得下手。他命我北国韩昌那里下书。我杀父的冤仇，未能得报，这便如何是好？有了！我不免将这封书信下到三关杨元帅那里，闻听说他也有杀父冤仇，我二人何不一同报仇？就此马上加鞭！

（唱）　催马加鞭往前进，
见了元帅说分明。

（潘定安下。）

……

【第二十场】

（四龙套、贺朝进、潘洪同上。）

潘洪　（唱）　威风凛凛镇边关，
大小儿郎心胆寒。
催马加鞭抬头看，
（乌鸦叫声。）
潘洪　（唱）　乌鸦不住叫声喧。
（白）　啊，乌鸦不住当头乱叫，莫非有不祥之兆？
贺朝进　（白）　恭喜太师！贺喜太师！
潘洪　（白）　喜从何来？
贺朝进　（白）　乌鸦乃是太平之鸟，太师书信到了北国，韩昌发来人马，夺了宋室天下，与太师报喜来了。
潘洪　（白）　哈哈哈……老夫得了天下，封你护国军师。
贺朝进　（白）　谢主隆恩！
潘洪　（白）　还早呢。前面什么所在？
贺朝进　（白）　太平庄。
潘洪　（白）　那一旁呢？
贺朝进　（白）　黑松林。恭喜太师，贺喜太师，原任雁门！前面又是太平庄，日后必坐太平天下。
潘洪　（笑）　哈哈哈……
（白）　吩咐众将，黑松林去者！
（唱）　贺朝进开言来夸奖，
前面又是太平庄。
大队人马往前闯，
老夫定作太平王。
（众人同下。）

【第二十一场】
杨延昭　（内西皮导板）　头戴麻冠身穿孝！
（杨延昭、孟良、焦赞、杨八姐、杨九妹、四上手同上。）
杨延昭　（唱）　思想前情泪双抛。
养军千日一朝用，
大小三军听根苗：
哪个拿住老贼到，
本帅台前立功劳。
哪个放走奸贼跑，

项上人头吃一刀。

黑松林内埋伏了，

要与我家把仇消。

孟良、焦赞、杨八姐、杨九妹、四上手

（同白） 来到黑松林。

杨延昭 （白） 埋伏了！

孟良、焦赞、杨八姐、杨九妹、四上手

（同白） 啊！

（众人同下。潘定安上。）

潘定安 （白） 且住！前面乃是黑松林，待我穿林而过！

（孟良、焦赞同上，同拿潘定安。）

孟良、焦赞（同白） 拿住奸细，有请元帅！

（杨延昭上。）

杨延昭 （白） 何事？

孟良、焦赞（同白） 拿住奸细。

杨延昭 （白） 哇！胆大奸细，前来窥探，休走，看剑！

潘定安 （白） 我不是奸细，我是下书人。

杨延昭 （白） 你奉何人所差？

潘定安 （白） 我奉潘老太师所差。

杨延昭 （白） 你叫什么名字？

潘定安 （白） 我叫潘定安。

杨延昭 （白） 来者俱是一党，休走，看剑！

潘定安 （白） 慢着！我叫潘定安，我可不姓潘。

杨延昭 （白） 唔呼呀！听此人讲话，话中有意。我自有道理。

二位贤弟，与他松绑。

（孟良、焦赞同给潘定安松绑。）

潘定安 （白） 多谢大王不斩之恩！

杨延昭 （白） 罢了，可有书信？

潘定安 （白） 现有书信。

杨延昭 （白） 呈上来。待我拆开一观。

（潘定安呈书信，杨延昭看。）

杨延昭 （白） 潘洪啊，奸贼！有这封书信，就是尔的对头到了！

下书人，你可知道这封书信上的言语？

潘定安　（白）　不过是盗卖江山，苦害忠良。

杨延昭　（白）　好个“盗卖江山，苦害忠良”！你可知潘、杨两家在朝谁忠谁奸？

潘定安　（白）　谁人不知潘洪老贼是大大的奸臣，杨元帅是大大的忠臣！

杨延昭　（白）　你可认识杨元帅？

潘定安　（白）　我不认识。

杨延昭　（白）　俺就是镇守三关的杨延昭在此。

潘定安　（白）　小人不知元帅在此，多多有罪！

杨延昭　（白）　罢了。

潘定安　（白）　元帅为何这样打扮？

杨延昭　（白）　兄台有所不知，只因潘洪老贼打此经过，八贤爷作主，命我扮作响马模样，老贼到此，将他刺死，也好与我杨家报仇。

潘定安　（白）　你有杀父冤仇，我也有杀父冤仇。

杨延昭　（白）　怎见得？

潘定安　（白）　我对你实说了吧！

（牌子。）

潘定安　（白）　我有心到三关去见杨元帅，不想中途相遇，真乃三生有幸！

杨延昭　（白）　兄台，我有意与你结为金兰之好，不知意下如何？

潘定安　（白）　小人怎敢高攀？

杨延昭　（白）　说什么“高攀”，你我弟兄望空一拜！

潘定安　（白）　仁兄请上，受我一拜！

杨延昭　（白）　罢了。贤弟，那老贼几时到此？

潘定安　（白）　二三日必到。

杨延昭　（白）　老贼到此，怎样报仇？

潘定安　（白）　当年七将军被他射了一百单三箭，拿住老贼，还他二百零六枪！

杨延昭　（白）　好哇！好个“二百零六枪”！
老贼到此，速报我知！

孟良、焦赞（同白）　得令！

（众人同下。）

【第二十二场】

（四龙套、贺朝进、潘洪同上。）

潘洪　　（唱）　　忆昔当年天齐庙，
我儿摆擂把祸招。
七郎小儿性情傲，
打我儿三拳赴阴曹。
宋王爷，真无道，
不该将我锁监牢。
有朝老夫登大宝，

（四上手、孟良、焦赞同上。）

孟良、焦赞（同白）　　留下金银，放尔过去！

潘洪　　（白）　　呀！

（唱）　　黑松林内有儿曹。

孟良、焦赞（同白）　　留下金银，放尔过去！

潘洪　　（白）　　住了！把你这些狗头，瞎了尔的狗眼！老夫乃当朝太师潘洪在此！

孟良、焦赞（同白）　　来，将他绑了！

（四上手同绑潘洪。）

孟良、焦赞（同白）　　有请大王！

杨延昭　　（内西皮导板）　　二位贤弟一声报！

（杨八姐、杨九妹、杨延昭同上。）

杨延昭　　（唱）　　倒叫本帅喜眉梢。
潘洪老贼他来到，
狭路相逢尔往哪里逃？

（白）　　潘洪！老贼！你倒来了！

潘洪　　（白）　　哇！我把你们这些强盗！你们不打劫经商客旅，老夫乃当朝首相！

杨延昭　　（白）　　一不劫经商，二不劫客旅，单劫你这个老贼！你可认识本大王？

潘洪　　（白）　　呀！此人讲话好生耳熟，待我看来。

（潘洪看杨延昭。）

潘洪　　（白）　　哎呀，原来是杨郡马！

（潘洪看贺朝进。）

潘洪　　（白）　　呀，贺朝进，你我与杨家有血海冤仇，今日恐怕难放老夫过去！

贺朝进　　（白）　　太师爷，事大可小，见面就了。向前见上一面，或许放你过去，也未可知。

潘洪　　（白）　　是，是。

（潘洪向杨延昭。）

潘洪　（白）　啊杨郡马，许久未见，你可好啊？

杨延昭　（白）　俺不是杨郡马，俺是五殿阎君，要尔的狗命来了！

来，将狗皮剥了！

（四上手同脱潘洪衣帽。）

潘洪　（白）　杨郡马，你暂且息怒，老夫与你施礼了。也罢！我这里跪下了！

（潘洪哭。）

贺朝进　（白）　啊！大胆的杨六儿！太师偌大年纪，跪在你的面前，你扬扬不睬，是何道理？

杨延昭　（白）　答话者何人？

贺朝进　（白）　九门提督贺朝进！

杨延昭　（白）　贺朝进！奸贼！潘、杨两家结仇，尽由你的身上所起。进前来，好贼子！

（唱）　一见贼子心好恼，

狭路相逢难脱逃。

三尺龙泉出了鞘，

管叫奸贼命难逃。

（杨延昭杀贺朝进。）

潘洪　（白）　哎呀！

（唱）　宝剑举人头落，我三魂吓掉！

杨延昭　（白）　老贼！

潘洪　（唱）　眼见得贺朝进命赴阴曹。

到如今丢了我女儿依靠，

望郡马你饶我老命一条。

（白）　杨郡马！杨元帅！哎呀我的杨将军哪！贺朝进与我两家搬动事非，如今将军将他杀死，真乃是死有余辜！如今我也不到雁门关上任去了。望将军将我带回朝去，任凭圣上发落。

杨延昭　（白）　潘洪啊，老贼！曾记得当年啊！

（牌子。）

杨延昭　（白）　今日见面，恨不得食尔之肉，饮尔之血，挖尔之心，碎尔之骨，你要想活命是比登天还难，尔是痴心妄想！

潘洪　（白）　哎呀杨元帅，你饶我一条老命吧！

杨延昭　（白）　各位贤弟，杀的是，放的是？

孟良、焦赞（同白）　杀也在元帅，放也在元帅！

杨延昭　（白）　二位贤妹，杀的是，放的是？

杨八姐、杨九妹
（同白） 杀也在兄长，放也在兄长！

杨延昭 （白） 贤弟，杀的是，放的是？

潘定安 （白） 杀放全凭大哥。有道是：放虎归山，必要伤人！

潘洪 （白） 此人讲话好耳熟，待我看来。

（潘洪看潘定安。）

潘洪 （白） 你不是潘定安么？

潘定安 （白） 是我。

潘洪 （白） 你怎么人面兽心？老夫命你北国下书，你怎么背着老夫降顺他人？况且你也姓潘，怎么归顺姓杨的了？

潘定安 （白） 哪个王八蛋姓潘？我对你实说了吧！

（牌子。）

潘定安 （白） 今日来到此处就是你葬身之地！有道是：忠臣孝子，人人得而敬之；乱臣贼子，人人得而诛之！

（潘定安打潘洪。潘洪背供。）

潘洪 （白） 又是一个仇人。唉！为人不要运败时衰，到了这个地步，轮到老夫身上来了。待我哀告哀告。

（潘洪向杨延昭。）

潘洪 （白） 杨郡马！杨元帅！我的杨祖宗！望求元帅发下恻隐之心，饶我老命，将我带到三关，权当看家之犬，报晓之鸡，吃不了的残茶剩饭，赏我一碗半碗，穿不了的破衣烂衫，赏我一件遮寒，我潘洪纵死九泉，感你大恩大德。杨郡马！杨元帅！我的杨爷爷呀！

杨延昭 （白） 起来！二位贤弟，潘洪哭得可怜，杀的是，放的是？

孟良、焦赞（同白） 杀放全在元帅。有道是：报仇事大！

杨延昭 （白） 报仇事大！
二位贤妹，潘洪哭得可怜，杀的是，放的是？

杨八姐、杨九妹
（同白） 杀放全在兄长，有道是：报仇事大！

杨延昭 （白） 贤弟，杀的是，放的是？

潘定安 （白） 大哥，今天若不将他杀死，他到了雁门关，兵权到手，定要杀你。况且他女儿陪王伴驾，倘若万岁听了奸妃之言，只怕你全家性命难保！

孟良、焦赞（同白） 着哇！

杨延昭 （白） 好啊！枪来！

（牌子。杨延昭刺潘洪。）

孟良、焦赞、杨八姐、杨九妹、潘定安

	（同白）	老贼已死。
杨延昭	（白）	向前验来！
潘定安	（白）	二百零六枪！
杨延昭	（白）	正是：
	（念）	当年兵败在两狼，黑松林内报冤枉。结仇一百单三箭，报仇二百零六枪。
	（白）	贤弟，随定愚兄回朝请罪！
潘定安	（白）	将刑具与我戴上。
杨延昭	（白）	不戴也罢。
潘定安	（白）	你们拿过来吧！

（牌子。众人同下。）

……

今日雁门关前杨门女将雕塑仿佛依旧守卫着家园

“雁门关”主题剧目

一、概述

雁门关，位于中国山西省忻州市代县县城以北约20公里处的雁门山中，是长城上的重要关隘，以“险”著称，被誉为“中华第一关”，有“天下九塞，雁门为首”之说。与宁武关、偏关合称为“外三关”。雁门关始建于先秦时期赵国。赵武灵王进行军事改革，胡服骑射，大败林胡、楼烦等北方游牧民族，建立了云中、雁门、代郡。赵国大将李牧曾奉命常驻雁门，防备匈奴袭扰。十余年，匈奴不敢侵赵，后人称李牧为“奇才”，并在雁门关建“靖边寺”，纪念其戍边保民的战功。秦始皇统一六国后，派遣大将蒙恬率兵30万，从雁门出塞，“北击胡，悉收河南之地”（即河套地区），把匈奴赶到阴山以北，并且修筑了万里长城。

雁门关是中原地区通向北方少数民族地区的咽喉要塞，也是抗击北方游牧民族袭扰的边防前沿，自古以来兵家必争，大战不断。无数英灵在此殉难，血肉之躯铸成了中华民族抵御外辱的钢铁长城。留下了诸多脍炙人口的传说，也刻下了许多忠烈之士的名字。如汉代“飞将军”李广，宋代“杨家将”一门忠烈都曾在此大显身手，为国立功。近代抗日战争史上也创造了振奋国人斗志的雁门关大捷。

在雁门关漫长的战斗历史上，最出名的莫过于北宋时期“杨家将”了，杨门一门忠烈，父死子继，夫死妇继，留下了许多可歌可泣的英雄事迹。更可贵的是，在英勇的战斗中，人性的光辉也在刀光剑影中被升华。父子情、夫妻情、母子情、兄弟情被充分地讴歌，人伦亲情也冲淡了封建忠义思想的桎梏，触发了中华民族血脉中的另一股闪耀的光辉。

雁门关地势险要，万夫莫开

“雁门关”主题剧目

二、“雁门关”戏曲剧目

京剧《雁门关》(头本)

京剧《雁门关》是一出连本大戏。以北宋时“杨家将”故事为大背景，在此出剧目中，杨家将第一代男丁大部分已阵亡，只剩下六郎杨延昭担负起镇守三关的重任，四郎、八郎在当年金沙滩一战中被俘流落番邦，改名换姓与辽国公主成婚。当辽宋战火重燃之际，杨家将再次担起出征卫国的大任。四郎、八郎心中的怀乡之情也被牵动。母子情与家国义之间不可避免产生了矛盾。让众人都陷入了忠孝难全、节义两难的窘境。

本场戏描写了宋、辽不和，连年争战，宋将杨延昭与辽将韩昌大战于雁门关，未分胜负。宋仁宗命佘太君领兵助战。12 年前，佘太君之子杨延辉与杨延顺均被辽兵擒去，杨延辉改名木易光，配碧莲公主；杨延顺改名王司徒，配青莲公主，均有子女。闻佘太君率兵至，二人均欲过营探母。杨延顺求助于青莲公主，经青莲公主诓骗出令箭，遂得以混过雁门关。

此剧和京剧著名剧目《四郎探母》内容可互相参照。其思亲念国、夫妻情深、忠义抉择等矛盾多生，人物性格各异，在结构上前后衔接紧凑，场景转换自然，“突转”等手段运用娴熟，在充分抒情的基础上，把情节推向高潮，交代结局。能在故事演绎中最大限度地满足不同阶层人物的价值取向和审美需求。

剧本欣赏(节选)

雁 门 关(头本)

主要角色

佘太君：老旦　　孟金榜：旦

杨延昭：老生　　蔡秀英：旦

萧太后：旦　　杨八姐：旦

杨延顺：小生　　杨九妹：旦

青莲公主：旦　　杨宗保：小生

韩昌：净

【第一场】

（孟金榜、蔡秀英、杨八姐、杨九妹同上，同起霸。）

孟金榜　（念）　幼学兵书志量高，

蔡秀英　（念）　赤胆忠心保宋朝。

杨八姐　（念）　六韬三略能征战，

杨九妹　（念）　谁识闺中女英豪！

孟金榜　（白）　孟金榜。

蔡秀英　（白）　蔡秀英。

杨八姐　（白）　杨春景。

杨九妹　（白）　杨春花。

孟金榜　（白）　诸位妹妹请了！

蔡秀英、杨八姐、杨九妹

（同白）　请了！

孟金榜　（白）　圣上命太君挂帅，命我等以为左右先行。太君升帐，你我两厢伺候。请！

蔡秀英、杨八姐、杨九妹

（同白）　请！

（孟金榜、蔡秀英、杨八姐、杨九妹分站两边。四宋兵引佘太君同上。）

佘太君　（引子）　年老白发，受皇恩，乐享荣华。

（念）　杨家为国秉忠心，南征北战动刀兵。我今拜将封侯印，定把萧邦一扫平。

（白）　老身，佘氏太君。先夫杨继业，宋室为臣。只因潘洪诳驾幽州，使我众家孩儿半丧于金沙滩！昨日宗保回朝搬兵，圣上命老身挂帅，调选雄兵十万，征剿北番。众将！

孟金榜、蔡秀英、杨八姐、杨九妹

（同白）　太君！

佘太君　（白）　人马可曾齐备？

孟金榜、蔡秀英、杨八姐、杨九妹

（同白）　俱已齐备。

佘太君　（白）　此番出兵，非同小可，去到雁门关，必须把萧银宗一鼓而擒。今当黄道吉日，孟金榜、蔡秀英听令！

孟金榜、蔡秀英

（同白）　在！

佘太君　（白）　传令下去：兵发雁门关！

孟金榜、蔡秀英（同白）　得令。

太君有令：兵发雁门关！

四宋兵　（同白）　啊！

（牌子。众人同下。）

【第二场】

（四白龙套引杨延昭同上。）

杨延昭　（引子）　钦奉君命征北番，大军被阻雁门关。

（念）　春明甲胄云飞彩，秋月扬辉紫雾开。扫尽烟尘平北塞，不枉英雄称将才。

（白）　本帅，杨延昭。大宋为臣，官拜天下都招讨兵马大元帅。奉旨征剿北番。可恨韩昌带领人马抗拒，在雁门关前屡次交战，难以成功。我也曾命宗保回朝搬兵助战，未见交令。

（杨宗保上。）

杨宗保　（念）　心急懒观山河景，将军走马踏番营。

（白）　爹爹在上，孩儿交令。

杨延昭　（白）　命你回朝搬兵，怎么样了？

杨宗保　（白）　孩儿奉命回朝搬兵，圣上命祖母挂帅，统领大兵十万扫荡北番，大兵将近雁门关。

杨延昭　（白）　既是太君领兵前来，吩咐摆队迎接！

杨宗保　（白）　摆队出关，迎接太君去者！

四白龙套　（同白）　啊！

（四白龙套、杨延昭、杨宗保同下。四宋兵、孟金榜、蔡秀英、杨八姐、杨九妹引佘太君同上，过场，同下。杨延昭、杨宗保、四白龙套同上，同出城迎接。佘太君、四宋兵、孟金榜、蔡秀英、杨八姐、杨九妹同上。杨延昭参拜。）

杨延昭　（白）　众位将军下面歇息。

（孟金榜、蔡秀英、杨八姐、杨九妹自两边分下。）

杨延昭　（白）　啊母亲，朝中多少大臣，为何要母亲挂帅征剿？

佘太君　（白）　儿啊！我杨家投宋以来，忠心报国，反被奸贼潘洪所害，你父命丧两狼山，骸骨不能归宋；最苦者你兄死弟丧，手足分离。为娘白头出战，皆为你父子忠心，但愿留名万古！

杨延昭　（白）　老母慈命，孩儿敢不尽忠报国。备得酒筵，与母亲、众将接风。

佘太君　（白）　为娘奉旨扫北，必须观看番营的阵势，也好点兵抵敌。

杨延昭　（白）　是。孩儿保定母亲上关观看。

众将官！

四白龙套　（同白）　啊！

杨延昭　（白）　带路上关！

佘太君　（唱）　萧、宋不和常交仗，
各为其主动刀枪。
奸贼潘洪诓驾往，
请主五台去烧香。
惊动番兵如铁网，
层层围困大宋王。
临阵脱逃贼潘相，
暗通战表到番邦。
圣主被困沙滩上，
犹如陈蔡绝兵粮。
御召回朝搬兵将，
独踏番营儿五郎。
父子九人幽州闯，
可叹杨家为国亡！
七郎军营带箭丧，
你父碰死在两狼。
我儿回朝告御状，
除奸诛佞报君王。
太平一统好景象，
不料银宗又逞强。
众将带路把关上，

（四白龙套、四宋兵、杨延昭、佘太君同上城。）

佘太君　（唱）　北国旌旗遮日光。
中央戊己扎营帐，
胡儿人壮马又强。
（白）　儿呀，看番贼营盘，南靠雁门关，北靠高山，倘若出战，是怎样交锋？
杨延昭　（白）　孩儿领兵杀出雁门关，不料那胡儿倚山为势，孩儿屡战不胜。
佘太君　（白）　儿呀，为帅者要见机而作。昔日田单火牛破燕兵，诸葛火烧藤甲，皆是“火攻”之计。儿不学孙武子，焉能扫灭北番？
杨延昭　（白）　即请母亲升帐，孩儿听命便了。
佘太君　（白）　且听为娘传令，少时命你嫂、妹出马，定能一战成功。
杨延昭　（白）　孩儿遵命。

佘太君　（白）　带路回营！

（唱）　调兵遣将升宝帐，

仗主洪福平番邦。

建功勤王有升赏，

班师奏凯回汴梁。

（众人同下。）

……

浮雕《杨家将》

【第六场】

（杨延顺上。）

杨延顺　（引子）　鸿雁南飞，住沙漠，音信不归。

（念）　母居南朝儿在番，犹如阻断万重山。老母望儿难得见，儿想老娘泪不干。

（二小番同暗上。）

杨延顺　（白）　本宫，八郎杨延顺。大宋人氏。父讳杨继业，母亲佘氏太君，俱受宋王爵禄。可恨潘仁美诓驾幽州，我弟兄命丧番营，我与四哥延辉俱被擒来。本宫改名王司徒；四哥改名木易光，俱招为驸马，今已一十二载。闻听六哥带兵征战番邦，可叹我兄弟不能相会，终日忧虑在心。不免进宫，一来请问太后金安；二来探听六哥消息。

		来!
二小番	(同白)	有!
杨延顺	(白)	吩咐开道上朝!
二小番	(同白)	是。

(杨延顺、二小番同下。)

【第七场】

(四宫女引萧太后同上。)

萧太后	(引子)	凤阙龙楼,笙歌好,响彻云霄。
	(念)	蓬莱宫殿对南山,玉雾金华楚汉关。虽然不是蟠桃宴,碧云紫气满朝班。
	(白)	本后,萧银宗。老王晏驾,我掌朝政,曾命韩驸马御敌雁门,未知胜负?今设早朝,且等文武奏事。

(杨延顺上。)

杨延顺	(念)	云山截断人千里,雁过衡阳去不归。
	(白)	儿臣、王司徒见驾,愿太后千岁!
萧太后	(白)	平身。
杨延顺	(白)	千千岁!
萧太后	(白)	赐座!
杨延顺	(白)	谢座。
萧太后	(白)	驸马上殿,有何本奏?
杨延顺	(白)	儿臣屡次闻报,宋室杨延昭统领人马侵扰我邦,今已日久,儿臣为国担忧,不知宋兵可曾退否?
萧太后	(白)	已命韩昌御敌,必有回报。
韩昌	(内白)	走哇!

(韩昌上。)

韩昌	(唱)	失机败阵折兵将, 含羞带愧回朝廊。
	(白)	韩昌见驾,太后千岁!
萧太后	(白)	平身。
韩昌	(白)	千千岁!
萧太后	(白)	赐座!
韩昌	(白)	谢座。

（韩昌向杨延顺。）

韩昌	（白）	啊王驸马！
杨延顺	（白）	韩驸马！请坐！
萧太后	（白）	驸马抵御宋将，胜败如何？
韩昌	（白）	儿臣奉命与杨延昭交过数阵，他却不能取胜。谁知他命人回朝，搬来一些女将，那佘太君挂了帅印，统领大兵，来到雁门关。儿臣与她会过一阵，不能取胜，败下阵来，因此入朝请罪，还求太后多赐人马，再去交战。
萧太后	（白）	兵家胜败，古之常理，何罪之有？
杨延顺	（白）	啊，韩驸马，那杨家将有多大本领，驸马就败阵下来？
韩昌	（白）	那佘氏挂帅，又有女将孟金榜、蔡秀英……
杨延顺	（白）	蔡秀英便怎么样？
韩昌	（白）	她二人为左右先锋，只杀得我国人马如同削草，真乃女中英雄也！
	（唱）	大宋兵强将又广， 雁门关前摆战场。 铁甲将军难抵挡， 尸山血海马蹄忙。
杨延顺	（白）	哦！
	（唱）	闻言暗自珠泪降， 老母带兵到番邦。 延顺埋名不敢讲，
	（白）	哦呵有了！
	（唱）	定个良谋见老娘。
	（白）	启奏太后：那杨家女将如此猖狂，可赐予孩儿一支人马，杀退宋兵，方得国泰民安！
萧太后	（白）	我儿久未上阵，焉能提兵调将？你暂且回宫，本后自有主意。
杨延顺	（白）	是是是！儿臣告退！正是：
	（念）	异国飘零空弹泪，慈亲在望我心悲。
	（白）	哎，母亲哪！

（杨延顺下。）

萧太后	（白）	韩驸马，再赐你大兵五万，同往校场伺候。本后亲征杨家，明日五鼓发兵。下殿！
韩昌	（白）	领旨！
	（唱）	奉王旨意调兵将， 食君爵禄理应当。

（韩昌下。）

萧太后　（唱）　双龙赴会沙滩上，

　　　　　　　　袖箭射死我老王！

　　　　　　　　深仇大恨岂轻放，

　　　　　　　　誓灭杨家取汴梁。

（萧太后、四宫女同下。）

【第八场】

（四番兵引杨延顺同上。）

杨延顺　（唱）　愁有万千难展放，

　　　　　　　　天伦恩德岂能忘！

　　　　（白）　退下！

（四番兵同下。）

杨延顺　（白）　适才韩昌兵败回来，言道我母亲带领众家嫂嫂与我妻蔡秀英来到雁门关。咳！我有心与公主商议，过营探母，不知她意下如何？今日不免将我真名实姓对她实说。咳，思想老母好不伤感人也！

　　　　（唱）　韩昌兵败报军情，

　　　　　　　　雁门关前大交兵。

　　　　　　　　头阵败了六兄长，

　　　　　　　　老母奉旨往北征。

　　　　　　　　本当过营去探问，

　　　　　　　　纵有双翅难飞腾。

　　　　　　　　宫中哭坏杨延顺！

　　　　（哭头）　儿的娘啊！

（四达婆、香郎、香姐引青莲公主同上。）

青莲公主　（唱）　来了金枝玉叶人，

　　　　　　　　银安殿前施一礼，

　　　　　　　　驸马因何放悲声？

杨延顺　（白）　哦，公主来了！

青莲公主　（白）　来了。驸马请坐！

杨延顺　（白）　公主请坐！

青莲公主　（白）　驸马今日下朝回来，为何愁眉不展哪？

杨延顺　（白）　本宫么？是有心事在怀！

青莲公主　（白）　驸马，你有什么心事，待咱家猜上一猜。

杨延顺　（白）　本宫的心事，你焉能猜得着！

青莲公主　（白）　哟！慢说驸马的心事，就是太后的心事，我也能猜个八九不离十。

杨延顺　（白）　公主你就猜上一猜。

（杨延顺指香姐、香郎。）

杨延顺　（白）　你们玩儿去吧！

香郎、香姐

（同白）　是啦。

（二达婆引香姐、香郎同下。）

青莲公主　（白）　来呀，打座呀！

（二达婆同打座。）

青莲公主　（唱）　夫妻对坐在宫庭，

猜一猜驸马肺腑情。

莫非太后轻视你？

你须看她是年迈人。

杨延顺　（白）　太后待我是恩重如山，讲什么“轻看”二字。

青莲公主　（白）　不是的？

杨延顺　（白）　不是的。

青莲公主　（白）　我再猜猜！

（唱）　莫不是文臣武将欺压你？

当今驸马谁敢欺？

杨延顺　（白）　我与满朝文武甚是和顺，又有公主的势力，谁敢欺我？咳，不要猜了！

青莲公主　（白）　怎么，又不是的？

杨延顺　（白）　不是的。

青莲公主　（白）　这就难了！

（唱）　这不是来那不是，

青莲难解其中情。

杨延顺　（白）　公主，猜不着我对你说了吧。

青莲公主　（白）　好哇！你我夫妻有什么说不得？你只管说了吧。

杨延顺　（白）　公主你道我是何人？

青莲公主　（白）　哎！这不是笑话吗？谁不知你是王司徒王驸马呀！

杨延顺　（白）　非也！

青莲公主（白）　非也？那么你是谁呀？

杨延顺　（白）　我是南朝杨八郎杨延顺。

青莲公主（白）　啊？你、你、你是南朝杨八郎吗？我在金沙滩把你擒来，你在太后面前，为什么不说实话哪？

杨延顺　（白）　我若说出真名实姓，岂肯留我性命？故而改名换姓。

青莲公主（白）　你是改名换姓的呀！今日说出实话，打算怎么样哪？

杨延顺　（白）　今日去到太后驾前问安，闻听韩昌兵败而归。是他奏道，我母带兵来到雁门关，因此我对你说了实话，有意过营见母一面，公主以为如何？

青莲公主（白）　你说了半天，是要过营探母哇？好吧，你要出关，谁又拦得住你呀？只是留下一件东西才许你去哪！

杨延顺　（白）　要留什么东西？

青莲公主（白）　把你的脑袋留下！

杨延顺　（白）　哎呀！

　　　　（唱）　一言止住杨延顺！

青莲公主（白）　来呀！

二达婆　（同白）　有！

青莲公主（白）　吩咐把关的，有人出关，须见太后的令箭，方可放出；若是无有太后的令箭，不准他出关。快去！

二达婆　（同白）　是！

（二达婆同下。）

杨延顺　（白）　母亲哪！

　　　　（唱）　点点珠泪箭穿心！

青莲公主（白）　你就说实话吧！

杨延顺　（唱）　家住磁州火塘寨，

父子九人保宋君。

金沙滩前遭围困，

一家大半丧残生。

我大哥长枪丧了命，

我二哥短剑赴幽冥，

我三哥马踏如泥粉，

四郎、八郎失落番营，

我父李陵碑下死，
昊天塔内葬天伦。

青莲公主 （白） 你别哭了！你那儿哭，我这儿心里头也怪难受的。哎！我问你，那杨家的寡妇是谁呀？

杨延顺 （白） 都是我的嫂嫂。

青莲公主 （白） 别的我都不问，在南朝你有元配没有啊？

杨延顺 （白） 哎，公主啊！

（唱） 自幼谨遵父母命，
原配妻室蔡秀英。
新婚未满一月正，
本宫领兵往北征。
这是延顺真情话，
哀求金枝玉叶人。
公主放我去探母，
结草衔环报大恩。

青莲公主 （白） 呀！

（唱） 驸马不必巧计生，
休把虚言哄骗人。
你要过营去探母，
必须先奏我娘亲。

杨延顺 （唱） 有辈古人对你论，
尊声公主听分明：
南北诗书共一理，
番邦女子也知情。

青莲公主 （白） 什么古人？你说吧！

杨延顺 （唱） 董永卖身为葬父，
王祥孝母卧寒冰；
孟宗哭竹冷生笋，
郭巨埋儿慰双亲。
公主若学前辈样，
你的贤德标美名！

青莲公主 （白） 呀！

（唱） 夫妻恩爱同床枕，

膝下还有二姣生。

纵然今日拼了命，

岂肯放你出雁门！

杨延顺 （唱） 要去要去偏要去！

青莲公主（唱） 不能不能万不能！

杨延顺 （白） 唉！

（唱） 延顺忍心不见母，

难道你不念夫妻情？

青莲公主（白） 驸马！

（唱） 你无恩来你无义，

青莲不领夫妻情！

（白） 也罢！

（唱） 不如杀死姣生子，

作个断嗣绝后根！

（青莲公主下。）

杨延顺 （白） 哎呀！待我赶上前去！

（杨延顺急下。）

【第九场】

（二达婆引香郎、香姐同上。）

香姐 （唱） 龙生凤养玉叶根，

香郎 （唱） 姣姣滴滴富贵人。

（青莲公主急上。）

青莲公主 （白） 看剑！

（青莲公主杀香郎、香姐，杨延顺急上，拦。）

杨延顺 （白） 哎呀公主啊！

（唱） 夫妻结发十二春，

今日缘何太无情？

举剑将我杀了吧，

不可杀害二姣生。

放我与母见一面，

（白） 仁义的公主呀！

（唱）　五鼓不尽转回程。

青莲公主（唱）　驸马哭得我泪难忍，

岂作无义不孝人？

（白）　驸马，非是咱家不叫你回去，怕你到了宋营，婆婆与蔡氏姐姐不叫你回来，那时我们娘儿们依靠何人哪？

杨延顺（白）　公主但放宽心，我只想见母一面，公主若不放心，我就对天一表！

青莲公主（白）　但凭于你！

杨延顺（白）　哎呀老天哪！

（唱）　延顺跌跪在埃尘，

祝告空中过往神。

雁门探母不回转，

死在千军万马营！

青莲公主（白）　驸马请起！

（唱）　一见驸马把誓明，

青莲才得放宽心。

杨延顺（唱）　无有令旗与令箭，

独骑焉能出雁门？

青莲公主（唱）　天子三宣将军令，

（白）　哦哦有了！

（唱）　叫声驸马放宽心。

侍儿带路把宫进，

蒙哄安邦定国人。

（二达婆、青莲公主、香姐、香郎同下。）

杨延顺（唱）　诚恐番兵盘查紧，

等候令箭好出营。

（杨延顺下。）

……

【第十一场】

（杨延顺上。）

杨延顺（唱）　公主银安去盗令，

翻来覆去不安宁。

倘若此事拿不稳，

又恐怕事情有变更。

是祸是福凭天定！

（青莲公主带香姐、香郎同上。）

青莲公主 （唱） 见了驸马说分明。

杨延顺 （白） 哦，公主回来了？

青莲公主 （唱） 银安诓来金批箭，

盼望驸马早回程。

（青莲公主付令箭。）

杨延顺 （白） 谢公主！

青莲公主 （白） 来呀！

（番兵甲上。）

番兵甲 （白） 参见驸马、公主。

青莲公主 （白） 备两匹好马，驸马要出关公干。

番兵甲 （白） 是。

（番兵甲下。）

青莲公主 （白） 这是我在太后驾前诓来的令箭。明日五鼓天明就要出兵。你要是不回来，我母子的性命可就难保了！

杨延顺 （白） 不到天明即可回营。

青莲公主 （白） 我与你改换衣巾。驸马请上受我一拜！

杨延顺 （白） 公主这是何意？

青莲公主 （白） 驸马呀！

（唱） 尊驸马咱与你亲把衣换，

在头上忙取下如意玉簪。

权孝敬老太君些许物件，

你就说不孝媳少问金安。

我这里送嫂嫂宝珠一串，

有劳她奉高堂一十二年，

香莲帕送前房作为纪念，

休埋怨咱匹配她受孤单。

在宫中交与你金批令箭，

相会时休将奴抛在一边。

我母后她待你恩德不浅，
休忘却夫妻情骨肉在番。
五鼓前倘若是不能回转，
我母子在宫中命丧黄泉。

杨延顺　（唱）　为探母我也曾明下誓愿，
若失信死军中尸骨不全！

青莲公主　（白）　驸马快快上马去吧！

（番兵甲上，带马。）

杨延顺　（白）　俺去也！
（唱）　施一礼出宫院天色已晚，
我好比寻食虎下了高山。
（白）　公主呀！

（番兵甲、杨延顺同下。）

青莲公主　（三叫头）　驸马！我夫！啊啊啊……我的夫哇！
（唱）　见驸马上雕鞍失魂丧胆，
回宫院盼望他早早回还。

（青莲公主、香姐、香郎同下。）

京剧《雁门关》（二本）

此本剧情承接上一本，写杨延顺过营探母，因分别已久，佘太君与蔡秀英均不敢相认，后经查验朱砂痣，方知无误。这是戏剧中常用的手法、套路。在情深情浓处，再添紧张，更揪人心。母子、夫妻团聚，细诉离情，奈因时限将至，乃忍痛作别。孟良欲借用杨延顺令箭，混进关卡，杀辽军于措手不及。杨延顺恐公主受累，初不肯从，于情与义的矛盾中彰显人性的丰富。在情节展示中，让人物的是非曲直、忠义、情深得以充分表现，价值意义自然流露。后经晓谕大义，终将令箭交出。实乃设“扣”，又解“扣”。杨延昭趁机混进雁门关。韩昌因无萧太后令箭，不得发兵往救，辽军大败，退守黑水河。

剧本欣赏（节选）

雁门关（二本）

主要角色

杨延顺：小生

佘太君：老旦

杨延昭：老生

萧太后：旦

孟金榜：旦

蔡秀英：旦

孟良：净

焦赞：净

韩昌：净

陈德霖先生饰演的萧太后（中）

……

【第四场】

（四宋兵、四女兵同上，同站门。佘太君上。）

佘太君　（唱）　奉王旨领人马南北征战，
西王母降瑶池白发老年。
中军帐灯光照光辉灿烂，
且等候巡营将禀报帐前。

（陈林、柴干、郎千、朗万、孟金榜、杨八姐、杨九妹同上。）

陈林　（白）　启禀太君：末将等拿住奸细，现有萧银宗金批令箭在此。太君请看！

佘太君　（白）　待我看来。呜呼呀！果然是萧银宗的令箭。吩咐众将，弓上弦、刀出鞘，将奸细押上帐来！

陈林　（白）　下面听者！太君有令：弓上弦、刀出鞘，将奸细押上帐来！

四宋兵　（同白）　啊！

（四宋兵押番兵甲、杨延顺同上。）

四宋兵　（同白）　奸细带到。

佘太君　（白）　将小番带下去！

（四宋兵同允，带番兵甲下。）

佘太君　（白）　将奸细带上来！

（佘太君看。）

佘太君　（白）　果然番邦奸细，推出斩首！

孟金榜、杨八姐、杨九妹
（同白）　且慢！此人不是小番打扮，何不将他叫醒，问问北国情形。他若不说，再斩不迟。

佘太君　（白）　快快将他唤醒！

孟金榜、杨八姐、杨九妹
（同白）　番将醒来！

杨延顺　（唱）　昏沉沉只听得人声叫喊，
心恍惚如梦中意马心猿。
放开了英雄胆睁开双眼，
好一似孽镜台鬼魂诉冤。
跪宝帐实不敢抬头仰面，
听老母传将令再把话言。

佘太君　（白）　奸细听了！

（唱）　问奸细你奉了何人差遣，

黑夜里到宋营所为哪般？

说真情饶尔命放尔回转，

若隐瞒管叫尔命丧黄泉。

杨延顺　（白）　母亲哪！

（唱）　我非是小胡儿奉命打探，

想老母诓令箭黑夜出关。

离膝下十二载未见娘面，

我本是杨延顺不孝儿男。

佘太君　（白）　胡说！

（唱）　杨延顺岂是这胡儿打扮？

他弟兄闯幽州至今未还。

我兴兵胜吕望能知暗算，

早知道贼今晚偷探营盘。

中军帐岂容尔巧言善辩，

（白）　众将官！

陈林、柴干、郎千、朗万

（同白）　有！

佘太君　（唱）　绑辕门将他斩绝不容宽！

杨延顺　（白）　母亲哪！

（唱）　儿好心探母亲反遭大难，

容禀明再斩首死也心甘。

佘太君　（白）　你且讲来！

杨延顺　（白）　哎呀母亲哪！暂息雷霆之怒，不要误杀孩儿。儿离膝下一十二载，母亲年迈，老眼昏花，不能相认；众位嫂嫂、二位贤妹，难道也不认得了么？

佘太君　（白）　你是北国胡儿，谁来认你？

杨延顺　（白）　啊！我妻蔡秀英，为何不在此处？

佘太君　（白）　胡说！蔡秀英是我的媳妇，老身命她巡营去了，你在哪里访得这个名字，前来蒙哄于我？

杨延顺　（白）　母亲将她唤进营来，她若不认孩儿，再死也是无怨的了。

佘太君　（白）　暂容你多活一时。

春景、春花，传你蔡氏嫂嫂进帐！

杨八姐、杨九妹

（同白） 遵命！

（杨八姐、杨九妹同下。）

佘太君 （白） 陈林、柴干、郎千、朗万听令！

陈林、柴干、郎千、朗万

（同白） 在！

佘太君 （白） 命你等巡营瞭哨，若遇番兵哨探，速来通报。

陈林、柴干、郎千、朗万

（同白） 得令！

（陈林、柴干、郎千、郎万同下。杨八姐、杨九妹引蔡秀英同上。）

蔡秀英 （唱） 二贤妹报一信心中难解，

到前帐问婆婆便知明白。

见小番跪帐前低头细揣，

杨延顺 （白） 哎呀母亲，这就是我妻蔡秀英！

哎，难得见的妻呀！

蔡秀英 （白） 哇！

杨延顺 （白） 哎！她也不认我了！

蔡秀英 （唱） 番邦人叫得我羞惭满腮。

佘太君 （白） 啊媳妇，这番将可是八郎么？

蔡秀英 （白） 啊呀母亲哪！延顺左腿有朱砂大痣一个，何不吩咐众将看个明白：若是无有，即刻将他斩首！

杨延顺 （白） 大痣是有的。

佘太君 （白） 来！将他的左腿验来！

四宋兵 （同白） 脱了靴袜！

（四宋兵同验。）

四宋兵 （同白） 左腿有大痣一个！

佘太君 （白） 待我看来。

（佘太君看。）

佘太君 （白） 儿是八郎？

杨延顺 （白） 正是。

佘太君 （白） 儿呀！

杨延顺 （白） 娘啊！

佘太君 （唱） 离为娘十二载不能见面，

想姣儿只想得两眼欲穿！
只说是母子们不能相见，
我的儿呀！
你弟兄为国家命丧黄泉。
九骑马保宋王五台还愿，
儿失落番邦地一十二年。
天保佑为娘我身体康健，
百年后有谁人送归九泉！

杨延顺　（唱）　儿不孝好一比失群孤雁，
反哺恩未报答罪大如天。
想老母无一日心不挂念，
失番邦别膝下少奉慈颜！

佘太君　（白）　儿呀！你且坐下，为娘有话问你。

杨延顺　（白）　孩儿告坐！母亲有何训教？

佘太君　（白）　自你失落番邦，为娘的只道你丧命，不想你、你、你、还在？

杨延顺　（白）　儿在金沙滩被擒改名王司徒，将他们蒙哄过去；又蒙萧太后将青莲公主——

蔡秀英　（白）　青莲公主怎么样啊？

杨延顺　（白）　招我为东床驸马，所生一子一女。

佘太君　（白）　啊，生了一子一女！

蔡秀英　（白）　喂呀！

（蔡秀英哭。）

杨延顺　（白）　呀！
（唱）　我一言错出口失于检点，
哭坏了蔡氏妻结发红颜。
长寿帕奉高堂权为纪念，
不孝媳缺甘旨少到膝前。

佘太君　（白）　好一个贤德的媳妇，为娘收下了。

杨延顺　（白）　啊嫂嫂、贤妹！
（唱）　青莲女今相送宝珠一串，
（白）　咳！
（唱）　蔡秀英含悲泪叫人不安。
（白）　贤德妻呀！

	（唱）	自别你十二载非我心愿， 我纵然受责骂理所当然。 恩爱妻请上前来把礼见， 喜相逢宋营内你要心宽。
蔡秀英	（唱）	离别后妻在家暗许心愿， 谁想你在北国结下姻缘！ 恋新婚忘旧情天眼得见， 你只顾享荣华忘却家园。 奴为你菱花镜懒照脸面， 奴为你每夜里梦绕边关。 只说得气难消咽喉哽断， 天波府好一比修行尼庵。
杨延顺	（白）	妻呀！
	（唱）	别贤妻失番邦身遭凶险， 若不是青莲女早赴九泉。 多蒙她诓令箭放我回转， 无三从少四德相会实难。 启程时多拜上百般思念， 送罗帕须珍重能避风寒。 但能够我和你与她相见， 青莲女必敬你结发在先。
蔡秀英	（唱）	去愁眉换笑脸重把礼见， 守贞节知礼义有愚有贤。 喜滋滋收罗帕承问挂念， 分别了十二载才得团圆。
佘太君	（唱）	今扫北托天恩母子相见， 似花谢又重开月缺再圆。
	（白）	一同坐下。儿呀，你弟兄八人俱已为国尽忠。你五哥出家为僧，不染红尘；如今只有你六哥一人在我身边了！
杨延顺	（白）	啊母亲，四哥也在番邦招为驸马，有子接后了。
佘太君	（白）	哦！你四哥也招为驸马了？哈哈哈……我好喜也！
孟金榜	（白）	喂呀！

	（唱）	听一言不由人暗自悲叹， 指番邦恨丈夫久别多年。 叔探母他也该回来一见， 竟忘却养育恩不到膝前。
杨延顺	（白）	嫂嫂哇！
	（唱）	我埋名和隐姓才躲凶险， 虽招赘犹如那坐井观天。 愿宋室平番邦洪福齐现， 扫烟尘平宇内人寿丰年。
孟金榜	（唱）	非是他贪恩爱心肠改变， 皆因是大限来折散良缘。
佘太君	（白）	儿呀！你四哥也招为驸马，为何不一路而来？
杨延顺	（白）	孩儿是哀告公主诓得令箭，才能出关，四哥他怎能知道？
佘太君	（白）	待为娘点动人马扫尽北番，救你四哥一同回朝。
杨延顺	（白）	多谢母亲！

（起四更鼓。）

杨延顺	（白）	哎呀母亲，天交四鼓，孩儿就要拜别了！
佘太君	（白）	啊！母子才得相逢，怎忍又抛弃为娘啊？
杨延顺	（白）	哎呀母亲哪！孩儿怎忍分离？怎奈这支令箭，乃是公主在太后驾前诓的来的，明早就要点兵与母亲交战。孩儿若不回去，不但公主性命难保，还有一双儿女，也要命丧番邦。母亲放儿回去，再与四哥商议，讨下人马，杀他个里应外合，叫公主归顺天朝，岂不是一举两得？望母亲再思再想！
佘太君	（白）	既然如此，你速速去吧！
蔡秀英	（白）	哎呀母亲哪！儿夫之言，乃是脱身之计。他今回去，那青莲公主岂肯弃国别母？依媳妇之见，统领人马，将那青莲公主一齐擒来，岂不是好？
杨延顺	（白）	哎呀妻呀！那青莲公主甚是贤德，今晚无有令箭交回，哎呀，只怕公主与我那一双儿女定丧番邦了哇！
佘太君	（三叫头）	延顺！八郎！儿呀！
	（唱）	你若回番邦去娘不阻拦， 今相逢怎忍别白发老年？ 见公主交令箭儿要回转， 切不可违母命罪大如天！

杨延顺　（白）　母亲哪！

（唱）　儿岂能忘天伦富贵贪恋，

自幽州相别后一十二年。

萧太后待孩儿实实恩典，

忍心肠暂别母泪洒胸前。

悲切切出帐口归心似箭，

（白）　娘啊！

（杨延顺哭。）

蔡秀英　（白）　将军哪！

（唱）　哭啼啼拉衣襟且听奴言：

我哭、哭一声恩爱夫！

我叫、叫一声负义郎啊！

别母离家十二载，

奴红颜薄命守孤单。

你此去见了公主面，

须要早早转回还。

抬头看婆婆年纪迈，

你、你、你……忍心分离抛慈颜。

（哭头）　啊、啊、啊无义的夫啊！

杨延顺　（白）　妻呀！

（唱）　回番营交令箭若不回转，

命丧在乱军中尸首不全。

佘太君　（唱）　娘别子！

蔡秀英　（唱）　妻别夫哇！

佘太君、杨延顺、蔡秀英、

（同唱）　难分难舍！

（佘太君、杨延顺、蔡秀英同哭。）

杨延顺　（白）　罢！

（唱）　忍珠泪哭出了大宋营盘。

（番兵甲暗上，领杨延顺同下。）

蔡秀英　（白）　喂呀！

（蔡秀英哭。）

蔡秀英 （唱） 好鸳鸯顷刻间分离失散，
皆是奴命运乖独守孤单。
离别了十二载他心肠改变，
咫尺地如隔了万水千山。

佘太君 （白） 儿呀！
（唱） 虽分别非是那风筝断线，
劝媳妇去愁眉将心放宽。
但愿得宋天子洪福早现，
灭番邦救二子一同回还。

（众人同下。）

长城内外曾演绎无数历史的悲欢

秦腔《玉梅绦》

秦腔是流行于陕西、甘肃、宁夏、青海、新疆等地区的戏曲剧种。源起于陕甘一带的民间曲调和宋金元时的铙鼓杂剧，大致形成于明代中叶。从形式和要素上看，受到昆腔、弋腔、青阳腔的影响，以梆子击节，音调高亢、激越，擅长表现比较雄壮或悲愤的情感。明末李自成起义军曾将“西调”——同州梆子作为军戏演出。清乾隆年间有秦腔戏班进京演唱，影响较大，使康熙年间的“秦优新声”“复振于世”。秦腔流入河东后演化发展为蒲州梆子、代州梆子、东路梆子（即上党梆子）、老梆子、河北梆子；而入山东演变为曹州梆子、青州梆子等；入河南以西为豫西梆子、南阳梆子，以东为祥府调、河西调；而在陕西分为四路，称为同州梆子（东路秦腔）、西安乱弹（中路秦腔）、西府秦腔、汉调恍恍（南路秦腔，亦称汉调秦腔）。秦腔流派众多，风格各异。形式上唱词多为七字句和十字句，唱段务须偶句，奇数句末字为仄声，偶句末字为平声，并要押韵。板式分塌、滚、摇、代、尖五部，又细分为二十四类，其中除滚板是纯哭音外，其余分欢、哭、傲三类，节奏上也有快、中、慢三种，曲牌达二百余种，乐队有文、武场面之分。

西汉汉武帝年代，汉朝北方边疆常受匈奴势力的袭扰，匈奴屡屡犯边，给汉朝的人民生活带来莫大的痛苦。限于国力和军事力量的影响，各代政权都没有太好的策略解决此问题，有时候通过和亲能在短期获得暂时的安定，但却不是长久之计。到了武帝时期，各方面条件都已成熟，武帝派当时的大将卫青和后起之秀霍去病多次出兵征讨匈奴，终于获得决定性的胜利，北方边界从此获得长期的稳定局势。卫青与霍去病英勇抗击匈奴的故事自此在民间多有流传，秦腔《玉梅绦》就是根据卫青、霍去病的史料故事所编，但加入了很多虚构的成分。此剧又名《霍去病赶鞑子》《卫子夫和番》《霍仲儒回府》《霍大堂回府》等，全剧主要描写汉武帝命苏武出使北国打探李陵消息，苏武与卫青同行。汉武帝姐姐皇太姑寿诞，霍光携妻带子去拜寿。武帝认霍光儿子为义子，赐名霍去病。皇太姑推荐卫青姐姐卫子夫为后，武帝应允。苏武至北国，痛斥藩王肖仲谋造反乱边阴谋，藩王扣留苏武，罚令其牧羊。霍去病巧遇皇太姑之女翠花公主，皇太姑当面做主成就两人姻缘。肖仲谋带兵出雁门关袭扰汉朝，强要卫子夫和番。武帝命卫青等将迎敌，卫青兵败而归，霍光无奈，只得舍弃自己妻子卫巧云，也是卫子夫的妹妹代子夫和番。霍去病知道此事，追母赶至三关，卫青见霍去病颇有文韬武略，就将帅印让与霍去病，之后霍去病调兵迎敌，亲自追回和亲车辇，大败肖仲谋，救回苏武。藩王仓促间留下降书顺表仓皇而逃，武帝大封有功的群臣，边关从此安定。本剧是秦腔剧目中的优秀之作，作为历史剧剧情丰富，场面宏大，不同于大多数剧目的单一情节线索，而是设计了两条线索同时进行，一条是汉朝和北国的外交战事，一条是主人公霍去病的成长经历，两条线索穿插演进，使得剧情丰富精彩，艺术性极高。

第一场：主要为了展现故事背景。北国屡屡犯边，汉武帝派李陵出使却一去杳无音讯，于是再派苏武、卫青奉旨意入番打探李陵下落，两人义不容辞，臣心可表。正值汉武帝皇姐寿宴，武帝快马加鞭、归心似箭去为姐姐祝寿，这才引起下文主人公霍去病与皇家的联系。

第二场：开始展开另一条剧情线索。藩王肖仲谋命其弟肖必龙刺探汉朝消息，肖必龙领命奔上天朝传事报信。

第三场：引出主人公霍去病出场。武帝驾前贤臣霍光携同贤孝双全的妻子卫巧云和乖张伶俐的儿子共赴平阳宫为皇太姑拜寿。通过霍光唱词点出“我的妻卫巧云贤孝双全”，这就为后文巧云顾大局代姐和番第一次埋下伏笔。接着在霍光唱词中又点出“我的儿他生来眉清目秀，到后来做高官挂印封侯”，为霍去病日后的飞黄腾达做下铺垫。全家人“凤冠蟒衣、锦帽貂裘、贺礼齐备、其乐融融”。

第四场：又转到另一条剧情上。苏武、卫青领命出使北国寻李陵回朝。在情节演进中与另一条线索，相互并进。

第五场：皇太姑有意将卫青之姊才貌双全的卫子夫说与汉武帝为当朝皇后，汉武帝欣然应允，这又为下文匈奴犯边做下铺垫。武帝被前来拜寿的霍光之子哭声所惊扰，吓出冷汗，却减轻了病势，遂收为义子，赐名去病，留在平阳宫学文习武，御赐“玉梅绦”环。自此霍家光耀门楣、锦上添花。汉武帝传旨加封卫子夫为皇后，龙颜大悦，大赦天下，一派和乐景象、暗伏危机情势。

第六场：肖必龙探得汉朝情况，得知汉武帝娶卫子夫一事，急报其兄王引发新的故事。

第七场：掀起全剧第一次高潮。单于王肖仲谋不屑汉室，早有反心，通过开场唱词展现了肖仲谋的才干和心志：“一能上山缚猛虎，二能下海收龙肝。心儿可恼汉武帝，孤家领兵夺中原。”藩王故意一连三载不进贡，一心要以下犯上，扣留了前来打探贡奉消息的李陵。其二弟肖必龙将汉武帝娶亲之事告知于他，引起肖仲谋犯边之意，决定兵发边界，要武帝送卫子夫和亲。此时苏武出使来至堂前，见藩王弓在弦上，知其反心已定，便破口大骂，嘲讽肖仲谋，言辞极端锋利，态势咄咄逼人。藩王怒极，一心致苏武于死地，被李陵劝下，遂命出兵向武帝要妃，并有意折磨苏武忠心意志，遣苏武在深山牧羊。本场主要通过人物语言展现人物性格，将藩王的骄傲跋扈、李陵的委曲求全、苏武的坚贞不屈表现得生动到位，而且人物的语言与性格高度吻合一致，也符合场景、身份的要求。

第八场：剧情承接上场，两兵交战，汉朝兵败，李陵心如刀绞，痛责藩王后自刎殉国。单于见李陵刚烈如此，命人造李陵碑，以昭示其忠贞不贰。同时又下令兵出雁门关，公开反汉，虎视眈眈向中原。

第九场：承接上场剧情，武帝得到兵败讯息后，命国舅霍光挂帅，带三千兵卒守边关，迎战番兵。武帝福浅，边境狼烟又起。

第十场：剧情气氛陡然一变，从上场的紧张中跳将出来，回到霍去病的剧情中。霍去病每日在皇太姑宫中学习，思娘成疾，恰一喜童来访要带霍去病寻母。霍去病不知内情，由喜童引路，两人一路插科打诨前去，念到母子团聚，霍公子愁眉放起，剧情呈现轻松。

第十一场：剧情承接上场，霍去病花园寻母不得，却遇翠花公主，那公主将霍去病项上所带御赐玉梅绦环寻来瞻仰，竟不肯物还其主，于是二人开始争吵不休。皇太姑与巧云恰巧路过，见二人年貌相当，顿生男婚女嫁之意。霍去病见皇太姑，据理力争讨要玉梅绦环，皇太姑故意为难霍去病，使霍去病连同喜童都义愤填膺，向皇太姑据理陈词，再度讨要，反遭羞辱。一怒之下，便欲见皇帝说理，此举反而使得皇太姑颇为欣赏霍去病的胆识。皇太姑称赞他“到后来他必做国家栋梁”。再为霍去病日后发达做下铺垫。

第十二场：剧情又转到边关战事上。藩王大败卫青，汉军撤回三桥关，单于王誓死要王妃和番，放言若不能得到王妃便进军中原，杀个寸草不留。

第十三场：汉武帝闻败讯，龙颜失色，传霍光献策。霍光想到其妻与子夫一母同胞，面貌相同，若代之和番，方是个主意。汉武帝见其顾全大局，一片忠心，感恩匪浅，起身大拜，于是命其回府安置。本场中对人物形象的刻画十分生动、大胆，武帝一改史书中的雄才大略、刚愎独断的形象，变得软弱无谋，遇事惊慌失措，却又不失慈善仁爱之德，显然寄托了下层文人的理想化期待和审美理想。而霍光机智善变，更通过唱词“吃王禄受国封干国患难，国王家有了难做臣难安。……我的妻和娘娘一胎生产，亲妹妹替姐姐北去和番”，重点展现霍光危难之际表现出的忠心大义，肯定了舍小家而顾大局的忠义精神。

第十四场：为全剧第二个高潮。剧情描写霍光虽下定主意，但仍内心忐忑，坐立难安，内心斗争反复不断，考虑如何向儿子霍去病解释，考虑巧云和番，小儿会不会不顾父子之义，自己难逃死劫。又想诓去病说其母病故，却又怕霍去病当庭祭拜亡母，露出破绽。最后决定还是把实情向妻子诉说再定计策。本场主要通过主人公独白念词展现主人公矛盾多样的复杂心理活动。霍光虽有凛然大义，但更有浓浓亲情。在复杂境况下把人物害怕儿子刚烈难劝的心理表现得淋漓尽致，从而把霍光的形象塑造得生动而真实。

第十五场：写霍光回府曲折告知巧云此事，巧云贤德，主动要替姐姐应下和番之事，巧云道出“三不甘”。一不甘未报皇王养育之恩；二不甘霍去病与翠花公主尚未成婚；三不甘其命丧黄泉后，让那小儿在黑河岸披麻戴孝，以了情义。说罢换上凤衣，起轿去见圣上。本场主人公的唱词抒情强烈而真挚，把卫巧云顾大局不惜己身，却又难舍骨肉亲情的女性形象刻画得鲜活传神极具审美价值。

以上三场剧情衔接紧密，节奏张弛有度，一环紧扣一环，层层推进，把剧情逐次推向高潮，为全剧的精彩之处，彰显出戏剧的价值观念，是非判断。

第十六场：剧情气氛又是一变，安排喜童出场缓解前几场的紧张悲伤气氛。单于王兵到，喜童为传信之事踌躇不决，最终权衡利弊决定冒死传信给霍去病。

第十七场：喜童将单于王进兵中原，霍家夫人代子夫娘娘和番之事告于霍去病，霍公子怒气难忍，欲拔剑与君王论理，被喜童拦下。劝其搬去大兵，追回圣车，落得个忠孝两全。

第十八场：霍去病追得到舅父卫青，误认为其母和番之事舅父不加阻拦，为无情无义之举，不由分说挺枪就刺。卫青见他胆识过人，遂将兵权帅印交由他来执掌，舅甥二人杀前顾后，杀不尽番兵誓不收兵。

第十九场至二十七场：进入了剧情的尾声，按前面剧情的发展，交代事情结局。霍去病追上和亲车驾，追回母亲，然后指挥大军击败番兵，大战中解救了山中牧羊的苏武，捡到藩王忙乱中逃窜时遗留的降书顺表。大军胜利班师回朝，武帝大封有功之臣一派和悦气氛。

全剧剧情内容丰富，场面宏大，有正有谑，有谐有悲。节奏张弛有度，把握自如。人物众多，且个个性格鲜明突出，语言通俗典雅，符合人物的身份和性格，对人物性格的刻画起到重要作用。在君臣情、夫妻情、父子情等情中写义，以义衬情，有彼此强化之效。符合不同层次不同身份的观众的审美需要。总体而言虽然有个别落后观念流露，仍不失为一部优秀的传统剧目。

（剧本略）

上党梆子《三关排宴》（陕西本）

上党梆子，又称东路梆子、上党宫调、上党戏等，是山西四大梆子——中路、蒲州、北路、上党梆子中的一种，流传中分为州府和潞州两派。大约明末清初形成于山西泽州，流行于山西东南地区，一般由梆子腔、昆曲、罗罗腔、赚戏、皮黄五种声腔组成，但互不溶化而同时独立存在，所以全才演员须兼习昆、梆、罗、赚、黄五种声腔，曲牌丰富，曲调高亢、委婉、活泼，具有古朴、粗犷的特点。

《三关排宴》也叫《忠孝节》，是本戏《昊天塔》的最后一本，为“杨家将”题材戏剧，在上党梆子中写相同或相近题材的还有《雁门关》《董家岭》《金沙滩》等。《三关排宴》写宋辽欲议和，佘太君想起四儿杨四郎滞留番邦不归，心中既愤怒又伤心。又听说此次议和四郎也会赴会，便想趁见面之际质问四郎。其实四郎多年来一直心怀故国，牵挂母亲，得知此次派他参与议和，恐怕母子相认之际引起母亲误会，内心十分矛盾，再三犹豫后决定把实情告知妻子。妻子最终以情为重，答应为他隐瞒。两国相关人员相会，四郎母亲佘太君把四郎身份告知辽国君主，辽主震惊，太君欲斩四郎，公主苦苦求情劝下。太君欲让四郎归国，辽主不允，四郎十分矛盾，公主伤心碰死，四郎心灰意冷，佘太君定要将四郎治罪，四郎苦苦哀告，无奈之下自刎以谢其罪。

本剧展现了国家大义与亲情之间的矛盾，全剧矛盾冲突紧张、典型，感人至深，体现出高超的艺术水准。

第一场写辽邦愿议和免起烽烟，差官员来打前站。佘太君见那人原是一代忠良焦赞之堂弟焦光普，见其十余载羁居辽邦却实为大宋探听军情，仍一片忠心赤胆，不由得赞叹有加，却又猛想起杨四郎无耻反叛，降辽被招驸马不思回乡，内心情绪难平，却也只得忍泪强作笑颜，说明议和之事艰难曲折。从焦光普处得知杨四郎也赴会三关，决计要召回四郎，进而要让四郎“十余载皇驸马南柯之梦，此一番管教你转眼成空”，横心要理论一番，“我杨家保大宋满门忠勇，岂容你小畜生叛国求荣”。

本场通过人物神态、语言描写刻画了佘太君精神矍铄、英勇果断，同时遇事考虑周全的性格，而焦光普机智干练、一片忠心的人物形象初显。逻辑感强，言语间尽显人物心理，为下文做了铺垫，引起读者对下文母子相见场面的猜想，开篇设悬念。

第二场：开场先写杨四郎已知要随辽主前往边关议和，必会与母亲佘太君相见，到时自己身份败露，恐有杀身之祸。几番挣扎犹豫，通过一句“道真情就如上刀山”将杨四郎此时内心的矛盾处境和瞻前顾后的犹豫心理比喻得十分贴切。最终四郎还是将自己真实身份告与桃花公主。公主得知十年夫婿竟是敌国仇人，十分震惊。四郎苦苦哀告，以情打动公主，公主想到这十年杨四郎一片忠心赤胆，未曾有通敌卖国之迹，便原谅了四郎。此时公主内心也十分矛盾纠结，一句“你好比糖糕撒上胡椒面，辣不辣来甜不甜”，贴切地道出公主此时进退两难的无奈境地。公主追问四郎见到母亲是否要离去归宋，四郎立下盟誓与公主同心共守，公主这才宽心，便许下诺言，若母后追问起来，自己一面承担。

本场戏剧冲突和矛盾十分尖锐，在杨四郎和桃花公主的对话中不难看出其夫妻情深义重。杨四郎矛盾至极，公主忍住被欺骗十年之痛，誓要搭救四郎，一片赤诚不言而喻。杨四郎面对一面是国家亲人，一面是情深妻子的矛盾，更是满心愁苦，无所适从。戏剧将家、国之间，情、义之间的矛盾展现于前。

第三场：先写宋辽议和宴上，佘太君和辽主肖银宗以礼相待，宾主双方气氛融合，尽弃前嫌，签下和议文书。紧接着在酒宴上佘太君向肖银宗追问杨四郎之事，并将杨四郎真实身份告与辽主肖银宗，辽主当即晕厥，待醒后杨四郎羞愧之极，面对母亲和岳母，无所适从，难消双方怒气。但最终还是随妻子回到辽邦一方。肖银宗看在女儿苦苦求情的份上暂且原谅了四郎，并想向佘太君求情饶恕四郎。佘太君先欲以欺国弄主之罪名要将杨四郎斩首，被辽主和桃花公主劝下。佘太君随后以双方议和为由向辽主讨回杨四郎并当面细数四郎“一不忠背宋王罪比山重，二不孝违母命灭绝天伦，三不义抛结发又把妻聘，弃国土忘根本怎能为人”，辽主闻言也心生犹豫，遂决定再试四郎，四郎再次陷入为难境地，犹豫再三，决定“儿情愿对母后终身侍奉，也不敢违母命灭了天伦，辽邦义南朝恩我报之不尽，三两月回北国母后放心”。桃花公主心中失望，但还是愿随四郎同行以期感化四郎，辽主肖银宗寒心顿生，失望之余责怪女儿“自家女儿心摇动，还望旁人尽什么忠，孤王要你中和用，任你南北与西东”。公主伤心透顶，见四郎心意已决，妥协于宋，违背先前诺言，又遭母亲误解，满腹委屈，于是在众人前一头碰死，辽主和四郎肠断心灰。

本场戏剧冲突发展到顶峰。杨四郎关乎着忠、孝、节、义的是去是留的矛盾，桃花公主孝悌和爱情的矛盾，辽主国事与家事的矛盾，又夹杂着众人对四郎的愤恨，辽主情绪的波荡起伏，这一切环环相扣、紧密相连将戏剧发展推向高潮，引发读者探索后事的强烈兴趣。剧情设置先驰后张，节奏扣人心弦。本场语言对白、唱词符合人物的身份、心理，锋利而情真意切，一声声呐喊更渲染了本场紧张急促的氛围。人物语言、动作表现真实生动，生动鲜活地刻画了人物性格。

第四场：写佘太君不仅不肯宽恕四郎，还坚决要将他押往京城治罪，任凭四郎与众人苦苦哀求也无济于事。老太君伤心失望之余，“眼前重见亲生子，反惹老身满面羞。……畜生啊，看起来有你在不如无有，有你在教老身气塞咽喉”，坚决认定四郎“小畜生算什么杨门之后，我杨家忠烈名岂容你丢”。四郎见母亲心意已决，苦求焦光普为之求情，焦光普也认为四郎贪生恋世，“为大将舍不得抛头断首”，有辱杨老令公及众位兄弟英烈之名，不情愿地去替他求情；四郎亦求杨排风为之求情，排风为难地告知四郎他现在的尴尬处境，顿时四郎自觉无路可走，“不如我一身死万事皆休”，遂拔剑自刎，佘太君此刻复杂心绪涌上心间。

本场四郎的苦苦哀求是一种反复，具有强化作用，与佘太君的严词相拒形成鲜明对比，但不难看出佘太君虽严词锋利，但心中也饱含对儿子的无限怜惜与疼爱。佘太君站在忠义的立场上誓死不肯宽恕背叛的四郎，四郎自觉众叛亲离无处容身，只能拔剑自刎以了此生。其余众人也都站在各自立场上做出合乎情感逻辑的选择，如焦光普本身为忠良之后，且身在番邦多年仍然气节立场不改，所以自然认为四郎不够忠义。杨排风本与四郎情同一家，但老太君屡屡为四郎伤心，不由得排风心生无奈，难留四郎。众人都能有情有义又不失大义原则，人物性格鲜明，血肉丰满，真实、生动、感人。

（剧本略）

京剧《刀劈三关》

《刀劈三关》是京剧、豫剧的传统剧目，原名《雷万春》《雷振海征北》，京剧是由汪派创始人汪笑侬从徽剧《雷万春》移植改编而来。基本内容是：唐奸相郭震私通辽主羌洪，羌兵入犯，郭震设计保荐雷万春出守边关，雷万春患病不能成行，命三子代往镇守三关。长子雷振、次子雷胜皆出战阵亡，三子雷鸣被羌洪之女万花公主擒去，逼招驸马不从，三关失守。雷万春闻信大惊，郭震又假传圣旨赐雷万春药酒自裁，雷万春欲自尽，忽悟其奸，于郭府外捕得辽邦下书人，识破郭震计谋，亲捕郭震，并驰往三关援救，雷万春刀劈三关，力斩莫须龙、莫须虎，擒辽主羌洪。万花公主绑雷鸣城外讨战，雷万春绑羌洪上城楼对答。万花公主无奈，遵父命携辽兵降雷万春。全剧线索明确、人物集中、情节发展起伏有趣，矛盾冲突设置巧妙，唱词符合老生戏的特点，与人物身份合拍，如“但愿得靖边疆国富民丰”一句已超出了守边忠君的狭隘含义，令人敬佩。其他人物的语言也符合身份、心理和性格，并在家园、忠义、情理的多重矛盾纠葛中，动人心弦，令人思索。尤其是唱词：“从此两国干戈罢，军民欢腾定邦家。罢战息征歇军养马”更将痛恨战争、渴望和平安宁的愿望进行了淋漓尽致的表现。

剧本欣赏（节选）

刀 劈 三 关

主要角色

雷万春：老生，白三，金踏蹬，黄软靠，黑靴，金刀

郭震：净

万花公主：旦

羌洪：净

雷鸣：小生

【第一场】

（八女兵同上。万花公主上。）

万花公主　（念）　跃马旌旗领雄兵，女将沙场显奇能。哪怕唐朝兵将勇，盘枪雾剑鬼神惊！

（白）　女将，万花公主。我父西辽国王，帐下兵强将勇，四野无不宾服。今有唐朝郭老太师密书到来，相约我父带领人马，夺取唐室天下，郭老太师情愿作为内应，事成之后，平分疆土。为此，我父王命我点动人马，夺取三关。人马俱已齐备，因何不见父王到来？众女兵伺候了！

八女兵　（同白）　是！

众番兵　（内同白）　老大王驾到。

八女兵　（同白）　启禀公主：老大王驾到。

万花公主　（白）　有请！

（众番兵、众番将、羌洪同上，羌洪下马，归坐。）

万花公主　（白）　参见父王。

羌洪　（白）　罢了，命我儿点动人马，可曾齐备？

万花公主　（白）　人马俱已齐备，就请父王传旨。

羌洪　（白）　好。

莫须龙、莫须虎上站。

莫须虎、莫须龙

（同白）　在！

羌洪　（白）　命你弟兄二人为前战先行，带领本部人马，攻打瓦桥、宜庆二关，不得有误！

莫须虎、莫须龙

（同白）　得令。带马！

（莫须龙、莫须虎同下。）

羌洪　（白）　我儿听令，命你带领本部人马，攻打草桥关，为父大兵随后就到。

万花公主　（白）　得令。带马！

（四女兵同带马，四女兵、万花公主同下。）

羌洪　（白）　众平章，攻打三关去者。

（众人同允，领起，同下。）

【第二场】

雷万春　（内白）　搀扶！

（雷万春、雷鸣同上。）

雷万春　（西皮原板）　疾病缠身将一春，

良药难医忧国心。

老迈残年逾耳顺，

一片丹心照覆盆。

（雷万春归坐。）

雷鸣　（白）　爹爹病体近日有所康复，此乃孩儿等之幸也，只是尚未痊愈，万望爹爹多加保重才是！

雷万春　（白）　唉！儿啊，当年天子失政，年余不朝。权臣弄险，克政误国。倘若引起外患，军民必遭兵燹之灾。叫为父怎的不忧，怎的不虑啊！

雷鸣　（白）　虽然如此，只是爹爹年过花甲，理应保重身体才是。

雷万春　（白）　唉！儿啊！

（西皮慢流水板）我主爷不明宠郭震，

满朝文武若晨星。

国乱民忧臣当效命，

为父岂能掩耳偷生。

想当年征战把兵领，

舍生忘死建立功勋。

渴饮道旁雪，倦来马上困，

身先士卒闯过了那刀枪剑戟似麻林。

如今年迈身得病，

好一似瓦上之霜风前灯。

儿等要听父的教训，

保国家全仗你们青年人。

雷鸣　（西皮摇板）　古往今来多教训，

儿将父言记在心。

保国安民忠心秉，

（雷振上。）

雷振　（西皮摇板）　圣上传旨到府门。

（白）　启禀爹爹：圣旨下。

……

郭震　（白）　圣旨下。

雷万春　（西皮散板）　叩拜圣命跪埃尘。

……

郭震　（白）　告辞了。

（西皮散板）　此番出征战必胜，

（白）　顺轿回府。

（郭震下。）

雷万春　（西皮散板）　何惜一身战敌军。

可恨辽邦屡犯境，

稳固金汤为国捐身。

（雷万春下。）

【第三场】

（雷胜上，起霸。）

雷胜　（念）　旌旗映重霄，剑戟放光豪。将士逞威武，齐队列西郊。

（白）　俺，雷胜。父帅奉旨带病出征，命我点齐五千军兵，候令启程。父帅尚未升帐，待我先传一令。

众军兵，击鼓升帐。

（发点。四兵士、雷鸣、雷振同上。雷万春上。）

雷万春　（西皮散板）　士气昂扬五千众，

旌旗招展遮日红。

我久病懦弱精神懵懂，

（四兵士同喊。）

雷万春　（白）　升帐！

雷胜、雷鸣、雷振

（同白）　参见爹爹！

雷万春　（白）　站下！

（西皮散板）　国家兴衰此战中。

（念）　虎帐施号令，凌台注勋名。勇贯五千众，胸藏十万兵。

（白）　西辽入侵，兵犯三关，此番奉旨出征，扫荡外敌。

众军兵，一要军规严厉；二莫要骚扰黎民；三要奋勇杀敌。行军之道：高防围困，低防水淹，深山防埋伏，绿林防火攻。朝中天子宣，阃外将军令。令出山摇动，严法鬼神惊！

（西皮散板）　逢山开路运辎重，

遇水叠桥莫怠工。

功成奏凯归来日，

名著凌烟画阁中。

哪怕辽邦乌合之众，

军兵　（内白）　太师到！

雷胜　（白）　启禀爹爹：太师到。

雷万春　（白）　噢！

（西皮散板）　只得迎接进帐中。

（雷万春迎，郭震上。雷万春、郭震同进帐，归坐。）

郭震　（白）　老元戎带病出征，此乃国家之幸。老夫备酒与老元戎饯行。

雷万春　（白）　怎敢当此！

郭震　（白）　看酒！

（西皮散板）　祝你旗开早得胜，

凯旋庆贺老元戎。

雷万春　（白）　多谢了！

（西皮小导板）　多谢太师礼太恭，

（击鼓三声。众人同喊。）

雷万春　（西皮散板）　号炮三响整军容。

拜别就道跨战马，

（雷万春欲上马，晃跌。雷鸣扶。）

雷鸣　（白）　保重了！

雷万春　（西皮散板）　两眼昏花气上涌。

强打精神再跨金镫，

（白）　马来！

（雷万春上马。雷胜拦。）

雷胜　（白）　爹爹！

（西皮散板）　爹爹久病怎交锋。

（白）　啊，老太师，我父久病未愈，怎能出征？望太师转奏圣上。

郭震　（白）　只是三关无人可保。

雷胜　（白）　我弟兄三人愿代替我父镇守三关。

郭震　（白）　倘有差错呢？

雷鸣　（白）　甘当军令！

郭震　（白）　噢，这……

雷振　（白）　嘚，你住了！子继父职有何不可？你这样强迫我父出兵是何道理？

雷万春　（白）　嗯！此乃是圣命，怎道太师强迫！奴才，靠后。

郭震　（白）　啊，老元戎，若实难出征，就命三位少公子代理军情镇守三关，也未为不可。

雷万春　（白）　唯恐圣上降罪。

雷振　（白）　就请太师担待了吧！

郭震　　（白）　　嗯好好好！老夫担待，如此就请老元戎传令。

雷万春　（白）　　既然如此，命你弟兄三人，分兵镇守三关。只宜坚守，不可出战。如有军情及时报我知道。

雷鸣、雷胜、雷振

（同白）　　得令！

带马！

（雷鸣、雷胜、雷振同下。）

郭震　　（白）　　老元戎，你要好好将养，老夫告辞了！

雷万春　（白）　　恕不远送！

郭震　　（西皮散板）　休养几日再把兵统，

（白）　　回府！

（郭震下。）

雷万春　（西皮散板）　但愿得靖边疆国富民丰。

（雷万春下。转场。莫须龙、雷胜同上，起打，雷胜死，莫须龙下。莫须虎、雷振同上，起打，雷振死，莫须虎下。）

【第四场】

万花公主　（内西皮导板）　旌旗招展遮日影，

（八女兵、万花公主同上。）

万花公主　（西皮流水板）　人马好似虎啸声。

将士冲杀威风凛，

献出城池免交锋！

雷鸣　　（内西皮导板）　军鼓号炮连声震，

（四兵士、雷鸣同上。）

雷鸣　　（西皮散板）　辽兵列队要攻城。

滚木礌石安排定，

以逸待劳等救兵。

万花公主　（西皮散板）　我国人马威风凛，

三关已然夺二城。

你国二将俱丧命，

羊入虎口你怎逃生！

雷鸣　　（白）　　哎呀！

（西皮散板）　我本当与兄长报仇雪恨，

（白）　　哎呀不可！

（西皮散板）　嘱咐坚守莫出征。

含悲忍痛遵父命，

万花公主 （白） 住了！

（西皮散板） 闭城不出你是胆小的人。

齐队攻打休迟顿，

（白） 众女兵，一齐攻城啊！

雷鸣 （白） 呀！

（西皮散板） 孤城难守无救兵。

背城一战拼性命，

（白） 众军兵！迎战者！

（雷鸣、万花公主同会战，开打。）

万花公主 （西皮流水板） 交锋阵前看分明：

眉清目秀多端正，

银枪摆动似风云。

气宇超群令人敬，

略施小计把他擒。

（万花公主擒雷鸣。）

万花公主 （白） 绑好了！

（羌洪、众番兵同迎上。）

万花公主 （白） 禀父王：夺了草桥关，擒住唐将。

羌洪 （白） 一同进关！

（众人同挖门。众番兵带雷鸣同下。）

万花公主 （白） 禀父王：孩儿夺了草桥关，擒住唐将一员，请父王发落。

羌洪 （白） 怎么，擒住唐将？

我说来呀，把他推出去给我杀了！

万花公主 （白） 嗳，慢着慢着，我说父王，这员唐将可杀不得！

羌洪 （白） 啊？怎么就杀不得哪？

万花公主 （白） 适才在两军阵前，我看他武艺超群，相貌堂堂，您要是把他杀了，哎哟，那不是可惜了吗？

羌洪 （白） 噢！我儿有爱将之癖啊！

我说来呀，把那员唐将给我放了吧！

万花公主 （白） 嗳，慢着，父王，他也放不得！

羌洪 （白） 哎哟！杀也杀不得，放也放不得，那依你可又怎么办呢？

万花公主 （白） 嗯——我说父王：你看前面还有许多的关隘阻拦，您何不劝他归降，做一个引路的先锋，岂不是对咱们进军有益吗？

羌洪　　　（白）　　对呀！那他要是不肯投降，又怎么办呢？

万花公主　（白）　　他要是不降吗？那您就跟他说呀！

羌洪　　　（白）　　我？我跟他说什么呀？

万花公主　（白）　　这，父王您附耳上来。

（万花公主耳语。）

羌洪　　　（白）　　哈哈哈哈……孩子，你的心意我早就猜着了，咱们要是招他为东床驸马，我谅他也不能不愿意。好了，把他带上来，我问问他。

来呀，把擒来的小将给我带进来！

（番兵甲带雷鸣同上。）

雷鸣　　　（西皮散板）　阵前失利被贼擒，

任他把我怎样行。

羌洪　　　（白）　　这一小将，你今日被擒，若肯归顺孤家，少不得封侯之位。

雷鸣　　　（白）　　番贼呀，贼！若要俺归降，却也不难。除非是日从西起，海水倒流！

羌洪　　　（白）　　小将军息怒，听孤家慢慢对你言讲。你二位兄长俱已死在我军之手，这也是各为其主。你若归顺孤家，你来看，我愿将我儿万花公主许配与你，招你为东床驸马，随孤一同回国，同享荣华富贵。孤家之言你可要再思啊，再想！

雷鸣　　　（笑）　　哈哈哈哈！

　　　　　（念）　　堂堂明辅将，殉国美名扬。宁做刀头鬼，岂肯把敌降。

羌洪　　　（西皮散板）　良言难劝烈性汉，

万花公主　（西皮散板）　将他囚禁再明谈。

（万花公主与羌洪耳语。）

羌洪　　　（白）　　好吧，就依我儿。

来呀！将他押下去！

（番兵甲带雷鸣同下。）

万花公主　（白）　　我说父王：这员唐将就是雷老元戎之子。他的性情如此刚强，可真是个好样的！

羌洪　　　（白）　　是啊！将门出虎子呀！可是他不肯规降，如何是好啊？

万花公主　（白）　　只好将他暂押帐下，咱们慢慢地规劝于他，天长日久，他也就会答应的。

羌洪　　　（白）　　就依我儿。我虽然夺了他三关，只是前面仍有重兵，我军又缺粮饷。待为父修下书信一封，禀报郭老太师，要他筹备粮饷内地接应，等他音信到来，再乘胜追击！

万花公主　（白）　　父王高见。

羌洪　　　（白）　　现将人马拨与我儿一半，城外扎营。众将官，好好把守！

（众人同允，同下。）

【第五场】

（家将乙扶雷万春同上。）

雷万春　（二黄摇板）　未出兵得下了冤孽病状，

这才是为国家昼夜奔忙。

只觉得身无力心神不爽，

（家将乙扶雷万春归坐。）

雷万春　（二黄摇板）　心记挂三关上众家儿郎。

（家将甲急上。）

家将甲　（白）　启禀老元戎：大事不好！

雷万春　（白）　何事惊慌？

家将甲　（白）　大公子丧命！

雷万春　（白）　啊！

家将甲　（白）　二公子阵亡！

雷万春　（白）　噢！

家将甲　（白）　三公子被擒！

雷万春　（白）　这……

（雷万春昏厥。）

二家将　（同白）　老元戎醒来！

雷万春　（西皮小导板）　听说是二姣儿军前命丧，

（雷万春醒，推开二家将。）

雷万春　（三叫头）　雷胜！雷振！唉！儿呀！

（西皮散板）　好似钢刀刺胸膛。

可怜我三个子二子命丧，

（哭）　我的儿啊！

（西皮散板）　雷鸣儿被贼擒身陷辽邦。

（叫头）　且住！

（白）　适才家将报道：长子次子军前丧命，三子雷鸣被困辽邦，如今失守三关，军民陷于水火之中，其罪在我的身上，也罢！我不免即刻出征，与辽邦决一死战！

郭震　（内白）　圣旨下！

家将甲　（白）　禀元戎：圣旨下。

雷万春　（白）　接旨！

（郭震捧圣旨上。）

郭震　（白）　雷万春跪听宣读。

雷万春　（白）　万岁！

郭震　（白）　“皇帝诏曰：今有雷万春擅离职守，失守三关，你子雷鸣归降外邦，丧师辱国。朕赐你药酒一瓶，自毒身死。”旨意读罢，望诏谢恩！

雷万春　（白）　万万岁！

（家将甲扶雷万春站起，家将乙接旨。）

郭震　（白）　此乃圣命难违，老夫也无法挽救。顺轿回府！

（郭震下。）

雷万春　（白）　且住！圣上有旨，道我擅离职守，失了三关，三子雷鸣归降辽邦。赐下药酒一瓶，命我服毒身死！天哪！天！想我雷万春为国家屡战疆场，昼夜勤劳，谁想如今落得这样结果！正是：

（念）　战疆场数十秋，赤胆忠心保龙楼。龙颜无恩赐药酒，汗马功劳不到头……

（雷万春哭。）

雷万春　（反二黄原板）　观药酒不由人珠泪双降，
这才是为唐室无有下场。
数十年我也曾东杀西挡，
舍性命保国家平靖边疆。
雷胜儿在军前为国身丧，
雷振儿战敌军命丧沙场。
可怜我三个子二子命丧，
二子命丧！我的儿啊！
这才是瓦罐不离井口破，
大将难免阵头亡！
为国家历尽了狂风巨浪，
谁怜我老残驱病入膏肓！
悲切切服药酒自毒身丧，
服毒命丧，
忽然想起事一桩。
休得要中奸计做事孟浪，

（白）　噢！

（反二黄原板）　莫非是郭震贼内有隐藏？

……

（二家将绑奸细同上。）

二家将　（同白）　启禀老元戎：在郭震府外拿住面目可疑之人！

雷万春　（白）　噢！绑上来！

（二家将同推奸细上。）

雷万春　（白）　你是何人？到此何事？

奸细　（白）　我乃是郭老太师的宾客，你……你们不要错抓好人哪！

雷万春　（白）　哼！看你惊慌失色，言语支吾，定有虚诈。

家将，身上搜来！

（二家将同搜。）

二家将　（同白）　现有书信一封，老元戎请看。

雷万春　（白）　拿来我看。

（雷万春看信。）

雷万春　（白）　噢！果然不出我所料，将他押了下去！

（家将甲押奸细同下，家将甲上。）

雷万春　（白）　郭震！老贼！叛国投敌岂能容得。

家将，随我过府捉拿！

（二家将、雷万春同下。）

【第六场】

（郭震上。）

郭震　（念）　大事安排定，机密少人知。

（郭震归坐。急急风牌。雷万春、二家将同上。）

郭震　（白）　啊？老元戎……

雷万春　（白）　绑了！

（二家将同绑郭震。）

郭震　（白）　为何将老夫绑起？

雷万春　（白）　你私通辽邦，谋篡社稷，还不按实招来！

郭震　（白）　何出此言，你有何为证？

雷万春　（白）　现有你反书为证。

郭震　（白）　拿来我看！

雷万春　（白）　老贼，你抬头观看！

（牌子。）

雷万春　（白）　绑回府去！

（家将甲押郭震同下。）

雷万春　（白）　家将听令！吩咐大小三军，全身披挂，齐队出征，随我复夺三关！

（四击头。雷万春亮相。转场。莫须龙上，雷万春斩死莫须龙，莫须龙下，雷万春劈头关，下。雷万春自下场门上，莫须虎上，雷万春斩死莫须虎，莫须虎下，雷万春劈二关。雷万春走圆场，连劈三关。羌洪上，雷万春擒羌洪。羌洪下。转场大帐。）

雷万春　（白）　升帐！

（众官兵同上。）

雷万春　（白）　将番王押了上来！

（士兵押羌洪同上。）

雷万春　（白）　哇！胆大番王。我主仁德远布，有何亏负你邦？竟敢兴兵犯界，是何道理！

羌洪　（白）　孤家兴兵占据三关，乃是你国郭老太师的约请，并非孤家的本意呀！

雷万春　（白）　可是那郭震老贼的主谋？

羌洪　（白）　正是那郭老太师的主谋。

雷万春　（白）　哼！我已然查明此事，如今你被俘遭擒，正好当面质对。我来问你：降意如何？

羌洪　（白）　嗯，老将军，虽然你今复夺三关，可是我女尚在城外扎营，尚有精兵数万，战将千员。想老将军兵微将寡，恐难以战胜我军。你若能将孤放回营去，我情愿带领人马回国，咱们两家和好，老将军你意下如何？

雷万春　（笑）　哈哈哈哈哈！

（白）　你恐吓老夫，难道就放你回去不成！你乃被俘之人，只有帐下请降，写下降书顺表，方能放你回去；如若不降，身首异处，那时节你悔之晚矣！

（西皮散板）　俘囚竟敢说大话，

落网之鱼还要挣扎！

我二子命丧你们刀剑下，

国仇家恨岂容他！

（白）　众将官！

（西皮散板）　将番王绑至在标杆吊打，

羌洪　（白）　唉，慢着慢着！嗯，老将军。你看这请降之事可容孤家思忖思忖？

雷万春　（白）　容你思忖！

（西皮散板）　请降以免动杀法！

羌洪　（白）　老将军，我若请降之后，你能即刻放孤家回国么？

雷万春　（白）　你献上降书顺表，自然放你回去。

羌洪　（白）　老将军，你可要言而有信哪！

雷万春　（白）　老夫岂肯失信于你！

羌洪　（白）　可否亲自与我松绑？

雷万春　（白）　这有何难，待我亲自与你松绑。

（雷万春与羌洪松绑。）

羌洪　（白）　老将军如此宽宏大度，我情愿写下降书顺表，归顺天朝。

雷万春　（白）　来！文房伺候！

羌洪　（白）　西辽国降表乎！

（牌子。羌洪写，递与雷万春。）

雷万春　（西皮散板）　从此两国干戈罢，

军民欢腾定邦家。

罢战息征歇军养马。

（家将甲上。）

家将甲　（白）　启禀老元戎：今有西辽万花公主城外讨战！

雷万春　（西皮散板）　我亲自阵前把话答。

（白）　将他绑了！

（家将甲绑羌洪。）

羌洪　（白）　唉，老将军，为何又将孤家绑起？

雷万春　（白）　适才报道：你女儿城外讨战。为此暂将你绑到城楼，以作退兵之计，说不得屈尊你了。

羌洪　（白）　噢！是这么回事，此番见了我女，将孤家请降之事与她说明也就是了。

雷万春　（白）　如此甚好！

众将官，带马城楼！

（西皮流水板）　刀劈三关威名大，

杀得辽兵胆战麻。

番邦女，把城打，

整齐队伍我会会她。

旌旗招展把马跨，

（雷万春上马。）

雷万春　（西皮摇板）　城楼会会女姣娃。

（众人同下。）

【第七场】

（万花公主、八女兵同上。）

万花公主　（西皮流水板）　扬鞭催动桃花马，

来了巾帼女豪家。

旌旗招展威风大，

城上儿郎听根芽：

晓谕主将来搭话，
若迟延把城池一马踏！

家将甲　（内白）　老元戎城楼搭话！

雷万春　（内西皮导板）　耳边厢又听得人马喧哗，

（雷万春上城。）

雷万春　（西皮原板）　站城楼扶垛口看一看女将姣娃。
睁开了昏花眼观看城下，
却不见雷鸣儿不孝冤家。
旌旗招展风飘洒，

（西皮流水板）　举目留神观看她。
番邦女，不多大，
年纪不过二九年华。
好一似嫦娥临凡下，
沉鱼落雁闭月羞花。
跨下了一骑桃花马，
玲珑铠甲闪光华。
快唤头目来答话，
我与你交锋免磕牙！

万花公主　（白）　众女兵！

（西皮散板）　将雷鸣与我绑至城下，

（八女兵同绑雷鸣至城下。雷鸣跪。）

雷鸣　（白）　爹爹！

雷万春　（白）　奴才！

（西皮散板）　一见奴才怒气发。
失城池就该把忠尽，
雷门中哪有你这贪生怕死的小冤家！

雷鸣　（白）　爹爹呀！

（西皮散板）　还望爹爹查真假，
至今未曾归降他。

万花公主　（白）　老将军！

（西皮散板）　快请我父王城楼搭话，

雷万春　（白）　将番王押上城楼！

（家将甲押羌洪同上城楼。）

羌洪　（白）　哎呀儿呀！

（西皮散板）　休要攻城免厮杀。

万花公主　（白）　老将军！

（西皮散板）　我父你子换了罢，

（白）　我说城上的老将军，咱们这仗打不打的先不用说，您先把我父放出城来，我将你子放回，咱们来个走马换将，你意如何哪？

雷万春　（白）　住口！

（西皮垛板）　劝你马前归顺咱。

要与老夫动厮杀，

开城，试试爷的好刀法！

万花公主　（白）　住了！

（西皮散板）　老将军说话口气大，

怎不叫人怒气发！

手执皮鞭将他打，

（万花公主以鞭打雷鸣。）

雷万春　（白）　看鞭来！

（雷万春揪羌洪。）

雷万春　（西皮散板）　你打他来我打他。

（万花公主惊急。）

万花公主　（白）　好恼！

（西皮散板）　手使宝剑将他杀，

（行弦。）

万花公主　（白）　喂，我说城上的老将军，你呀，放回我家父王还则罢了，如若不然，我可就要杀他了！

（万花公主举剑，雷万春不睬。）

万花公主　（白）　嗳！我说你听见了没有啊？你要是还不放出我父王，我可真的要杀他了！

雷万春　（白）　你要杀就杀罢，何必这样唠叨！

万花公主　（白）　呀！

（西皮散板）　若杀他我父王恐难保下。

雷万春　（白）　看剑来！

（西皮散板）　番邦女子多奸诈，

老夫面前弄狡猾。

你杀我儿乃是假，

老夫的青锋把你父杀！

（雷万春欲杀，羌洪惧。）

羌洪	（白）	哎哟儿啊！
	（西皮散板）	降了罢，降了罢， 你杀他子他把为父杀！
万花公主	（白）	呀！
	（西皮散板）	父王城楼令传下， 只得归降保唐家。 万般无奈下战马，

（万花公主跪降。行弦。）

雷万春	（笑）	哈哈哈哈！
	（西皮小导板）	化干戈为玉帛定邦家。

（尾声。）

雷万春	（白）	开城！

（开城。雷万春、羌洪、众军兵同出城。）

雷万春	（白）	今干戈已定，罢战息征。 众将官！擂起得胜鼓，奏凯还朝！

（雷鸣站起，羌洪拉万花公主与雷万春揖，雷万春扶起。众人同亮相。）

（完）

古往今来长城见证了不屈的抗争

元杂剧《雁门关存孝打虎》

元杂剧《雁门关存孝打虎》，有人认为是陈以仁作，简名《存孝打虎》，末本戏。系陈以仁《误入长安》或其改编本。该剧剧情源出于《旧五代史》《新五代史》《残唐五代演义》等书籍，人物、故事应是官修史记载与野史记载兼容的结果。

楔子：写陈敬思奉旨到沙陀国宣召李克用率军抵御黄巢。

第一折：用《仙吕·点降辰》套十一曲，写李克用夜里梦见红日，圆梦人说朝廷将有宣敕来，之后果然应验陈敬思到，李克用同意发兵。

第二折：用《南吕·一枝花》套九曲，写李克用率军经过雁门关，梦见被飞虎所咬，周德威圆梦解说：他将遇见梦中将军，后来李克用在打猎时遇见邓大户家牧羊人安敬思，他可独立打死猛虎，被李克用收为义子，改名李存孝。李克用命他率三千人马攻击黄巢。

第三折：用《越调·斗鹌鹑》套十曲，写敌方黄巢派大将张归霸、张归厚率兵前来抵挡，被李存孝战败，李存孝乘势率兵杀入长安，击败了黄巢弟黄圭。

第四折：用《黄钟·醉花阴》套八曲，写探子向李克用报告李存孝率兵打仗得胜的经过。

全剧，唱白语言得当，成功塑造了李存孝高大伟岸的英雄形象。所表现事件虽难以剔除“大唐灭巢”的正统政治立场，但其保国安民、匡扶李唐的意绪，仍与底层民众渴慕英雄、期待安宁的愿望相吻合。情节上梦与现实相互印证，亦虚亦实，使结构更趋合理，也更完善。

剧本欣赏（节选）

雁门关存孝打虎

【第二折】

（李克用上，云）　欢来不似今朝，喜来那逢今日。某乃李克用是也。自从来这沙陀，三年光景。蒙圣恩取回破黄巢，加某为天下兵马大元帅，统领五百义儿家将，三万鸦兵，军过雁门关。夜来得了一梦，梦见一个大虫，赶着我咬，撒然惊觉，乃是南柯一梦，未知主何吉凶。左右与我唤将周

	德威来者。
（卒子云）	得令。周德威安在？元帅唤你哩。
（周德威上，云）	小官周德威是也。今日元帅呼唤，不知有甚事，须索走一遭去。早来到也。令人报复去，周德威来了也。
（卒子报科，云）	报的元帅得知，有周德威在于门首。
（李克用云）	道有请。
（卒子云）	有请。
（见科）（周德威云）	元帅，唤小官来有甚事？
（李克用云）	某今夜做了一梦，不知主何吉凶，请你来圆梦。
（周德威云）	元帅。梦有三不圆：记的头，忘了尾，一不圆；记的尾，忘了头，二不圆；记的中间，忘了头尾，三不圆。元帅说来。
（李克用云）	昨夜三更时分，梦见一个大虫，扇着两个肉翅，望着某咬一口，撒然惊觉，乃是南柯一梦，不知主何吉凶？
（周德威云）	此梦单主吉不主凶。
（李克用云）	此梦怎生单主吉不主凶？
（周德威云）	单主今日，日当卓午，得一个应梦的将军。
（李克用云）	应梦的将军，在于何处？
（周德威云）	不在飞虎，必有陵丘。
（李克用云）	怎生得见？
（周德威云）	元帅，除非是打围射猎得见。
（李克用云）	既是这等，义儿家将您听咱，快布围场出塞沙。雕弓硬弩随身挂，短剑长枪手内拿。皂雕起处麋鹿死，放起黄鹰捉水鸭。山獐野兽能着箭，虎豹豺狼又中叉。马驮鸟兽鸡和兔，驴背獐麞麋鹿犭巴。飞鹰走马围场罢，应梦将军寻见他。（同下）
（正末上，云）	自家安敬思的便是，在这雁门关居住，与这邓大户家牧羊度日。我想来，学成十八般武艺。几时是峥嵘发达的时节也呵！
（唱）	【南吕】【一枝花】屈沉杀大丈夫，埋没了英雄汉。有分受辛勤捱日月，几时得施谋略展江山。天数轮还，想太公在磻溪岸。他虽然成事晚，也曾钓西风蓑笠纶竿，到换做朝北阙乌靴象简。
	【梁州】比似我守辛勤放羊北海，几时得逞英雄射虎南山。眼前光景成虚幻。怕的是雁门月冷，紫塞风寒，黄沙漠漠，衰草班班。几般儿生熬的人皓首苍颜，消磨尽义胆忠肝。用功劳如韩信周勃，施妙策如张良谢安，呀，呀，呀！逞英堆似乐毅田单。枉将人等闲，小看。便有那吐虹霓志气冲霄汉，命不济枉长叹。每日价相伴着沙陀老契丹，受了些摧残。

(去)　我把这羊赶在山坡崖下，有水有草去处，着他吃些，我在这盘陀石上，盹睡，盹睡，看有甚么人来。

(正末盹睡科)(李克用领众将上)

(布围场科)(李克用云)

周德威摆开人马。快布围场不要走了獐麙野鹿，虎豹豺狼。

(卒子云)　理会的。

(扮虎上，冲科)(李克用云)

围场中赶过甚么去了？

(周德威云)　赶过牛来大一个大虫，跳过山涧去了。

(李克用云)　呀。那盘陀石上，睡着一个年纪小的后生。则怕那毒虫伤害了那小的性命，叫他起来。

(卒子叫云)　兀那放羊的后生，虎咬了羊也。

(正末做醒科，云)　今日不见了羊，明日也不见了羊，俺主人家邓大户家，则说我卖了羊，原来是你这泼毛团吃了这羊，好无理也。

(唱)　【隔尾】我则见八而威的猛兽偎深涧，他可早一跳身番飞过浅山，把我这贪水食的群羊尽哄散。这厮将咱恼犯。我这里将皮裘紧拴，大踏步望前舍死的赶。

(李克用云)　周德威，我从见日月交食，不曾丸这个好争斗的后生，见了那大虫，无些儿害怕。你和他说，他敢打这虎，我与他筛锣擂鼓，呐喊摇旗，助着威风，你可打这毒虫。

(周德威云)　兀那放羊的后生，俺元帅说来，你敢打那大虫，俺与你筛锣擂鼓，呐喊摇旗，助着威风，你打那大虫。(正末云)你与我助着威风，看我打这大虫。

(唱)　【牧羊关】血鼻凹扑碌碌连打十余下，死尸骸骨鲁鲁滚到四五番，恨不的莽拳头打挫牙关。八面威气象全无，十石力身躯软瘫。泥污了数尺金椽尾，血模糊几道剪刀斑。舒不出钢钩似十八爪，闪不开金铃也一对眼。

(正末打死虎科)(李克用云)

周德威，你看那牧羊的后生，将那大虫三拳两脚，打死了也。这虎乃兽中之王，有十石之力，百步之威。人见虎骨肉皆瘫，此人真乃壮士也。你对壮士说，这毒虫原是我围场中赶出去的，教他还我来。

(周德威云)　兀那打虎的壮士，俺元帅说来，那虎原是俺这围场中赶出去的，你还俺来。

(正末云)　你靠后，我丢与你。

(正末丢虎科)(李克用做惊科，云)

隔着许来大山涧，丢将过来，着他寻一条蚰蜒小路过来，我与他说话。

(周德威云)　兀那壮士，俺元帅教你寻条蚰蜒小路过来，与你说话。

(正末云)　我那里寻那蚰蜒小路着的呵。

（做跳涧科）（李克用云）	兀那壮士，你是那里人氏？姓甚名谁？你说一遍我听。
（正末云）	大人不嫌絮，听小人说一遍者。
（唱）	【贺新郎】小人本家住在雁门关。
（李克用云）	你做甚买卖营生？
（正末唱）	与人家牧牛羊。
（李克用云）	你和他同财合本？
（正末唱）	则是苟图些衣饭。
（李克用云）	你有甚么亲眷？
（正末唱）	没亲眷独自个单身汉。
（李克用云）	你姓甚名谁？
（正末唱）	名敬思小人姓安。
（李克用云）	你十八般武艺，那一般精熟？
（正末唱）	我学的十八般武艺熟闲。
（李克用云）	你既然学成十八般武艺，见如今黄巢作乱，纵横天下，你肯去破黄巢么？
（正末唱）	不是这习兵书的好汉少，赤紧的养剑客的主人难。
（李克用云）	看了你威风凛凛，状貌堂堂，何不进取功名？
（正末唱）	觑了这穷身泼命难把功名干。
（李克用云）	你既有打虎之威，取功名有何难哉。
（正末唱）	端的是入山擒虎易，叉手告人难。
（李克用云）	兀那壮士，既学成十八般武艺，何不进取功名，在此受这等艰难？
（正末唱）	【哭皇天】只为俺衣饭难迭办，不得已在他人眉睫间。
（李克用云）	你在那里居住？
（正末唱）	则这安敬思在飞虎峪，
（李克用云）	你为何在此受苦？
（正末云）	大人，不争小人一个受苦，上辈古人，多有受窘的哩。
（李克用云）	可是那几个古人受窘？
（正末唱）	便似班定远在玉门关。空学的兵书战策，争柰运拙时艰。淹留在此去住无门，便似苏武般陷番。打虎的壮士，牧羊的家奴，似梁园采木，把我做凡花、凡花-例看。你觑的黄巢利害，我看似等闲。
（李克用云）	兀那壮士，你若肯去破黄巢，我助你十万鸦兵，你意下如何？
（正末云）	不要，不要。
（唱）	【乌夜啼】也不要锦衣绣袄军十万，我手里要恢复你大唐江山。可怜见荒荒百姓遭涂炭，

见如今地乱天番，我直教国泰民安。不能勾开疆展土笑谈间，算甚么顶天立地男儿汉。枉了你厮听使，相调慢，花根本艳，虎体元斑。

（李克用云） 兀那壮士，你肯跟我去破黄巢，作个义儿，作个家将。

（正末云） 怎生唤做义儿？怎生唤做家将？

（李克用云） 你作家将，是我手下散军头目一般。要作义儿，便与亲儿李亚子一般。

（正末云） 小生情愿做个义儿，不作家将。

（李克用云） 既然与我作义儿，改名唤做李存孝。你用甚么衣袍铠甲，我送与你。

（正末云） 父亲，您孩儿不用衣袍铠甲，就用这死虎皮，做一个虎皮磕脑，虎皮袍，虎筋绦，孩儿自有两般兵器，浑铁枪，铁飞挝。

（李克用云） 我得了此人，正是应梦的将军。周德威，你说今日日当卓午，得一个应梦将军，果然得了应梦的将军。则你那阴阳有准，祸福无差。将一锭金来与周德威做压卦钱。

（与金科）（周德威云） 多谢元帅厚意。

（李克用云） 左右将过空头宣敕来。李存孝望阙跪者：自今日加你为十三太保飞虎将军。存孝望阙谢了恩者。

（正末云） 感谢圣恩。

（李克用云） 孩儿，则今日便索长行。

（正末云） 父亲，孩儿去辞了邓大户，便索长行。

（李克用云） 既是这等，左右与我唤将邓大户来。

（卒子云） 得令。则大户安在？

（外扮邓大户上，云） 老汉邓大户是也，正在庄田里，只听的元帅呼唤，须索走一遭去。说话中间，可早来到。令人报复去，说老汉来见元帅。

（卒子报科）（李克用云） 着他过来。

（做见科）（邓大户云） 元帅，唤老汉那厢使用？

（李克用云） 邓大户，这安敬思多亏了你恩养，他如今与我做了义儿，是朝廷的人了。将十锭金十锭银与你。作恩养钱。

（邓大户云） 老汉不敢受这金银。家中有一小女，唤做金定小姐，年长一十八岁，就与存孝为妻，不知元帅意下如何？

（李克用云） 好，好，你的女儿，配与我孩儿为妻，我孩儿若作了官，你女儿便是夫人哩。

（邓大户云） 既然如此，多谢了元帅恩意，老汉告辞回去也。（下）

（李克用云） 吾儿存孝，我与你三千人马，先去破黄巢，你敢去么？

（正末云） 父亲放心。不是你孩儿夸大言。

（唱） 【二煞】凭着我忠心扫荡烟尘散，捉将手扶持社稷安。华严大战那其间，上的那骏马雕鞍。恁般儿虽不似跨海征辽那汉，黄金铠不须擐，凭着背上雕弓月样弯，我则要定了天山。

（李克用云） 李存孝，你既然这等英雄，你敢与黄巢交战么？

（正末云） 父亲放心。

（唱） 【尾声】不是勤王存孝相轻慢，我觑的叛国黄巢一似等闲。休俄延，莫怠慢，我将它特小看。好还咱两阵间，看存孝这一番。不许当，不许拦，一飐军没揣的撞入长安。忙离宝镫，跳下征鞍，直临内苑，撞入皇宫，一只手可答地拖离宝殿，滴溜扑摔下瑶阶。比及挑筋剔骨，摘胆剜心，大拳头揾住嘴缝，阔脚板踏住胸脯，我只问你因何将大唐天下反。（下）

（李克用云） 存孝去了也？

（卒子云） 去了也。

（李克用云） 众义儿家将，自今日听吾将令：前排甲马，后列军卒。耳闻金鼓震天雷，眼望绣旗遮日月。道与俺那能争好斗的番官，舍死忘生的家将，一个个齐悬着虎爪狼牙棍，沙鱼鞘插三环宝剑，雁翎刀摆明晃晃，耀日争光。绣旗下列光油油檀子棒？手弹着乐器，有弩杜花迟，准备着相持得胜也。安排着筵会，金盏子满斟着赛银打剌苏，胆瓶中插一枝万金千柳。帐房内摆几个描不成画不就娇滴滴酥胸胡女，帐房外三二百员鬓黄发乱番官，赛银齐将骛苏门也舍吃，都带着隐□。摆着营盘，锦行军使，打几对云月皂雕旗，列拐子马数千铁鹞子。俺这里马如龙，人似虎，赶上将钢刀剁，铜斧砍。铁鞭忙丢，来着马皮，放回拿住，将他杀尽方休。（下）

“山海关”主题剧目

一、概述

明代山海关关城示意图

山海关古称榆关，也作渝关，又名临闾关，因其北倚燕山，南连渤海，故得名山海关，今属河北省秦皇岛市山海关区。山海关1990年以前被认为是明长城的东北起点，汇聚了中国古长城之精华，有“天下第一关”之称，与万里之外的嘉峪关遥相呼应，闻名天下。古城山海关始建于明洪武十四年（1381年），是明代创建“卫所兵制”的产物，其地势依山阻海，地势险峻，与嘉峪关、居庸关并称三大名关，素有“两京锁钥无双地，万里长城第一关”之美誉，为历代兵家必争之地，山海关城由关城、东罗城、西罗城、南翼城、北翼城、威远城和宁海城七大城堡构成，明代的“屯田制”和改革政策又对山海关的巩固和发展起到了重要的作用。

从地理位置上看，山海关由于地处华北北部和东北交界的狭长走廊地带，山海关就是这条险要之地的咽喉。鉴于其在军事上的特殊重要性。山海关从明代中后期开始就成为兵家必争的要塞。从明崇祯帝登基之初袁崇焕经营辽东，与后金对峙；到明末山海关守将吴三桂联合清摄政王多尔衮与闯王李自成展开大战；从近代第一、第二次直奉军阀大战，到1933年东北军第九旅阻击日本侵略军的战斗；山海关见证了中华民族多灾多难的历史。长城防线虽然一次次失守，但钢铁长城所承载的中华民族不屈的抵抗精神却永不会磨灭。

风云变幻的历史变故为山海关留下了充足的艺术素材。戏曲艺术中关于表现山海关长城的剧目十分丰富。例如京剧连本大戏《山海关》就是以明朝中后期袁崇焕经营辽东、安抚军民、整备边防、有效地抵抗了后金努尔哈赤对中原的袭扰这段历史为素材编写的一出传统大戏。在展现历史风云变幻同时，塑造了一个悲剧英雄的形象，同时也隐曲地揭示了历史兴亡的规律，引发后人深深的感慨与深思。

1945 年 8 月“天下第一关”迎来抗战胜利

二、“山海关”戏曲剧目

京剧《山海关》（头本·抚边筑城）

自古以来国家的兴亡都与国君是否能够重用人才息息相关，这形成了一条千古不变的常理。所以，从古到今、从上到下人们都企盼着心忧天下、关注苍生的忠义之士在危难时刻能够挺身而出，为国家危难、民族大义而抛头颅、洒热血。其慷慨赴义、在所不辞的英雄壮举，总是让人感佩、颂扬。这样无论下层文人还是民间百姓对那些心怀天下，奋不顾身的忠义之士都给予高度的赞颂与崇敬。在正史或野史中也不吝笔墨，写其事、其境、其心、其节，使之名垂千古，以慰后人。

京剧《山海关》描写明末著名爱国将领袁崇焕曾经在王经略麾下充参军之职。深知边疆始终没有开发管辖好，百姓流徙逃亡，边防形势十分危急，便建议王经略在关外筑城，开荒垦殖，以工代赈，安抚流民。王经略即委派袁崇焕办理此事。袁崇焕不辞辛劳，星夜前往，凭一股忠勇之气，感动神明。当地土地神变化成樵夫模样，暗中护送，指点迷津。虽有毒蛇猛虎，均不敢缠扰。这样袁崇焕平安抵达前屯军营，经营筑城事宜。最终，军民齐心，垦田筑城，造成一片安居乐业、繁荣兴旺之象。

第一场：先安排主角袁崇焕亮相，开场念词“经纶满腹气轩昂，兵机战策腹中藏。常怀定国安邦志，特为皇家做栋梁”。简约展现了袁崇焕熟知文韬武略、胸怀报国壮志的气概，继而通过主人公自述交代剧情始由：“关外地面辽阔，野无青草，民无常业，是吾修陈方略，筑城抚民，以工代赈，准备胡人犯境。”

第二场：紧承其上描写山海关兵马统帅王在晋升帐议事。王帅镇守边塞，“杀气腾腾，威风凛凛，统雄兵，神鬼皆惊，独把边关镇”，而且他还是一个心系国事、忠心尽责的有志之士，虽然“志气凌霄贯斗牛，南征北剿统貔貅。勤王战将某为首，扶保大明锦龙楼”，但是深感边关地势辽阔、百姓生活无有着落，因而对袁崇焕“和战抚民，筑城防胡人”提议十分赞同，于是派袁崇焕到前屯“筑城督工，安抚百姓”，军情紧急，袁崇焕领命“不分昼夜前屯进，督工筑城防胡人”。

第三场：描写袁崇焕行路赶到岔口，路遇土地神化成的老者——“吾本不是人，本山本地神”，流露出正义得助非正义失助的观念，守候在此为其指点迷途。袁崇焕不畏毒蛇猛兽，决意择险路迅速往前线大营，引得土地感叹“好一位正直的忠臣”，要暗中保护袁崇焕安危。本场虚构了一个神化的人物——“土地神”来展开剧情，这种虚构神仙相助的方式是中国传统戏剧中的常用叙事手段，虽不符合现实，但反映了民间传统的美好愿望。在一定程度上也象征着袁崇焕深得各方拥戴，其行为深得民心与天意。

第四场：插叙前屯将士提高防范意识，主将赵率教深夜巡营。此处安排的这一细小情节，一方面展现前线戍边将士不辞劳苦、忠于国事的精神，另一方面也暗示着前线军情的紧急形势。为矛盾进一步展开蓄足势，做好铺垫。

第五场：袁崇焕前行途中，通过“古木参天黑荫浓，披荆斩棘路难通，山兽悲啼毛骨悚，腥风一阵为哪宗”的西皮摇板渲染了路途的艰险，一路上猛虎、毒蛇频频出没，但在土地神的暗中保护下一一化险为安。袁崇焕深感“今日好侥幸”继续前行。本场通过描写道路的艰险暗喻袁崇焕的报国前途充满坷坎，但又会“生死自有天佑”，预设必得圆满结果。

第六场：写袁崇焕来到前屯大营，与赵率教相见，叙说来意，赵率教热情赞赏支持。随即传令“即刻兴工莫消停，倘若违了监军令，军法从事不容情”。从侧面肯定了袁崇焕的策略深得军心。

第七场：开场先由扮演丑角的演员插科打诨，暂时舒缓了一下剧情的紧张氛围，安排了一个小场景：众多筑城的辽地民众和一个送饭大嫂玩笑喧闹，通过小插曲表现军民热情欢快的劳动情绪。之后，袁崇焕同赵率教视察筑好的宁远城，通过主人公唱词感叹此地近日与往昔的变化：“自从大明开土壤，关门外三百余里尽是一片荒凉。一无兵，二无城，三无官长，众辽民贫苦得没有盖藏。今日里筑城池是何情状，有室家，有田地，好不风光。不独是宁远城这等模样，就是那锦州城、凌河一带都变做康庄。想胡儿再难逞叛边伎俩，这才是设地险巩固边疆。”以现实效果验证了袁崇焕当初所提建议的正确合理和意义，呼应剧情开端，再一次表现了袁崇焕的远见卓识、雄才大略，成功塑造了一个保国安民、忠义可鉴的将领形象。

全剧通过人物对话和情节设置以及唱词表现人物性格，描写了袁崇焕忠心报国护边的忠义精神和雄才大略。尽管其中虚构神仙出现相助的情节尚难脱神秘主义的色彩，但又从另一个侧面体现了自古民间对忠臣良将的美好企盼和祝福的心愿，表达了对袁崇焕这样的忠臣良将的朴素的敬仰和祝福情感。

剧本欣赏（节选）

山海关（头本·抚边筑城）

【第一场】

（袁崇焕戴荷叶盔穿开氅上。）

袁崇焕　（引子）　一片丹心，保大明，锦绣乾坤。

（念）　经纶满腹气轩昂，兵机战策腹中藏。常怀定国安邦志，特为皇家做栋梁。

（旗牌暗上。）

袁崇焕　（白）　下官，姓袁，名崇焕，表字元素，广东东莞县人氏。由进士出身，曾任邵武县正堂，现为山海关王经略麾下监军之职。只因关外地面辽阔，野无青草，民无常业，是吾修陈方略，筑城抚民，以工代账，准备胡人犯境。今当三六九日，元帅升帐之期，理当辕门伺候。旗牌！

旗牌　（白）　有。

袁崇焕　（白）　带马辕门。

（袁崇焕上马，袁崇焕、旗牌同下。）

【第二场】

（满桂、左辅、何可刚、朱海起霸同上。）

满桂　（念）　大将威风勇，

左辅　（念）　腾腾杀气高。

何克刚　（念）　怀抱护心镜，

朱海　（念）　身挂锦战袍。

满桂　（白）　请了。

左辅、何可刚、朱海

（同白）　请了。

满桂　（白）　今当元帅升帐，你我两厢伺候。

（大开门牌。四龙套、四大铠、四上手、中军引王在晋同上。）

王在晋　（点绛唇牌）　杀气腾腾，威风凛凛，统雄兵，神鬼皆惊，独把边关镇。

满桂、左辅、何可刚、朱海

（同白）　参见元帅。

王在晋　（白）　众位将军少礼。站立两厢。

满桂、左辅、何可刚、朱海

（同白）　吓！

王在晋　（念）　志气凌霄贯斗牛，南征北剿统貔貅。勤王战将某为首，扶保大明锦龙楼。

（白）　本帅，王在晋。官拜兵马大元帅，镇守登莱青蓟各州郡、山海关一带等处。恼恨可汗，屡屡兴兵犯境，谋夺大明天下。怎奈边关一带，地方空阔，民无生业。幸得袁崇焕，连上条陈，筑城抚民，以工代账，甚为得力。吾想前屯一带，与胡人接壤，无有城池，怎能御敌？不免就命袁崇焕前去，办理此事。

中军！

中军　（白）　有。

王在晋　（白）　宣袁崇焕进帐。

中军　（白）　袁崇焕进帐。

（袁崇焕上。）

袁崇焕　（念）　闻听经略宣，进帐问根源。

（白）　参见元帅。

王在晋　（白）　将军少礼。

袁崇焕　（白）　谢元帅。唤末将进帐，有何军情议论？

王在晋　（白）　只因前屯一带，与胡人接壤，无有城池。倘若满兵一到，何以御之？就命将军前去，筑城督工，安抚百姓。本帅有言，你且听了。

（西皮摇板）　帐中传下一枝令，
尊声将军听分明：
不分昼夜前屯进，
督工筑城防胡人。

袁崇焕　（白）　得令！

（西皮摇板）　在帐中领了一枝令，
去往前屯走一程。

（袁崇焕下。）

王在晋　（西皮摇板）　人来与爷门掩定，
且听探马报军情。

（众人同下。）

【第三场】

（土地上。）

土地　（念）　吾本不是人，本山本地神。要变凡人样，指点大忠臣。

（白）　吾乃本山土地是也。今有武曲星袁督军，由中前所出关抚民，单身独骑星夜赶往前屯。只恐他迷失路径。吾不免变作樵夫模样，指点与他便了。
一变二变，樵夫出现。

……

（土地下。）

袁崇焕　（内西皮导板）　匹马单身出大营，

（袁崇焕箭衣风帽马褂佩剑上。）

袁崇焕　（西皮原板）　山海关将士集如云。
在帐中奉了经略令，
去到前屯筑城抚民。
虽然我官卑职分小，
任劳任怨报答圣恩。
扬鞭催马往前进，

	（白）	哦，
	（西皮摇板）	岔路两条要问分明。
	（白）	且住。看此处，有岔路两条，不知哪条道路可通前屯。倘若走错，岂不误了大事。

（土地上。）

……

土地	（白）	军爷若问路径，你且听了。
	（西皮流水板）	老汉年老目不明， 错把军官认督军。 你若要往前屯进， 两条山路皆能行。 大路须行两天整， 小路一夜就到前屯。
袁崇焕	（白）	原来有这一条抄近的小路。有劳了。
土地	（白）	只是一件。
袁崇焕	（白）	哪一件？
土地	（白）	小路虽近，军爷万万走不得。
袁崇焕	（白）	却是为何？
土地	（白）	军爷有所不知。这条小路，如今出了猛虎毒蛇，吃人无数。军爷若从小路而走，只怕性命有些难保。
袁崇焕	（白）	哦。这条小路，山中出了猛虎毒蛇，吃人无数。但是俺有公务在身，定要打从此路而走。
土地	（白）	军爷，那虎蛇十分凶猛，你不可冒险。此路断断走不得的。
袁崇焕	（白）	老丈吓！
	（西皮摇板）	说什么虎蛇甚凶猛， 每害行人在途中。 我腰间现有青锋剑， 哪怕毒蛇与大虫。 辞别老丈跨能行， 急忙加鞭奔山峰。

（袁崇焕下。）

土地	（白）	好一位正直的忠臣，他径自去了。我不免赶上前去，暗中保护于他便了。

（土地下。）

【第四场】

（四龙套提灯、家将引赵率教同上。）

赵率教　（西皮摇板）　耿耿星河映玉关，
夜夜巡更各营前。
若有奸细来窥探，
定斩人头挂高杆。

（白）　俺，赵率教是也。总领各营，在前屯驻扎。此地与可汗连界，恐有奸细窥探。是俺亲自到各营巡哨。
来，掌灯带路。

（西皮摇板）　亲巡营哨细察看，
遇见行人要仔细盘。

（众人同下。）

【第五场】

（袁崇焕上。）

袁崇焕　（西皮摇板）　古木参天黑荫浓，
披荆斩棘路难通。
山兽悲啼毛骨悚，
腥风一阵为哪宗？

（白）　哎呀且住，这腥风一阵，打从鼻前经过，莫非真有猛虎出现？
俺必须要提防一二。

（袁崇焕拔剑。）

袁崇焕　（西皮导板）　手把青锋剑光明，

（土地以杖逐虎形过场，上桌子，同下。袁崇焕看。）

袁崇焕　（西皮摇板）　斑毛猛虎山内行。
要学当年周子隐，
斩却猛虎落美名。

（打小锣。）

袁崇焕　（白）　吓。

（西皮摇板）　又听得草中悉悉响，

（蛇形上，对袁崇焕摇头。）

袁崇焕　（西皮摇板）　毒蛇两眼明如灯。

句句应了樵夫的话，

（土地上，以杖打蛇形下。）

袁崇焕　（西皮摇板）　快快打马往前行。

（袁崇焕转场急走。）

袁崇焕　（西皮摇板）　耳旁又听更鼓响，

村鸡不住连声鸣。

袁崇焕今日好侥幸，

前面定是前屯营。

（袁崇焕下。）

【第六场】

（四龙套、家将引赵率教同上。）

赵率教　（西皮摇板）　叫人来掌红灯忙把路引。

又听得树林内有马蹄声。

（白）　左右，听那大路之上，有马蹄声响，莫非有人前来探营？快快前去盘问。

家将　（白）　是，待我前去看来。

（袁崇焕上。）

袁崇焕　（西皮快板）　挥鞭打马来观定，

疏灯几点透林丛。

认定灯光将马纵，

见一军校在途中。

家将　（白）　呔，马上来者何人？黑夜之间，休得乱闯。说明来历，方许过去。

袁崇焕　（白）　来者敢是前屯营的兵士么？

家将　（白）　正是。

袁崇焕　（白）　好。你快去禀报你家官长，就说中前所，有一袁监军前来公干。

家将　（白）　候着。

启爷：现有中前所袁监军前来公干。

赵率教　（白）　掌灯有请。

家将　（白）　有请。

（袁崇焕下马。吹打。）

赵率教　（白）　我道是谁，原来是袁将军驾到，弟未曾远迎，当面恕罪。

袁崇焕　（白）　岂敢。某家来得鲁莽，将军海涵。

赵率教　（白）　岂敢。一路行来，多受风霜之苦。

袁崇焕　（白）　将军黉夜巡营，尚未安眠，可谓勤劳王事了。

赵率教　（白）　多蒙将军称赞。将军黉夜到此，必有所为。

袁崇焕　（白）　只因关外，地方辽阔，地瘠民贫，胡人连番入寇，必须想一良法，备兵抚民。是某在王经略台前建议，就在这宁远锦州大小凌河地方，建造几座大城，屯兵开垦，以工代账。现蒙经略允准，特派俺前来办理此事，还要借重兄台赞助。

赵率教　（白）　足见将军大才。想你我均为国家出力报效，理当协力，同心共济也。

（西皮快板）　好一谋略袁监军，
奉命关外抚辽民。
建筑城池工代账，
准备胡人犯边廷。
回头便把差官叫，

（家将允。）

赵率教　（白）　晓谕四哨前后营：
按队派出各兵卒，
即刻兴工莫消停。
倘若违了监军令，
军法从事不容情。

家将　（白）　遵命。

（唱）　领了将令出营门，
晓谕各营众三军。

（家将下。）

赵率教　（唱）　后营酒宴安排定，
且与监军叙寒温。

（众人同下。）

【第七场】

（众辽民同上，设城墙，筑城。辽婆手提饭篮碗筷上。）

辽婆　（数板）　筑城高，筑城高，搬砖抱瓦把土挑。奴家生来十分俏，柳眉杏眼，口似樱桃，金莲脚，杨柳腰，嫁个丈夫本姓焦。看我风骚不风骚。

（白）　嗳，老伴儿，拿饭去吃呀。

众辽民　（同白）　喔唷，大嫂体面得很。俺说哪里来的一阵香风，原来大嫂脸上的粉花香。

辽婆　　（白）　　呸，嚼你的舌根。俺今天是淘米水洗脸，粘着些米土罢了，有甚么香味。

众辽民　（同白）　俺们不信，是要闻的。

（众辽民同围上，同打翻饭篮。老汉上。）

老汉　　（白）　　众位朋友休得取闹，多是这贱人不是，她贯会惹祸招非。

辽婆　　（白）　　老杀才，你嘴里骂谁？

老汉　　（白）　　俺骂你这个贱人。

辽婆　　（白）　　俺就打你这个老杀才！

众辽民　（同白）　老爷来了。

（众人同奔下。）

【第八场】

（场上设宁远城。水底鱼牌。四龙套同上，袁崇焕、赵率教同上，同下马上城。）

袁崇焕　（白）　　看这座城池造得好坚固也！

　　　　（西皮二六板）　站在城楼把话讲，

尊一声贵营官细听端详：

自从大明开土壤，

关门外三百余里尽是一片荒凉。

一无兵，二无城，三无官长，

众辽民贫苦得没有盖藏。

今日里筑城池是何情状，

有室家，有田池，好不风光。

不独是宁远城这等模样，

就是那锦州城、凌河一带都变做康庄。

想胡儿再难逞叛边伎俩，

这才是设地险巩固边疆。

赵率教　（西皮摇板）　这都是监军筹划得当，

料胡儿再不能犯我边疆。

袁崇焕　（西皮摇板）　人来带马回营往。

（袁崇焕、赵率教同下城上马。）

袁崇焕　（西皮摇板）　再与众将作商量。

（众人同下。）

（完）

京剧《山海关》(二本·激义破满)

京剧《山海关（二本）·激义破满》主要描写辽东经略使袁崇焕在关外宁远筑城戍边，安顿流民使得边疆安定，百姓乐业，一时形成兴盛气象。满洲主努尔哈赤，率十万大兵入侵关内。袁崇焕孤军扼守宁远（即新筑之城），命令祖大寿至关内、前屯求救，然而两处一兵不发，形势危急。于是，袁崇焕激励将士，用埋伏计，大败满洲兵于山谷内，直追至辽河，得胜收兵。努尔哈赤身受重伤，差点儿为祖大寿所擒。幸亏四贝勒妃早有预料，引兵接应，始得退回本邦。

第一场：开场通过剧中努尔哈赤的念词展现其欲问鼎中原的宏大志向，“威震九州，打江山，血溅人头”则开场渲染了一种肃杀气氛，为以下敌我大战的情节做下铺垫。“盘盘大志震寰球，胸藏武略翊皇猷。沈阳都邑初迁定，又出雄兵夺禹州”展现了努尔哈赤雄心勃勃、自信满满、志在必得的心态。同时努尔哈赤自述当前形势：“俺女真旧部，自改后金，建号大命以来，灭林丹，平叶赫，征服大小部落二十余处，战无不胜，攻无不克。独明邦用袁崇焕守边计策，在山海关外造城设防，遣戍开垦，处处以逸待劳，令俺不能逞志。”这就为下文努尔哈赤兵败设下伏笔，使情节上下连贯，前后呼应。同时通过四贝勒妃口述从侧面印证了袁崇焕的才干：“那明邦袁崇焕机谋策应，也算是南朝将鼎鼎有名。倘若是逞己能骄敌必败，开仗前还须要仔细思寻。”这也直接表现出此女子在军事战略上的远见卓识和足智多谋。本场主要依靠人物语言表现人物性格，在剧情上主要是以铺垫为主，为下文情节提前设伏。

第二场：插叙剧情，祖大寿奉袁崇焕之命前往前屯求救兵情节，分两路开展剧情，属于过场戏。

第三场：开场袁崇焕通过念白立下“誓志守孤城，临危不顾身”的决心，定下全剧奋勇抗敌的主基调，表现袁崇焕临危报国，誓不退缩的忠肝义胆。努尔哈赤率众连番攻城均被袁崇焕守军大炮击退，祖大寿前往两地求救却未有结果，“可叹参政罔费心，命俺前往请救兵。欲效申包胥当殿泣，山海关不能当秦廷”。极度失望而回，再起一伏，凸显军情危急。

第四场：写袁崇焕本来抱着“营门旌旗起，耳听好消息”的希望落空，听说两地按兵不救十分愤怒，祖大寿更是愤怒之情溢于言表：“俺恨不得杀尽一班误国的贼子。”在万般无望下，袁崇焕倡议自勇自救，不能坐以待毙，大家焚香盟誓，誓守城池，“盟书誓守宁远城，愿与孤城共死生。若有三心和二意，阵前丧命不留身”。袁崇焕有效地鼓舞起大家的斗志并再次展现卓越的军事才能：“此番满酋骄兵而来，藐视俺孤城，俺略施小计，管教他十万雄兵片甲不回。”随后仔细安排下破敌之策，众将依计行事，双方开战。本场是全剧高潮，通过语言念白和西皮流水的流畅唱段表现出袁崇焕胸有韬略、指挥若定的军事才能，同时通过人物语言把祖大寿的直率忠烈的性情也塑造得极为生动，洋溢着英勇顽强、视死如归的大无畏英雄豪气，具有崇高的审美品格。

第五场：描写明军与满军在宁远城下作战，战斗异常激烈，袁崇焕带伤坚持督战，血透征袍。通过人物念白“大丈夫马革裹尸，是情所愿”表现出袁崇焕忠勇刚烈、视死如归的精神，使人物性格更加鲜明。

交代满军中计退入山谷遇明军埋伏，祖大寿杀出，重伤努尔哈赤，努尔哈赤被四贝勒妃救走，满军退走，明军大胜而回。应和了虽有波折，终于是胜利的“大团圆”结局。

全剧通过人物语言、动作刻画人物性格，塑造出一系列生动而性格鲜明的人物形象，如袁崇焕智勇双全、忠义报国的精神，祖大寿直率忠烈的性格，四贝勒妃深谋远虑与多谋、心机深沉的性格，努尔哈赤胸怀壮志却又恃勇轻敌的性格，每个人物都刻画得很成功，同时剧情结构紧凑、起伏有致、富有感染力。

明代要塞山海关东门镇东楼至今伟岸屹立

剧本欣赏

山海关（二本·激义破满）

【第一场】

（八旗八牌兵同上，努尔哈赤、皇太极、多尔衮、莽古尔泰、阿济格同上。）

努尔哈赤 （引子） 威震九州，打江山，血溅人头。

（白） 俺，满汗，努尔哈赤。

皇太极 （白） 皇太极。

多尔衮 （白） 多尔衮。

莽古尔泰 （白） 莽古尔泰。

阿济格 （白） 阿济格。

（努尔哈赤升帐。）

努尔哈赤 （念） 盘盘大志震寰球，胸藏武略翊皇猷。沈阳都邑初迁定，又出雄兵夺禹州。

（众人同喝。）

努尔哈赤 （白） 俺女真旧部，自改后金，建号大命以来，灭林丹，平叶赫，征服大小部落二十余处，战无不胜，攻无不克。独明邦用袁崇焕守边计策，在山海关外造城设防，遣戍开垦，处处以逸待劳，令俺不能逞志。幸赖皇太极次妃博尔济古特氏，暗用间谍，往说魏忠贤及经略高第，将锦州大小凌河松山杏山等处撤去边防二十余所。独有宁远一座孤城，被袁崇焕那厮拥兵死守，不肯撤退，殊属可恨。现博尔济古特氏随征前来。此人足智多谋，深谙军略。不免传她上帐，计议计议。

传令官——

（传令官上，允。）

努尔哈赤 （白） 传四贝勒妃上帐。

传令官 （白） 狼主有令：传四贝勒妃上帐。

（四贝勒妃胡装雉尾冠、宫婢抱小孩同上。）

四贝勒妃 （念） 听说帐前传下令，万种军机说分明。

（皇太极迎上。）

皇太极 （白） 哈，上帐小心一点。

四贝勒妃 （白） 多嘴。

（白） 阿麽在上，臣媳见驾。

努尔哈赤 （白） 好一个人品。一旁有座。

四贝勒妃 （白） 谢坐。

（四贝勒妃暗向皇太极竖一指。多尔衮与四贝勒妃眉来眼去。宫婢弄儿啼。努尔哈赤唤儿看。）

努尔哈赤 （白） 呀，好一个福相。后来此儿，必胜乃祖乃父。

四贝勒妃 （白） 谢狼主金言。

（宫婢抱儿下。）

四贝勒妃 （白） 狼主呼唤臣媳，有何见谕？

努尔哈赤 （白） 贤媳呀，

（唱） 俺后金天命间运气当旺，

吞并了各部落雄霸北方。

有明臣袁崇焕不知退让，

拥孤军守宁远阻俺戎行。

唤贤媳上帐来大家计量，

退却了袁崇焕方称心肠。

四贝勒妃 （唱） 有臣媳在帐中一言来进，

自古道战征事胜败无凭。

那明邦袁崇焕机谋策应，

也算是南朝将鼎鼎有名。

倘若是逞己能骄敌必败，

未开仗还须要仔细思寻。

努尔哈赤 （白） 他不过一座孤城，怕他甚么。

孩子们！

（众人同允。）

努尔哈赤 （白） 吩咐大小三军，离宁远城五里横山海关大路下寨。就此响炮抬营。

众人 （同白） 吓。

（牌子。努尔哈赤、众人同下。）

四贝勒妃 （白） 且住。看狼主不听努言，竟自出兵。那袁崇焕足智多谋。所谓骄者必败。努不免带领人马，在辽河接应，以作救兵便了。

（四贝勒妃下。）

【第二场】

（祖大寿箭衣背包裹真刀上。）

祖大寿 （白） 俺，祖大寿。奉袁参政之命，前往关内前屯两处求救。就此前往。

（祖大寿下。）

【第三场】

（四龙套、四上手引袁崇焕同上。）

袁崇焕　（念）　誓志守孤城，临危不顾身。堂堂七尺汉，敢作蚁偷生。

　　　　（白）　下官，袁崇焕。因筑城之功，升任右参政之职，统兵镇守宁远。今有满酋努尔哈赤，带兵十万，前来犯境，声势浩大。已派祖大寿往关内前屯两处求救。连日军信紧急，不免传众将上帐，计议一番。

　　　　　　　　来，传众将进帐。

四上手　（同白）　众将进帐。

满桂、左辅、何可刚、朱海

　　　　（内同白）　来也。

（满桂、左辅、何可刚、朱海同上。）

满桂　（念）　报国当忠君，

左辅　（念）　日夜守孤城。

何可刚　（念）　北风吹劲草，

朱海　（念）　杀气拥征云。

满桂　（白）　满桂。

左辅　（白）　左辅。

何可刚　（白）　何可刚。

朱海　（白）　朱海。

满桂、左辅、何可刚、朱海

　　　　（同白）　请了。请了。参政传唤，大家一同进见。

　　　　　　　　参见参政。

袁崇焕　（白）　众位将军，一旁有座。

满桂、左辅、何可刚、朱海

　　　　（同白）　谢坐。

袁崇焕　（白）　众位将军，夜间兵信如何？

满桂、左辅、何可刚、朱海

　　　　（同白）　连番攻打，均被红夷炮击退。

袁崇焕　（白）　登城一观。

满桂、左辅、何可刚、朱海

（同白） 遵令。

（众人同绕场。场上设宁远城墙，站兵，架红夷炮。袁崇焕、满桂、左辅、何可刚、朱海同登城。）

袁崇焕 （白） 上得城来，待某观看。

（西皮原板） 袁参政在城楼四面观望，

尊一声众将军细看端详：

那一角日光中布满棚帐，

帅旗下分左右竖的刀枪。

众兵丁在营前此来彼往，

那营中人一队马上提枪。

又只见大令旗因风展荡，

一枝兵齐冲出欲上战场。

满桂、左辅、何可刚、朱海

（同白） 参政请看，这一枝兵，带有火筒云梯，一定是来攻城的。

袁崇焕 （白） 传令炮兵，预备开炮。

（众炮兵同上。努尔哈赤引众人同上。云梯火筒攻城。炮兵开炮。众人同退走。）

袁崇焕 （白） 俺就这一座孤城，看他如何破得。

（袁崇焕引满桂、左辅、何可刚、朱海同下。祖大寿上。）

祖大寿 （唱） 可叹参政周费心，

命俺前往请救兵。

欲效申包胥当殿泣，

山海关不能当秦廷。

（白） 俺，祖大寿。奉参政之命，前往乞师。可恨关内守将杨麒、前屯守将赵率教均是一兵不发。

此时已到城下。哎呀，城已闭了，不免向前叫城。

开城呀，开城！

城上兵 （同白） 来人是谁？

祖大寿 （白） 你还不认识我么？

城上兵 （同白） 原来是祖将军。

（开城。祖大寿入城，下。）

【第四场】

（袁崇焕引满桂、左辅、何可刚、朱海同上。）

袁崇焕 （念） 营门旌旗起，耳听好消息。

（祖大寿上。）

祖大寿　（白）　此时参政谅在帐内。俺也不须通报，一直进去便了。

袁崇焕　（白）　祖将军回来了？

祖大寿　（白）　回来了。

袁崇焕　（白）　前屯出兵几何？

祖大寿　（白）　一兵不出！

袁崇焕　（白）　一兵不出么？关中出兵几何？

祖大寿　（白）　也是一兵不出！

袁崇焕　（白）　怎么？也是一兵不出？好贼呀！

（唱）　开言大骂两贼人，

一兵不出为何情？

他唇亡齿寒都不问？

祖大寿　（白）　唉，他还问什么唇亡齿寒，

（唱）　他袖手旁观紧闭门。

（白）　俺好恨呀！

袁崇焕　（白）　好恨呀，恨什么？

祖大寿　（唱）　俺恨不得杀尽一班误国的贼子。

（祖大寿切齿以刀阡地。）

袁崇焕　（白）　恨也不来，也只好各尽天职而已。但是他们一个不发救兵，难道俺便坐以待毙不成？众将军，事已至此，计将安出？

满桂、左辅、何可刚、朱海

（同白）　某等个个愿尽死力，听候指挥。

袁崇焕　（白）　但不知诸位可愿立盟誓。

满桂、左辅、何可刚、朱海

（同白）　愿立盟誓。

袁崇焕　（白）　难得呀难得，来，看香案伺候。

（场上设香案。袁崇焕、满桂、左辅、何可刚、朱海同拜。袁崇焕读盟书。）

袁崇焕　（念）　盟书誓守宁远城，愿与孤城共死生。若有三心和两意，阵前丧命不留身。

（白）　今蒙众位将军，赤胆忠心，请上受袁某一拜。

（牌子。众人同拜。）

袁崇焕　（白）　此番满酋骄兵前来，藐视俺孤城，俺略施小计，管叫他十万雄兵片甲不回。众位将军，站立两旁，听某令下！

（西皮流水板） 一点忠义满将军，
安排妙计记在心。
四门瓮城埋火炮，
预备及时轰胡兵。

满桂 （白） 得令！

（满桂下。）

袁崇焕 （唱） 二点英雄何将军，
你带精兵一千名。
辽河左右去埋伏，
他败兵必向山谷行。
见他兵到山谷内，
断决辽水灌他军。
令他立足不能定，
到那时再会祖将军。

何可刚 （白） 得令！

（何可刚下。）

袁崇焕 （唱） 三点刚强祖将军，
你带精兵一千名。
辽河高阜去埋伏，
听见水声便出兵。
截住谷后杀满将，
休得放走一人行。
努尔哈赤虽英勇，
也要想逃生无救星。

祖大寿 （白） 得令！

（祖大寿下。）

袁崇焕 （唱） 四点左右二将军，
左辅、朱海有英名。
二将各带一千众，
出城犄角扎下营。
倘若满营大兵至，
诈败赚他入城门。

候他败走奋力赶，
不没辽河不退兵。

左辅、朱海
（同白） 得令！

（左辅、朱海同下。）

袁崇焕 （唱） 五位将军都遣定，
然后吩咐守城军。
四门炮响休惊恐，
各守地位莫乱行。
城中尚有众百姓，
谨守城池保安宁。
说罢提枪来上马，
准备城前杀敌兵。

（探子上。）

探子 （白） 禀老爷：朱、左二将城下接战满兵，杀得大败，落荒而走。

袁崇焕 （白） 他二人败了么？

探子 （白） 果然大败！

袁崇焕 （白） 你且退下，待俺前去看来。

（探子下。袁崇焕下。）

【第五场】

（场上设宁远城。努尔哈赤引众人同上，攻城。四龙套、四上手引袁崇焕同出城，起打。袁崇焕败下。努尔哈赤引众人同入城。火炮齐发。努尔哈赤引众人同出城。四龙套引满桂同上，四龙套引朱海同上，四龙套引左辅同上，四龙套、四上手引袁崇焕同上。混战。皇太极冲上，同起打，枪伤袁崇焕臂。努尔哈赤引众人同下。）

满桂、朱海、左辅
（同白） 参军臂受重伤，血透铠甲，保重为是！末将等前去会敌。

袁崇焕 （白） 大丈夫马革裹尸，是情所愿。

（袁崇焕裂战袍裹臂。众人同下。）

【第六场】

（场上布山谷景。努尔哈赤引众人同入山谷。四龙套、四上手引袁崇焕同上。）

袁崇焕 （白） 哈哈，敌人已中吾计。众将军坐看我成功也！

（袁崇焕引众人同下。二满兵同上。）

二满兵　（同念）　奉了可汗令，把守山谷口。

满兵甲　（白）　哈，怎么着，你要睡觉么？

满兵乙　（白）　不睡觉怎的？这一日半夜，谁人吃当得起。

满兵甲　（白）　这样说来，俺也睡睡。

（二满兵同睡山谷口。四龙套引何可刚同上，决水。水灌山谷。努尔哈赤引众人同出谷，起打。祖大寿真刀真马带洋枪队同上，起打。努尔哈赤受伤倒地。四贝勒妃背小孩双刀真马冲上，起打。四龙套、四上手引袁崇焕同上。四贝勒妃背现金龙，袁崇焕引众人同下。四下手抬努尔哈赤同下。众人同转场上。）

努尔哈赤　（白）　俺自十六岁出征以来，大小一百余战，战无不胜，攻无不克。不料今日被小子暗算，身受重伤，命在须臾。若非四贝勒妃设下救兵，将至身膏马足，永为异域孤魂。巴图鲁，退兵回国。

（努尔哈赤引众人同下。袁崇焕引众人同上。）

袁崇焕　（白）　侥幸呀侥幸。此乃列位将军之功也！

众人　（同白）　此乃参政妙计！

袁崇焕　（白）　众将官，收兵！

（众人同下。）

（完）

京剧《山海关》（五本·赐剑督师）

京剧《山海关（五本）·赐剑督师》主要描写明天启帝听信魏忠贤之谗言，削革去袁崇焕职务，撤去其督师之权，命尚日监纪信巡抚关外。而觊觎中原日久的满洲主帅皇太极，探听此消息属实，十分欣喜。他觉得袁崇焕既然已经不在边防指挥，那么满军就可以毫无忌惮地进军中原。于是率领次妃博尔济吉特氏，亲率精兵猛将，直抵山海关，双方大战一触即发。满洲进兵之路，宁远城首当其冲。纪信接着探报，惊惶失措，传齐大小将佐，召开军事会议，准备应敌之策。祖大寿一向忠勇直率，建议主帅尽早定下战略方针，与敌军决战，而纪信根本无统军之才，无计可定，只会采取逃避主义，等敌兵杀到城下，明军开城迎敌，两军混杀，不多时纪信已为满兵所擒;幸亏祖大寿一阵未溃，明军未到大势已去的地步。恰在此危急时刻京都内天启帝驾崩，崇祯帝登基，这属于传统戏剧创作技巧中的在危机或矛盾冲突顶点开展情节一法，同“山雨欲来风满楼”有同工之妙。由于魏忠贤恶贯满盈，被崇祯帝诛灭九族；所有奸党，也都一一受到惩处。之后，又重新起用袁崇焕督师，镇守山海关，抵御满洲袭扰。皇帝亲自在平台召见袁崇焕，授以特权及尚方宝剑一柄，无论亲王贵戚，都可以先斩后奏。袁崇焕再赴边关建勋。

第一场：描写满王努尔哈赤在宁远一战被明将袁崇焕击败身亡。现任满洲汗王皇太极及其王妃博尔济吉特氏心中始终惦记复仇，其子福临儿年纪虽小，却有“儿能做中国皇帝”的远大志向；皇太极秘密贿赂明朝权臣魏忠贤，将袁崇焕撤离边关防卫要塞，改由他人接任。在皇太极“听说去了袁崇焕，好似眼前拔去钉”，马上就想“就此拔队向前进，直奔宁远去交兵”，开始进兵中原，具体展开情节。

袁崇焕（1584—1630）

第二、第三场：开场先通过纪信口述自己镇守关防的由来，更表现出此人实属小人得志、平庸无能之辈。当听到满洲兴兵来犯，顿时手足失措，马上召集下属商议对策。祖大寿直率直言，要主动出关迎敌，纪信却惧怕兵败，只知信奉“打得胜他便打，打不胜他便走，大家留一个脑袋儿好吃饭吓”的“通达”之策。敌军少时兵临城下，纪信在无计可施中率兵出关混战，大败而逃，却被皇太极王妃率兵擒拿；祖大寿与敌军奋勇交战，击退敌军。全场通过纪信与众人的念白表明了宁远已兵临城下的危急情势，也反映出国家关防暂无良将的危情。为后边的故事进一步展开，做了铺垫。

第四场：写京城中崇祯帝即位，立志有所作为，“万里江山属大明，朕躬绍统坐龙廷。朝中诛尽权奸辈，巩固皇基享太平”，即刻处死魏忠贤等人，这时有人急报边关满洲犯边，军情紧急。通过朝廷重臣周廷儒、王永光等人的保荐，再次肯定了袁崇焕的军事才能：“督师袁崇焕，曾以数千守城兵，破满兵二十万众，满酋努尔哈赤，兵败身亡；满洲三尺童子，一闻袁崇焕之名，无不惊心丧胆。后来被魏忠贤陷害，削职为民；若保边陲，非用此人不可。”面对紧张的边境局势崇祯帝做出了重新起用袁崇焕的决定，同时也通过对白写出了人物的智勇无敌。

第五场：先写袁崇焕虽身在江湖，却始终关心国家时局，“身在家中心在朝，边关兵信日焦劳。新君当国多明圣，诛尽权奸魏半朝”。继而写崇祯帝差人来宣袁崇焕，通过场上两人所见所闻“前面已是袁督军的住宅，可叹他一任督军，家中只有数间矮屋，门公也没一个”侧面反映了袁崇焕一心为国、廉政克己的精神品质。袁崇焕得到宣召，马上要动身赶往朝廷，袁母、袁妻得知袁崇焕接到复职加官去宁远平定边事的消息后却深深担忧：“天到夕阳苦日短，只怕你有辱无荣进退难。”袁崇焕安慰母亲与妻子，“俺尽得忠来尽孝”，安排好家事再三叮咛后即刻“辞别老母跨金镫，披星戴月奔京城”。初显为国舍家的忠义本色。

第六场：通过写崇祯帝在平台召见袁崇焕的过程，一方面表明崇祯帝能心忧国事，知人善任，“边关兵信不安宁，特派贤卿去督军”，另一方面表明了袁崇焕对山海关边事的卓越见解：“人怕满兵如虎狼，俺看满兵如蝇蚊”，“臣已定下备边计，粮饷充足、器械要鲜明。随机应变把兵领，必定马到把功成”。而后崇祯帝授予他对亲贵与王侯先斩后奏的权力，表明了崇祯帝治理边关、安定边疆的莫大决心和苦心。袁崇焕心领神会，自不多言，即刻启程赶赴边关上任。

全剧节奏舒急自如，流畅而进，情节结构完整紧凑，人物性格生动鲜明，环境渲染恰当，语言典雅，念唱俱佳。

袁崇焕出生地广东东莞市的袁崇焕塑像

剧本欣赏

山海关（五本·赐剑督师）

【第一场】

（八旗牌兵、八番将、皇太极、博尔济吉特氏、福临儿同上。）

皇太极（念）虎斗龙争势不平，

博尔济吉特氏（念）胸藏韬略女中英。

皇太极（念）杀父冤仇何日报，

博尔济吉特氏（念）安排妙计坐龙廷。

皇太极（白）俺满汗皇太极便是。爹爹努尔哈赤，宁远一战，误中袁崇焕毒计，兵败身亡。现俺承受满汗大统，俺想墨经兴师，千秋佳话；报仇雪愤，只在此行！

夫人啊，你我东征西讨，打下基业，又不知哪个有福儿郎承受？

（博尔济吉特氏指福临儿。）

博尔济吉特氏（白）哈哈，有福分就是他，他不叫“福临儿”么？

福临儿（白）阿么，阿娘，说哪里话来？这满洲可汗，一股腥膻之气，儿是不能做官。

皇太极（白）你能做甚么？

福临儿（白）儿能做中国皇帝！

皇太极（白）此子幸大的福气！好大的志向！

（唱）小小孩童志气骄，

博尔济吉特氏（唱）龙生龙子有根苗。

皇太极（唱）造物总须有子好，

博尔济吉特氏（唱）生人还须种子高。

（榜式达海上。）

榜式达海（念）且将军贿事，奏与狼主知。

（白）臣榜式达海见驾！

皇太极（白）贤卿平身。所办之事如何？

榜式达海（白）我主洪福，幸不辱命。化用银一十八万，魏忠贤已将袁崇焕撤任。现派尚日监纪信巡抚关外。

皇太极（白）纪信军略如何？

榜式达海（白）一个太监，能有甚么军略？

皇太极　（白）　此乃卿家之功也！

　　　　（唱）　听说去了袁崇焕，

　　　　　　　　好似眼前拔去钉。

　　　　　　　　就此拔队向前进，

　　　　　　　　直奔宁远去交兵。

博尔济吉特氏（唱）　听一言来喜在心，

　　　　　　　　自古道银钱可通神。

　　　　　　　　重要边防通贿赂，

　　　　　　　　他万里江山一旦倾。

皇太极　（白）　巴图儿！起兵前往！

（众人同下。）

【第二场】

（纪信上。）

纪信　（念）　咱家本姓纪，常在皇宫里。一朝走好运，来守关外地。

　　　　　　　耀武更扬威，件件具适意。只怕满洲兵，实在吃不起。

（探报上。）

探报　（白）　启禀大帅：满汗皇太极，与次妃博尔济吉特氏，带领雄兵十万，猛将百员，前来犯边！

纪信　（白）　哎呀！不好了！

　　　　　　　中军官，快传众位将军进帐！

（中军上。）

中军　（白）　大帅有令，传众位将军进帐。

（满桂、左辅、何可刚、朱海、祖大寿同上。）

满桂、左辅、何可刚、朱海、祖大寿

　　　（同白）　参见大帅！

纪信　（白）　罢了。奉请众位将军，非为别事。只因满汗皇太极，与次妃博尔济吉特氏，带领雄兵十万，猛将百员，前来犯边，如何是好？

满桂、左辅、何可刚、朱海、祖大寿

　　　（同白）　元帅就该发兵挡敌。

纪信　（白）　在本帅的意见，若是两下交锋，定然打他不过。众位将军，要想一妙计，暂解目前之危，才好。

祖大寿　（白）　怕他怎的！俺想当日袁大帅，镇守宁远孤城，以数千守兵，破满洲二十万之众，杀得努尔哈赤兵败身亡。怕他怎的！

纪信　　（白）　　将军差矣！请教袁大帅舍身拼命，又属如何？在本帅意见，当此时代，大家须要通达一点儿才是。

祖大寿　　（白）　　请问大帅，怎样叫做“通达”？

纪信　　（白）　　打得胜他便打，打不胜他便走，大家留一个脑袋儿好吃饭吓！

（探报上。）

探报　　（白）　　启禀大帅：现有满将在城下挑战！

纪信　　（白）　　知道了。众位将军随同本帅混他一阵，再作道理。

满桂、左辅、何可刚、朱海

（同白）　　得令！

祖大寿　　（白）　　咳！

（众人同走圆场，满兵将同上，对阵，纪信、众人同败下，满兵将同追下。）

【第三场】

（纪信、满桂、左辅、何可刚、朱海、祖大寿同上。）

纪信　　（白）　　敌人来头大得很，咱们快逃走罢！

众人　　（同白）　　向哪里走？

纪信　　（白）　　向关里走。

（众将同败走，满将同上追赶，博尔济吉特氏上，截杀，擒纪信。）

博尔济吉特氏（白）　　你是何人？

纪信　　（白）　　咱家是、是小兵……

博尔济吉特氏（白）　　胡说！

纪信　　（白）　　咱家是、是小将……

博尔济吉特氏（白）　　你不实说么？俺便杀你！

（博尔济吉特氏以刀架纪信项。）

纪信　　（白）　　呀！咱、咱、咱实说了罢！咱家就是关外巡抚纪信。

博尔济吉特氏（白）　　原来就是你这一个没用的东西。孩子们，将这人捆去监禁！

（小兵捆纪信同下，祖大寿上，与博尔济吉特氏开打。满兵同败走。祖大寿泣下场，耍刀花下。众人同下。）

【第四场】

（周延儒、温体仁、王永光、梁廷栋同上。）

周延儒　　（念）　　圣主登基万象新，

温体仁　　（念）　　一朝天子一朝臣。
王永光　　（念）　　忠心耿耿匡王室，
梁廷栋　　（念）　　独掌兵权在帝廷。
周延儒　　（白）　　文华殿大学士周延儒。
温体仁　　（白）　　武英殿大学士温体仁。
王永光　　（白）　　吏部尚书王永光。
梁廷栋　　（白）　　兵部尚书梁廷栋。
周延儒、温体仁、王永光、梁廷栋
　　　　　（同白）　请了请了。
周延儒　　（白）　　圣上临朝，你我在此伺候。
温体仁、王永光、梁廷栋
　　　　　（同白）　香烟缭绕，圣驾出宫。
（周延儒、温体仁、王永光、梁廷栋同下。四太监、二内侍、崇祯同上。）
崇祯　　　（引子）　一统江山，庆丰年，国泰民安。
（周延儒、温体仁、王永光、梁廷栋同上。）
周延儒、温体仁、王永光、梁廷栋
　　　　　（同白）　臣等见驾，吾皇万岁！
崇祯　　　（白）　　众卿少礼。
周延儒、温体仁、王永光、梁廷栋
　　　　　（同白）　万万岁！
崇祯　　　（念）　　万里江山属大明，朕躬绍统坐龙廷。朝中诛尽权奸辈，巩固皇基享太平。
　　　　　（白）　　孤，大明天子，崇祯在位。先帝晏驾，众卿保孤登基，整顿朝政。可恨魏忠贤，专权误国，罪恶滔天。孤将他问成绞罪，明正典刑。客氏印月，与魏阉朋比为奸；亦曾取供，鞭死在法庭，人人称快。今当早朝，众卿有本早奏，无本退班。
梁廷栋　　（白）　　臣启万岁：今有满洲皇太极，带领雄兵十万，猛将百员，前来犯境。关外巡抚纪信，不知下落。现有参将祖大寿，保守宁远，前来告急，请旨定夺。
崇祯　　　（白）　　纪信既为大将，为何临阵脱逃？
梁廷栋　　（白）　　那纪信，就是当日东宫里面的尚日监。
崇祯　　　（白）　　此人忠厚无能，怎能掌得兵权？这又是魏贼与客氏所为。但事已如此，卿家有何妙策，以解边氛？
周延儒　　（白）　　臣启万岁：当日满兵犯境，督师袁崇焕，曾以数千守城兵，破满兵二十万众，满酋努尔哈赤，兵败身亡；满洲三尺童子，一闻袁崇焕之名，无不惊心丧胆。后来被魏忠贤陷害，削职为民；若保边陲，非用此人不可。

王永光　（白）　启奏万岁：大学士周延儒所奏，甚是。那袁崇焕，熟识边情，深谙军略。欲用此人，非授以特权不可。

崇祯　（白）　二卿所奏，甚是有理。

内侍，文房伺候，待孤草诏降旨——

（西皮摇板）二卿保奏袁督军，

此人军略朕知名。

当殿草诏传圣旨，

（内侍接旨下。）

崇祯　（西皮摇板）前往东莞召督军。

内侍臣摆驾后宫进，

边关军务朕劳心。

（众人同下。）

【第五场】

（袁崇焕上。）

袁崇焕　（引子）　罢职还乡，终日里，侍奉萱堂。

（念）　身在家中心在朝，边关兵信日焦劳。新君当国多明圣，诛尽权奸魏半朝。

（四差官、内侍捧旨同上。）

内侍　（念）　奉了皇上命，直向东莞行。

（白）　前面已是袁督军的住宅，可叹他一任督军，家中只有数间矮屋，门公也没一个。咱不免高叫圣旨，闯了进去。

圣旨下！圣旨下！

袁崇焕　（白）　原来是位公公。

内侍　（白）　圣旨下跪——

袁崇焕　（白）　万万岁！

内侍　（白）　听宣读。诏曰：今有满洲可汗皇太极，带领雄兵二十万，猛将百员，前来犯边，纪信不知下落。袁崇焕官复原职加封兵部尚书，总督蓟辽天津登莱诸路军务。从速进京陛见，望诏谢恩。

袁崇焕　（白）　万万岁！

（袁崇焕接旨。）

袁崇焕　（白）　公公远道而来，多受风霜之苦，请到寒舍待茶。

内侍	（白）	朝命在身，不能久停。告辞了。

（内侍、四差官同下。袁母、袁妻同上。）

袁母	（白）	外面哄哄喧嚷所为何事？
袁崇焕	（白）	母亲有所不知。适才圣旨到来，加封孩儿兵部尚书，总督蓟辽天津登莱诸路军务。儿又要出去做官了。
袁母	（白）	儿呀，你又要做官？如今的官不是好做的呀！
	（唱）	听说吾儿又做官， 反叫为娘心不欢。 天到夕阳苦日短， 只怕你有辱无荣进退难。
	（白）	儿呀，但不知你何时动身？
袁崇焕	（白）	圣上旨意，刻不容缓。儿即刻起程。
袁妻	（白）	老爷呀！
	（唱）	听说夫君要登程， 不由奴家忧在心。 高堂婆婆如霜鬓， 膝下无人叹零丁。

（袁妻哭。）

袁崇焕	（唱）	夫人不必太伤情， 本帅言来听分明： 我到边关把贼平定， 即刻就迎接老娘亲。 夫人请上受一拜，

（袁崇焕、袁妻同拜。）

袁崇焕	（唱）	事奉高堂要认真。 俺尽得忠来难尽孝， 全仗贤妻照应家门。

（袁崇焕扶袁母下。）

袁妻	（唱）	听得夫君把话云， 尽忠尽孝两难存。 奴侍奉高堂代你职， 只怕你一腔忠义枉劳心。

袁崇焕　　（唱）　　辞别老母跨金镫，

　　　　　　　　　　披星戴月奔京城。

（袁崇焕下。袁母、袁妻同下。）

【第六场】

（周延儒、刘鸿训、四太监拥崇祯同上。）

崇祯　　（西皮原板）有孤王坐江山风调雨顺，

　　　　　　　　　　全凭着众公卿保定乾坤。

　　　　　　　　　　文凭着四辅臣运筹有准，

　　　　　　　　　　武凭着各藩镇平靖边氛。

　　　　　　　　　　独有那山海关兵信不稳，

　　　　　　　　　　失事机都是那魏贼奸臣。

　　　　　　　　　　今日里在平台君臣闲论，

　　　　　　　　　　专候那袁崇焕陛见朕身。

（黄门官上。）

黄门官　　（白）　　启奏万岁：现有兵部尚书总督蓟辽天津登莱军务袁崇焕，在午门候旨。

崇祯　　（白）　　宣他来见。

黄门官　　（白）　　领旨。

　　　　　　　　　　皇上有旨：着袁崇焕平台陛见。

袁崇焕　　（内白）　　领旨！

（袁崇焕上。）

袁崇焕　　（唱）　　听见内官传圣旨，

　　　　　　　　　　平台召见袁督军。

　　　　　　　　　　撩袍端带向前进，

　　　　　　　　　　三呼万岁见圣君。

　　　　（白）　　臣袁崇焕见驾，愿我皇万岁万万岁！

崇祯　　（白）　　贤卿平身，一旁赐坐。

袁崇焕　　（白）　　谢万岁！

崇祯　　（白）　　袁卿啊——

　　　　（西皮摇板）边关兵信不安宁，

　　　　　　　　　　特派贤卿去督军。

　　　　　　　　　　想当年宁远孤城数千卒，

杀退胡儿廿万兵。
贤卿军略朕知晓，
不知此番怎调停？

袁崇焕　（白）　陛下！
　　　　（西皮原板）陛下不必过劳神，
细听微臣把话论：
人怕满兵如狼虎，
俺看满兵如蝇蚊。
他屡寇边把能逞，
都由边将任非人。
臣已定下备边计，
粮饷充足、器械要鲜明。
随机应变把兵领，
必定马到把功成。

周延儒、刘鸿训
　　　　（同唱）　听罢言来共开言，

（周延儒、刘鸿训同起立。）

周延儒、刘鸿训
　　　　（同唱）　微臣有话奏君前：
乞求陛下尚方剑，
赐予崇焕掌生杀权。

崇祯　（白）　二卿之言有理。

（内臣捧剑上。崇祯捧剑出位立，众人同起。袁崇焕俯首对崇祯立。）

崇祯　（唱）　手把上方说来由，
叫一声袁贤卿细听从头：
命你督师边关口，
蓟辽登莱任你去留。
他们坐镇都年久，
也有公也有伯也有亲贵与王侯。
朕今赐你尚方剑，
勿论他公伯亲贵与王侯。
只要犯了你军律，

先斩后奏得自由。

将剑交与贤卿手，

及早成功答圣休。

袁崇焕　（白）　谢万岁！

（唱）　谢罢万岁出宫廷，

（崇祯、周延儒、刘鸿训、四太监同下。）

袁崇焕　（唱）　边关调动众三军。

（袁崇焕下）

（完）

京剧《山海关》（六本·惑主出姬）

陈圆圆画像

在中国漫长的封建制度中对女性总是持有不公正的评判，“红颜祸水论”即是其中之一。多少红颜薄命的女子在历史上背负了屈辱的名声。身处特殊环境或不同时局中的红颜女子往往牺牲了自己的青春、爱情甚至生命却最终难逃历史的误解。不由得使人感叹世事难料，命运多舛。

京剧《山海关（六本）·惑主出姬》主要描写袁崇焕被崇祯帝重新提拔为督军之后，忠于职守，大力整饬军容，宁远城又见一番新气象。这时，满洲主皇太极，逞其智勇，再来犯边；依旧损折兵将，不能越雷池一步。公卿士庶，皆称赞此次边疆主帅用人得当；崇祯帝也深感如此。国丈周奎于青楼内发现一绝色女子陈圆圆，有倾国倾城之貌，举世无双，正在图谋得宠，步入荣华，所以不惜花费重金，在鸨母手中，购得此株“摇钱树”，进献于崇祯帝。崇祯帝一见陈圆圆，如此美艳，欣然领受；让陈圆圆演奏一曲，也是技艺超群，令崇祯帝赏心悦目。正在清歌妙舞之时，兵部呈上紧急奏疏一件，随即拆看，系袁崇焕向皇上奏明关外情形，预备边防诸事，其中有“去谗远色”语。崇祯帝悚然动容，命内侍取银三百两，赐给陈圆圆，送还国丈府，反恨周奎蛊惑君上，严饬训谕。周奎因此怀恨在心，留下怨由。

第一场：开场陈圆圆自述身世：“奴姓邢名沅，小字圆圆。只因父母早丧，寄养于姨母陈家，便以陈为姓。可叹奴年方二八，陷入北里；忍耻偷生，殊非本愿。昨晚有国丈在院中摆酒，欲将奴进奉入宫，陪王伴驾。倘得有此侥幸，方不枉生人世也。”从人物语言中体现了陈圆圆祈盼入宫的功利心理。接着通过陈圆圆和老鸨间的对话反映出老鸨见风使舵、前倨后恭的丑恶嘴脸，陈圆圆也对老鸨的刻意逢迎、虚情假意、见利眼开表现出极度的不屑和厌恶：“格个仔老缠婆，平日厉害不过，这时节见侬有了好去处，她便这样殷勤起来了。俗语说得好，‘妒妇装良善，刁人泪儿多’。”

第二场：场景转到边防前线，描写袁崇焕带领众将整饬军容，全军上下士气高涨，军威凛凛：“统领雄兵，山摇地震，传将令，神鬼皆惊，忠心保大明。”全军上下万众一心，纷纷表现出奋勇报国，“统领貔貅百万兵，要把满酋一扫平”的热血澎湃的豪气。要与来犯边的满兵大战一场。在场景上为后边剧情造势。

第三场：写皇太极满以为没有袁崇焕坐镇的边关防线唾手可得，西皮摇板“宁远城外打一仗，擒来纪信小儿郎。将身且坐牛皮帐，再听探马报端详”表现了皇太极意满志得的轻敌心理。他在听到探马报告宁远城上袁崇焕坐守其上，且“遍插旌旗，军容整肃”不由得吃惊非小。但却不听博尔济吉特氏所提出的“拔队回国”建议，执意进军以报杀父之仇。双方对垒开打，皇太极率兵与袁崇焕对阵并被杀了许多兵将后，被迫收兵回国。再显正义与非正义的较量，表现出善、恶、是、非的价值判断。用结果反衬出袁崇焕沉稳、英勇、治军有方的性格。

第四场：场景转换到京都皇宫内院，崇祯帝日日被国事烦扰，心情不悦。听说国丈欲进献美女为自己排解忧愁，“听说美人到来临，不由朕躬喜在心。朕意马心猿无主见，将天大的国事丢在一边”。之后，陈圆圆随周奎进宫见驾，崇祯帝一见果然与众不同，“回顾六宫多粉黛，那娉娉袅袅总比不上她”。陈圆圆献舞一曲，因色艺双全而深得崇祯帝欢心。恰在此时，边关袁崇焕报来奏折，崇祯帝当众展看，见其中劝谏皇帝“关外军事臣担任，只有一语奏明君。去谗远色为要义，可保江山永太平”之语，幡然醒悟。而周奎却在一旁蛊惑挑拨“万岁呀！人生在世须行乐，边关军务太繁多。常言道得过你且过，看那些闲文做甚么”。崇祯不为周奎所惑，郑重告诫周奎；周奎仍想迷惑崇祯，崇祯大怒，训斥周奎居心不正，以美色蛊惑君王。当即把陈圆圆赐银返送回国丈府。周奎不思己过反而心生怨恨。

本场为全剧高潮。运用对比手法展开剧情，把崇祯帝贪恋美色却又能以国事为重、克己重贤的性格刻画得生动感人。在人物形象塑造上，主要刻画人物心理的变化。除了崇祯帝这一主要人物刻画得比较成功外，周奎、陈圆圆等次要人物的性格也表现得较为丰满，如周奎的恃宠惑君、居心不端的心理，陈圆圆色艺双全，刻意表现的心理都刻画得真实可感。语言流畅生动，较好地表现了人物的身份与心理。情节曲折变化吸引听众，结尾点出妹嬉、妲己和褒姒的典故，暗寓对贪色误国的批判意趣。

全剧剧情生动感人，叙事双线索并列展开，每一个场景描写都有精彩之处，场景转换自然。剧情矛盾冲突合理突出，剧情节奏张弛交替，把握娴熟；人物性格塑造真实而鲜活，特点分明。尤以心理刻画见长。结尾处对崇祯帝的心理转变过程刻画得稍显简单，若再圆润些则更加完美。

今云南昆明市的陈圆圆塑像

山海关（六本·惑主出姬）

【第一场】

（陈圆圆上。）

陈圆圆	（念）	不受一番寒彻骨，哪得梅花扑鼻香。
	（白）	奴姓邢名沅，小字圆圆。只因父母早丧，寄养于姨母陈家，便以陈为姓。可叹奴年方二八，陷入北里；忍耻偷生，殊非本愿。昨晚有国丈在院中摆酒，欲将奴进奉入宫，陪王伴驾。倘得有此侥幸，方不枉生人世也。
	（四平调）	叹奴家生来命运轻， 好似杨花逐浮萍。 但愿得到了皇宫院， 陪王伴驾落一个美名。

（老鸨上。）

老鸨	（念）	家中栽下摇钱树，只愁富贵不愁贫。
	（白）	圆圆哪里？
陈圆圆	（白）	娘呀，呼唤圆圆何事？
老鸨	（白）	儿呀，哈哈，恭喜你呀！
陈圆圆	（白）	喜从何来？
老鸨	（白）	儿呀！
	（四平调）	贺我儿命运好福分高， 浮槎直把日边到。 今日是北里卖笑路旁草， 明日是翠被薰香金屋娇。 春意在花朝。
老鸨	（白）	儿呀，为娘有礼！
陈圆圆	（白）	喔唷，啥个事体，勿要把侬折煞。
老鸨	（白）	有甚“折煞”，恭喜我儿！到了国丈府，献到万岁宫中，得了宠幸，那时这个老婆子就便膝头当路走，还想会得着俺的儿吗？

（老鸨哭下。）

陈圆圆	（白）	格个仔老缠婆，平日厉害不过，这时节见侬有了好去处，她便这样般勤起来了。俗语

说得好，“妒妇装良善，刁人泪儿多”。

（家人上。）

家人（白）院中有人么？

（老鸨迎上。）

老鸨（白）喔唷，高大爷，来此何事？

家人（白）问你甚么事？

老鸨（白）俺不晓得。

家人（白）咱奉老国丈的钧命，来取陈圆圆进宫。

（老鸨伸手。）

老鸨（白）高大爷，身价银子带来么？

家人（白）多得很，向府上去领。多则一千银子，至少也有三百皮条子。

老鸨（白）这怎样讲？

（众人扶肩舆同上。）

家人（白）不知怎样讲。爽快些上轿！

（陈圆圆乘肩舆随家人同下。）

老鸨（白）青天白日，倒像是强盗打抢了！我的儿呀……

（老鸨哭下。）

【第二场】

（满桂上，起霸。）

满桂（点绛唇牌）武艺高强，

（左辅上，起霸。）

左辅（点绛唇牌）英雄志量，

（何可刚上，起霸。）

何可刚（点绛唇牌）为大将，

（朱海上，起霸。）

朱海（点绛唇牌）久战沙场，

满桂、左辅、何可刚、朱海

（同点绛唇牌）凌烟把名扬。

（同白）俺——

满桂（白）满桂。

左辅（白）左辅。

何可刚 （白） 何可刚。

朱海 （白） 朱海。

满桂 （白） 众位将军请了。

左辅、何可刚、朱海

（同白） 请了。

满桂 （白） 请了。督师升帐，你我辕门伺候。

众人 （同白） 请。

（大吹打。四龙套、四上手、八亲兵、袁崇焕同上。）

袁崇焕 （点绛唇牌）统领雄兵，山摇地震，传将令，神鬼皆惊，忠心保大明。

众人 （同白） 参见大帅！

袁崇焕 （白） 众位将军少礼。

众人 （同白） 吓！

袁崇焕 （念） 本帅奉命镇边庭，统领貔貅百万兵。将令一出山岳震，要把满酋一扫平。

（白） 本帅，袁崇焕。大明驾前为臣，官拜督军之职，节制辽蓟登莱天津等处。恼恨满酋，累累犯我边界，岂肯容他猖獗！

众将官，人马可曾齐备？

众人 （同白） 俱已齐备！

袁崇焕 （白） 出关会敌者！

（众人同允。泣颜回牌。大绕场，众人同下。）

【第三场】

（四龙套、四下手、八番将、皇太极，博尔济吉特氏同上。）

皇太极 （西皮摇板）宁远城外打一仗，

擒来纪信小儿郎。

将身且坐牛皮帐，

再听探马报端详。

（番将上。）

番将 （白） 启禀狼主：宁远城上，遍插旌旗，军容整肃，旗上有斗大的“袁”字。他国狼主，又命袁崇焕来守宁远，好不威严也！

（风入松牌。）

皇太极 （白） 呵喝喝呀！怎么袁崇焕，他又来了么？

番将 （白） 正是！

皇太极　　（白）　夫人，此人十分厉害，我等怎样对敌？

博尔济吉特氏（白）　以我之见，莫若拔队回国，慢慢定计，伤害于他，以免损兵折将。

皇太极　　（白）　夫人说哪里话来？大丈夫只有向前，哪有退后之理？今日正好替老狼主报仇，说什么“回国”二字！

博尔济吉特氏（白）　此番若要出阵，倘若中了那厮之计，岂不是画虎不成反类犬耳？

皇太极　　（白）　休得多言，且听探马一报。

（探子上。）

探子　　（白）　明将讨战！

皇太极　　（白）　再探。

（探子下。）

皇太极　　（白）　正要会他，他倒来了。

巴图儿！杀！

（四龙套、四上手、八亲兵、满桂、左辅、何可刚、朱海、袁崇焕同上，对阵。）

袁崇焕　　（白）　来者敢是皇太极么？

皇太极　　（白）　然。

袁崇焕　　（白）　皇太极，我朝并不亏负尔等，兴兵犯界，是何道理？

皇太极　　（白）　住了！想当年我家狼主，误中你的奸计，兵败身亡，我与你乃是不共戴天之仇！今日可算是冤家对头也！

（起打。袁崇焕、皇太极对打，皇太极败下，袁崇焕追下。众人同打连环，博尔济吉特氏对满桂、左辅、何可刚、朱海，同败下。博尔济吉特氏耍大刀花下。）

（袁崇焕上。）

袁崇焕　　（白）　满贼不知进退。

众将官，摆阵擒他！

（众番兵将同上，翻跟头。皇太极、博尔济吉特氏同上，袁崇焕引入阵，博尔济吉特氏败走，袁崇焕、众人同追下。）

（四番兵引皇太极、博尔济吉特氏同上。）

博尔济吉特氏（白）　你不听妾身之言，又被他杀了我许多兵将，如何是好？

皇太极　　（白）　收兵一同回国。

（众人同下。皇太极看博尔济吉特氏。）

皇太极　　（白）　咳！

（皇太极引博尔济吉特氏同下。）

【第四场】

（四太监、二内侍、崇祯便服同上。）

崇祯　　（西皮摇板）召见过文武臣早朝方散，
来在偏殿且休闲。

（白）昨日国丈进宫，说有吴姬陈沅，小字圆圆，生得千娇百媚，兼习歌舞；说今日进献入宫，因何不见来到？

（唱）国事烦劳日日愁，
欢喜事抡不上朕的心头。
国丈爱朕难开口，
进一佳人分朕忧。

内监　　（白）启奏万岁：现有国丈周奎，带领吴妓陈沅，在宫门候旨。

崇祯　　（白）哈哈，果然来了。就此召见。

（唱）听说美人到来临，
不由朕躬喜在心。
朕意马心猿无主见，
将天大的国事丢在一边。

（周奎上。）

周奎　　（白）臣周奎见驾！

（陈圆圆宫装上。）

陈圆圆　　（白）臣婢陈沅见驾！

崇祯　　（白）罢了罢了，不须多礼，都是一旁有坐。

（周奎、陈圆圆同谢坐。）

周奎　　（白）万岁爷，此女如何？

崇祯　　（白）国丈的法眼，自是不差。

（唱）国丈法眼果不差，
进来美女貌如花。
回顾六宫多粉黛，
那娉娉袅袅总比不上她。

（白）美人呀，朕闻你在北里，清歌妙舞，名重一时；何不歌舞一回，给朕观听？

陈圆圆　　（白）遵旨。

（陈圆圆起舞。崇祯、周奎同以扇拍板。）

陈圆圆　　（四平调）圣主有道溥皇仁，

敕赐传宣入殿门。
少小不知君礼重，
沐恩赐坐在锦朝墩。
春风暖，日午晨，
一曲清歌朝至尊。
御前赐坐身躯稳，
比不得卖笑春风傍倚门。

崇祯　（白）　妙呀！
周奎　（白）　妙呀！
崇祯　（白）　日前红夷进贡，献来两个夷女，惯善跳舞；未知美人可能一奏其技？
陈圆圆　（白）　西洋跳舞，须用西装；臣婢所着之衣，恐不相称。
崇祯　（白）　内侍臣，将美人带进后宫，更换夷服，并传两夷女前来会舞。

（陈圆圆随内监同下。陈圆圆袒胸西装随两披发夷女同上，会舞毕。陈圆圆下，宫装上。）

崇祯　（笑）　呵哈哈哈……
（白）　国丈这个陈美人，可称色艺俱佳！姑且坐下，候随朕同往昭阳，参见皇后。
陈圆圆　（白）　谢万岁！

（内监持本上。）

内监　（白）　启奏万岁：兵部进呈山海关加紧奏疏一件。事关军事，不敢不报。
周奎　（白）　看它做甚！
崇祯　（白）　是谁人所奏？
内监　（白）　是袁崇焕的奏本。
崇祯　（白）　那是不能不看的。呈上案来。

（内监呈本上。崇祯展本，读本。）

崇祯　（念）　“关外兵信尚安然，满与高丽把战宣。臣乘满兵战韩日，作为机会备边年。”
（白）　有理呀有理。这袁崇焕的军略，实是不差。

（崇祯读本。）

崇祯　（念）　“关外军事臣担任，只有一语奏明君。去谗远色为要义，可保江山永太平。”

（周奎旁作恨状。）

周奎　（白）　万岁呀！
（唱）　人生在世须行乐，
边关军务太繁多。
常言道得过你且过，

看那些闲文做甚么！

崇祯　（白）　国丈，想那袁崇焕，谏朕“去谗远色”，这一句言语，与朕此时的境遇，刚刚凑巧；可算是对症下药。似这等忠言直谏，朕怎能不听？

周奎　（白）　这叫做“道学话”，奏本中都是一样，哪听得这许多！

崇祯　（白）　一定是要听的。

（周奎夺本章。）

周奎　（白）　你听他做甚！

崇祯　（白）　呀呀呸！

（唱）　骂一声周奎不正经，
你进献女色惑朕心。
忠言进谏你破坏，
这般用意为何情？
那妹嬉、妲己和褒姒，
哪一个不是亡国人。
本当即时将你来拿下，
姑念国戚是皇亲。

（白）　内侍，

内监　（白）　有。

崇祯　（白）　往后宫取三百花银，将陈沅送回国丈府。

内监　（白）　领旨。

（内监引陈圆圆同下。）

崇祯　（白）　国丈，想你身为国戚，就当忠心为主；从今以后，须小心谨慎，休得妄作非为。朕不因你年老昏愦，定要将你明正典刑。

（崇祯下。）

周奎　（白）　“去谗远色”，好歹不识。咳，这是从哪里说起？

（周奎下。）

（完）

京剧《山海关》（七本·访毛）

京剧《山海关（七本）•访毛》主要描写袁崇焕被崇祯帝重新启用，授以督师之职权。自上任以来，号令严明，防备周密，满洲兵从此不敢犯边。崇祯帝对他极为信任，特诏令袁崇焕巡行海疆，全面了解明军军力战备情况。这时左都督毛文龙，坐镇东江，拥兵皮岛，因远离朝廷将各项法规置之度外，竟有“海外天子”名称；虽无反叛之证据，而其种种跋扈行为已传播远近，影响甚坏。袁崇焕听闻后微服深入毛文龙驻地明察暗访，将毛文龙一切倒行逆施之事，探听明白，掌握了毛文龙不法行为的确凿证据。后设计惩治了毛文龙，稳定了边防。

第一场：开场定场诗中毛文龙自述自己的身份地位：“坐镇江东，统雄兵，岛内称王”，“威风凛凛无人挡，俨然海外一君王”，反映出毛文龙拥兵自重、不服管辖的真实情况。接着毛文龙自白交代剧情的矛盾始由：“俺毛文龙。官拜左都督之职。镇守海岛以来，威无匹敌，尊无二上，好一似世外天子，海上君王，从不知什么叫作‘上司’。昨日探子报到，有一个总督蓟辽天津登莱军务的袁崇焕出现，早晚要来巡岛。那时俺见了他，倒有些难以对待。若论官职，他是督师，俺也是都督；若说权力，他有钦赐的尚方剑，俺也有钦赐的尚方剑，这便怎么处？也罢，俗语说得好，‘牛不犯鼠，宾不犯主’。他以情来，俺以礼往；若有一点意见，那便将他杀却。”在交代事由中渲染了气氛的急迫。随后，毛文龙号令全岛“弓上弦，刀出鞘”，要对袁崇焕的访查给一个下马威。全剧开场即交代了主要的矛盾冲突，造成了一种紧张的氛围，同时为下文袁崇焕明察暗访设下悬念。剧中通过人物语言初步展现毛文龙嚣张跋扈的性格。

第二场：袁崇焕出场，继续交代剧情原由：“只因毛文龙拥兵皮岛，设捐冒饷，荼毒生民，因此扮作商民模样，前往私访”。这是过场戏，为了使情节更连贯。

第三场：顺承上场剧情发展，描写袁崇焕乘船到达皮岛渡口，遇到毛文龙手下税官毛虎正在强征过往船只税赋。开场先由毛虎自述原名本叫王虎，因在毛文龙手下当差故改名毛虎，毛虎盘踞渡口，强征过往船只赋税，而且“收下捐税，三分归公，七分酬赏，这一个差使，倒是很好进账”。将毛虎依仗职权，贪污腐化表现无遗。继而描写毛虎扣留商船，强行征税，如狼似虎，手段残暴。袁崇焕代船户交税，麻痹了毛虎。本场主要通过人物语言刻画毛虎的人物性格，并且从侧面反映了毛文龙专制跋扈、目无法纪的一面。对主要人物和主要矛盾冲突有衬垫作用。

第四场：先写袁崇焕上岛后发现“此是皮岛地方，镇署衙门在此，算是海疆冠盖之地，因何也这样冷冷清清？”借袁崇焕视角揭示皮岛在毛文龙治下民不聊生的萧条的真实境况。继写袁崇焕住店，与店小二攀谈，借机查访皮岛内情，剧情过程中穿插毛文龙抢亲情节，强化了事情的无善多恶性质。袁崇焕在客店从小二之口了解到“海上天子”毛文龙建帝王规制的祖庙，滥施淫威强迫手下官员改姓，随意设卡、乱征无名税，安排亲信任皮岛大小官员，冒领国家粮钱，欺压小民、抢夺民女等滔天罪行。从而为日后依法惩办毛文龙打好铺垫。结尾处袁崇焕假装酒醉以麻痹店小二，表现了袁崇焕行事小心谨慎的性格。

全剧合理设置剧情矛盾，节奏变化张弛有度，能抓住观众注意力，情节设置有悬念，吸引人，结构紧凑，语言上以本色的戏剧语言展现不同性格的人物面貌，不论主次人物都能刻画得生动到位，为后面戏剧“杀毛”奠定基础。

剧本欣赏

山海关（七本·访毛）

【第一场】

（四龙套、大绣旗同上，毛文龙上。）

毛文龙　（引子）　坐镇江东，统雄兵，岛内称王。

（念）　身居海岛把名扬，尚方宝剑在身旁。威风凛凛无人挡，俨然海外一君王。

（白）　俺毛文龙。官拜左都督之职。镇守海岛以来，威无匹敌，尊无二上，好一似世外天子，海上君王，从不知甚么叫作“上司”。昨日探子报到，有一个总督蓟辽天津登莱军务的袁崇焕出现，早晚要来巡岛。那时俺见了他，倒有些难以对待。若论官职，他是督师，俺也是都督；若说权力，他有钦赐的尚方剑，俺也有钦赐的尚方剑，这便怎么处？也罢，俗语说得好，“牛不犯鼠，宾不犯主”。他以情来，俺以礼往；若有一点意见，那便将他杀却。

来！留心打听，那厮倘来巡岛，必须弓上弦，刀出鞘，摆些威武，令那厮不敢正眼相看俺也。

四龙套　（同白）　得令！

毛文龙　（西皮摇板）　中军帐内把令传，
大小三军听俺言：
今日来了袁崇焕，
他略守宁远威名传。
他若前来把我见，
刀出鞘来弓上弦。
人来与爷把门掩，
且听探马报根源。

（众人同下。）

【第二场】

（船户摇船、袁崇焕装商民同上。）

袁崇焕　（白）　本帅袁崇焕。现居蓟辽天津登莱督师之职。只因毛文龙拥兵皮岛,设捐冒饷,荼毒生民,因此扮做商民模样，前往私访。

（唱）　乔装改扮出衙庭，
专为访察毛文龙。

（船户摇船、袁崇焕同下。）

【第三场】

（王虎、四小兵同上。）

王虎　（念）　有船来岛内，都要纳税银。若有违拗者，锁去问罪名。

（白）　在下姓王名虎。只因在毛老爷手下当差，都要改姓为毛，因此叫做“毛虎”，现为大王山的关官。此处本是进岛的第一重门户，因此设下此关。来往客商，有货报捐，无货要纳船税；收下捐税，三分归公，七分酬赏。这一个差使，倒是很好进账。孩子们，前面来的是一条甚么船？招呼停下验看。

（船户摇船、袁崇焕同上。）

四小兵　（同白）　来船靠下，验看呀！

（船户靠岸，四小兵跳上。）

袁崇焕　（白）　俺们船上，是没有货的。

小兵甲　（白）　没有货，也要纳船税。大船二两，小船八钱。你这船不大不小，要纳一两六钱。

船户　（白）　设将爷，你莫说笑话。俺数年前，此地常来常往，从没纳过船税。

小兵甲　（白）　谁对你攀谈！你不肯完税到关上再讲！

（小兵甲锁船户牵走，袁崇焕随上。王虎升堂，小兵甲上禀，王虎拍案。）

王虎　（白）　胆大的狗才！仗住谁的势头，敢想抗税？该加倍罚，缴三两二钱！
孩子们，将船拷起来！

（袁崇焕背躬。）

袁崇焕　（白）　果然厉害得很，俺莫若代他会了账罢。
他们船户穷苦不过，现有三两二钱银子在此。

小兵甲　（白）　还有加一的小费。

袁崇焕　（白）　哈哈，又是三钱二分。

小兵甲　（白）　这是看在你客人的面子！

（小兵甲手掌船户。）

小兵甲 (白) 滚掉罢!

(船户、袁崇焕同上船，摇船同下。众人同下。)

【第四场】

(袁崇焕提包裹、雨伞上。)

袁崇焕 (唱) 舍舟登陆路，
再访毛文龙。

(白) 此是皮岛地方，镇署衙门在此，算是海疆冠盖之地，因何也这样冷冷清清?呀，来此一座客店，待俺向前看过。

"吴三房代包酒饭，安寓客商。"原来是一爿下店，待我进去。

吓，小二哪里?

(小二上。)

小二 (白) 客人可是要下店的么?

袁崇焕 (白) 可有单房?

小二 (白) 里面有的。

(小二取包裹、雨伞下，袁崇焕随下。小二引袁崇焕同上。)

袁崇焕 (白) 小二你代我打一角黄酒，随便拿几样便菜上来。

(小二取酒菜上，袁崇焕饮酒。)

袁崇焕 (白) 小二，俺今天沿途走来，看见西边有一处极高的房屋，那是甚么地方?

小二 (白) 那就是毛老爷的祖庙。

袁崇焕 (白) 我想这祖庙，乃是帝王应有，他怎样也有?

小二 (白) 俺不知他怎样有的，大约总是造起的，绝不是偷来的。

袁崇焕 (白) 小二此地生意还好么?

小二 (白) 客人有所不知，此地名叫皮岛，在五年前，是一个中外通商最繁盛的地方，生意热闹不过。如今与往日大不相同。

袁崇焕 (白) 却是为何?

小二 (白) 据俺看来，世界上还是没有皇帝的好。有了皇帝，百姓便要受害了——

(众打手拥花轿同上，中年男、中年女同上，啼哭，同奔下。)

袁崇焕 (白) 人家姻娶，是桩欢喜事，因何这二人跟从啼哭?这又是甚么风俗吓?

小二 (白) 这不关甚么风俗，也是吃的皇帝的亏!客人你不知道，此地有海外天子么?

袁崇焕 (白) 什么叫做"海外天子"?

小二 (白) 你不知道，听俺慢慢讲来：我们这岛中前几年，生意甚好；三十六岛，与外国通商，来往客人，一刻不断。谁想道，来了一位官长——就是这左都督毛文龙，掌握兵符，管理此地；大小官员，百十余员，都是姓毛。

袁崇焕　（白）　他家为何有这许多的子弟?

小二　（白）　客人你不知道，这些人，皆不是他同族之人。但凡在他手下当差之人，全得改姓毛。

袁崇焕　（白）　原来如此。

小二　（白）　他在各关口设下关卡，收捐纳税，通同下腰。

袁崇焕　（白）　不错，我前日过大王山，也曾纳过船税。

小二　（白）　不但纳税，并且还要倍罚。

袁崇焕　（白）　不错，我也被他罚过一两六钱银子。

小二　（白）　他在此地，建造帅府，又修造祖庙，人人皆称他为“海外天子”；冒领国家粮饷，欺压小民，抢夺民间妇女。方才那是王家的女子，长得本来有些姿色，他便着人强抢；那后面跟随的，就是那女子的父母。

袁崇焕　（白）　真真的大胆!

小二　（白）　客人你是怎么样啦?

袁崇焕　（白）　我醉了。

小二　（白）　行路辛苦啦，待我扶你困觉罢!

袁崇焕　（白）　好，明日我还要赶路呢。

（袁崇焕、小二同下。）

（完）

京剧《山海关》（八本·杀毛）

京剧《山海关》（八本·杀毛）主要描写袁崇焕微服查访皮岛总兵毛文龙驻防地，在探知毛文龙的种种恶行后，从国家大局考虑，现值国家多事之秋，若留下此人，必生后患，不得不将此人正法，以儆效尤；于是统率将士，传令入岛。毛文龙平日早闻袁崇焕之威名，颇有忌惮，不敢轻视，整队出迎。袁崇焕与毛文龙握手言欢，亲如兄弟。毛文龙设盛筵以款待袁崇焕一行。第二日，袁崇焕假意设答谢宴，邀请毛文龙至行辕，让入内厅，互谈机密；毛文龙随身侍从，一概被阻挡在内室之外，非奉呼唤，不得擅入。内室之中早已埋伏甲士，当场将毛文龙擒下；袁崇焕随即宣布毛文龙的八大罪状，请尚方剑，当场将毛文龙正法。杀毛事毕即向全岛宣示，全岛军民哗然震惊，无违抗事生，袁崇焕随后部署善后事宜，具疏奏闻，报请天子知晓。

第一场：写一官役奉袁崇焕之命日夜兼程往各处送信。为下文袁崇焕率各路人马入岛擒拿毛文龙造势并设置悬念。

第二场：先写袁崇焕及其随从副将登船公开巡查毛文龙下辖各岛军备治防情况。在引辞中袁崇焕自述：“位备藩臣拥重兵，巡边直向海疆行。孤忠耿耿无他念，霄汉常悬捧日心。”表现了袁崇焕忠心报国、精忠职守的品格，同时也影射出毛文龙专权谋私的无耻所为。行船途中袁崇焕内心思量不止，对于“毛文龙那厮，果然贪赃枉法，残害生民”的确凿事实，袁崇焕考虑决定“现正国家多事之秋，倘若留下此人，必生后患”。于是在心中设计好良谋妙计。

剧情后半部分描写袁崇焕一行船队路经毛文龙治下列岛，大王山与登州岛守军将领皆提前迎接。袁崇焕听到各将领都改姓毛姓一事不由得心生感慨，讽刺众人“这都是做小官逢迎伎俩，改三代换名姓冒认同乡。毛文龙在此间独尊无上，可叹那众军官好比儿郎”。到达旅顺口的海防前营时，守军将领毛永义“不知何故”未来接差，引发袁崇焕疑惑。

本场唱词典雅上口，如：“毛文龙你行为太嫌放浪，你目中哪还有国法王章”。情节设置新奇引发观众好奇之心，从侧面印证毛文龙专制跋扈的事实。

第三场：写毛永义因抽大烟贻误接差事宜，连蒙带骗仓皇准备完毕来见袁崇焕，结果漏洞百出。又编造谎言假借前夜捕海盗之名推脱贻误接差罪责。袁崇焕不予追究，毛永义自以为靠“滑头滑脑”蒙骗过关而心有余悸。

此场情节设置具有典型性特征，毛永义抽大烟违反军纪、贻误正事、编造谎言邀功等罪责皆为不可饶恕之罪，从侧面反映了毛文龙治军不严，用人不当的失职之处。剧情效果上，此场丑剧演员担纲主演，造成强烈的喜剧效果，如数板的开脱言词明白、晓畅，效果极佳，为全剧严肃的气氛增添一丝生气，有效地缓解了观众紧张的心理。

第四场：写毛文龙本想摆架子拒接袁崇焕，但分析形势后，在下属劝说下无奈只有按礼迎接，袁崇焕假意与毛文龙亲热，毛文龙设宴款待袁崇焕一行。袁崇焕当场表示要与毛文龙同心共济，互助互援，并故弄玄虚说有军情要事与毛商谈，请毛文龙次日到府中饮宴。酒席上袁崇焕假意欢饮大醉，麻痹毛文龙的警惕心，使毛文龙误认为“人说袁崇焕气概严峻，如恶虎一般，据俺看来，也平和得很”。这才有隔日毛文龙放松戒备一心赴宴的情节。

本场是全剧高潮，袁崇焕与毛文龙展开了正面交锋，但这一切都处在一种表面的祥和欢乐虚像中。全场人物心理刻画十分精彩，毛文龙从起初不大服气，却无可奈何，又有所顾忌，等到和袁崇焕见面又满心戒备，待发现袁崇焕无有恶意时骄纵之心隐现出来，最后则完全放下戒心认为袁崇焕不过如此。而袁崇焕胸中怒气、杀意都被表面和颜欢笑所遮掩，表现出的平和大度和慷慨豪放让毛文龙不辨真假，从而信以为真。在虚实并用中两个主人公心理刻画都合情合理，生动鲜活，精彩传神。

第五场：写袁崇焕把日间酒宴所见所感向祖大寿与汪翥说明，确认毛文龙种种罪状属实，于是吩咐二人周密安排，布置埋伏，准备明天宴席上擒获毛文龙。通过袁崇焕的唱词“国有强臣世不宁，留存人世害生灵。安排强弓与毒矢，准备就把猛虎擒”，表现了袁崇焕下定为国除奸的决心，强化其杀毛文龙行为的正义性质。

第六场：为剧情结尾，写袁崇焕在内宅埋伏甲士，借与毛文龙议事之名将其一人请入帐内，酒席宴中当场翻脸，唤出甲士擒下毛文龙。袁崇焕威严地指陈毛文龙八大罪状，并用尚方宝剑将其斩首。结尾处袁崇焕杀毛文龙之前承诺照顾毛文龙一家老小的剧情细节从侧面表现了袁崇焕并非是冷酷无情，实是为了国家大计不得不为的无奈之举，为袁崇焕胆识谋略过人、杀伐决断的光辉形象再添人性化出色的一笔。

全剧矛盾冲突集中典型。毛文龙与袁崇焕之间本非敌我矛盾，在国家大义面前，袁崇焕的一心为国、毫无私心的精神和毛文龙盘踞一方、假公济私的行径在对比之中是非高下立判。情节设置曲折生动，引人入胜，节奏流畅，有张有弛。全剧运用多种手法如语言、动作、心理独白等刻画了性格各异的众多人物，大都性格鲜活、合理贴切，使人印象深刻。语言风格多样，既有富有哲理性的念词，如“白浪滔滔，好一比，宦海波涛”；还有典雅优美的唱词，如袁崇焕在船上望着窗外汪洋一片的唱词：“袁崇焕坐船中窗前眺望，但只见天连水一片汪洋。众岛屿浮海面星棋模样，碧沉沉昏惨惨万顷波光”等有力地渲染了当时的剧情气氛。总之，全剧虽然没有战争剧的宏大与激昂，却不失急促、紧张、生动、感人。特别需要说明的是除京剧剧种外，汉剧《山海关》以及川剧、滇剧、湘剧、秦腔等都有同名戏剧，内容相类，各有侧重和特点。

剧本欣赏（节选）

山海关（八本·杀毛）

【第一场】

（官役掮起马牌上。）

官役　（念）　奉了大帅令，两脚不停行。

（白）　　俺是帅府里的一名差役。只因大帅出巡天津登莱沿海各岛，令俺将起马牌先行通知各处。不免晓行夜宿，分站前进。

（官役下。）

【第二场】

（船户、祖大寿、汪翥、赵一枝、何麟图同上。）

祖大寿、汪翥、赵一枝、何麟图

（同引子）　　白浪滔滔，好一比，宦海波涛。

祖大寿　（白）　　总兵祖大寿。

汪翥　（白）　　副将汪翥。

赵一枝　（白）　　水营都司赵一枝。

何麟图　（白）　　水营都司何麟图。

（内放炮声。）

祖大寿、汪翥、赵一枝、何麟图

（同白）　　某等奉大帅之令，随从巡岛。适才三声炮响，想系大帅出辕；某等就在码头伺候。

（五色龙套、大帅旗、四旗牌、中军引袁崇焕同上。船户搭扶手，众人同登舟。）

袁崇焕　（念）　　位备藩臣拥重兵，巡边直向海疆行。孤忠耿耿无他念，霄汉常悬捧日心。

（白）　　本帅自从皮岛私访回来，方知毛文龙那厮，果然贪赃枉法，残害生民。现正国家多事之秋，倘若留下此人，必生后患。

（袁崇焕作思想状。）

袁崇焕　（白）　　有了。此番巡岛，我自有道理。

中军官开船。

（船户作扯篷摇橹状。）

袁崇焕　（西皮导板）　　袁崇焕坐船中窗前眺望，

（西皮原板）　　但只见天连水一片汪洋。

众岛屿浮海面星棋模样，

碧沉沉昏惨惨万顷波光。

（白）　　中军官，前面那一座岛屿，名叫何岛？

中军　（白）　　回大帅：前去约二十里，便是大王山。

袁崇焕　（白）　　好一片形势也！

吩咐水手，速速前进。

（牌子。众人同下。）

【第三场】

（金鼎卿、兵丁、旗帜摇炮船同上。）

……

（金鼎卿、兵丁、旗帜同下。）

袁崇焕　（白）　龙虎右营都司，俺记得是金鼎卿，怎样称“毛鼎卿”？哈哈，俺明白了——

　　　　（唱）　这都是做小官逢迎伎俩，

　　　　　　　　改三代换名姓冒认同乡。

　　　　　　　　毛文龙在此间独尊无上，

　　　　　　　　可叹那众军官好比儿郎。

　　　　（白）　中军官，前面那一座岛屿，又是甚么地方？

中军　（白）　回大帅，前面便是登州岛。

（众人同下。）

【第四场】

（尹继阿、兵丁、旗帜摇炮船同上。）

尹继阿　（白）　孩子们！大帅坐船，去此不远，赶快将船靠下，站队伺候帅船！

（五色龙套、大帅旗、四旗牌、中军、船户、祖大寿、汪翥、赵一枝、何麟图、袁崇焕同上。尹继阿持手本跪呼。）

尹继阿　（白）　登州海防左营游击毛继阿，叩见大帅！

中军　（白）　禀大帅：船到登州岛。现有海防左营游击毛继阿，叩见大帅。

袁崇焕　（白）　哈哈，又是一个姓毛的。传令免见。

中军　（白）　大帅有令，一概免见呀！

（尹继阿、兵丁、旗帜同下。）

袁崇焕　（唱）　曾记得店小二出言不谎，

　　　　　　　　果然的各将官都是毛郎。

　　　　　　　　一家一姓作官长，

　　　　　　　　好一似朝廷上皇族亲王。

　　　　（白）　哎！

　　　　（唱）　毛文龙你行为太嫌放浪，

　　　　　　　　你目中哪还有国法王章！

　　　　（白）　中军官，前面这地方，两山合抱，形势险峻异常，又是何岛？

中军　（白）　回大帅，此地名旅顺口。

袁崇焕　（白）　此地这般险峻，因何没有守营？

中军　（白）　回大帅，此地是海防前营游击毛永义的汛地。

袁崇焕　（白）　何以不来接差？

中军　（白）　不知何故。

袁崇焕　（白）　传令开船。

（众人同下。）

【第五场】

（场上设烟具。毛永义上，呵欠。）

毛永义　（念）　今日起早要接差，眼泪鼻涕一齐来。

（白）　恶咄恶咄呵欠。

哎呀，好难过呀！

（毛永义卧倒呼烟。小兵甲上。）

小兵甲　（白）　启禀老爷：大帅坐船，离不到十里，特来飞报！

毛永义　（白）　早得很。再去探报。

（小兵甲下，上。）

小兵甲　（白）　启禀老爷：大帅坐船，离口不到五里了。

毛永义　（白）　呀！怎么的俺呼了一口烟，怎么他便行了五里路？

小兵甲　（白）　回老爷，顺风顺水，行船是快不过的。

毛永义　（白）　赶快备马，众兵将齐集不成？

小兵甲　（白）　老爷未曾传令，一个尚未到来。

（毛永义顿足。）

毛永义　（白）　哎呀，这怎么好？也罢，赶快将营前营后，那些种田的、挑粪的，央来著起号衣，随同前往。

（毛永义持烟枪作思想状。）

毛永义　（白）　俺看时候，究竟还早，不若带上船去，慢慢过瘾。

（毛永义袖束烟枪上马。赤足兵掮破旗同上。众人绕场狂奔。毛永义勒马停步。）

毛永义　（白）　哈哈，俺说早得很，大帅的船还未到来。

小兵甲　（白）　回老爷，大帅的船已过去了。

毛永义　（白）　呀！真过去不成？快快上船赶去！

小兵甲　（白）　回老爷，那是赶不上的。大帅坐的五道桅沙飞，俺们这八把桨炮船，如何赶他得上？小的倒有一个主意。前天红夷国运大炮来的一只汽船，尚在口内；若向外国人借来，方可赶他得上。

毛永义　（白）　使得使得，赶快去借！

（小兵甲下。二西洋水手、舵工开小火轮同上。众人同上轮船，同下。五色龙套、大帅旗、四旗牌、中军、船户、祖大寿、汪翥、赵一枝、何麟图、袁崇焕同上。二西洋水手、舵工、小兵、毛永义同上。五色龙套、大帅旗、四旗牌、中军、船户、祖大寿、汪翥、赵一枝、何麟图、袁崇焕同下。）

毛永义　（白）　前面那不是大帅的坐船么？开足机器，赶快抢到前面，迎头接差！

（众人同下。五色龙套、大帅旗、四旗牌、中军、船户、祖大寿、汪翥、赵一枝、何麟图、袁崇焕同上。二西洋水手、舵工、小兵、毛永义同上。毛永义跪呼。）

毛永义　（白）　旅顺口海防前营游击毛永义，叩见大帅！

中军　（白）　手本拿来。

毛永义　（白）　仓卒前来未曾备办，请中军老爷成全一点。

中军　（白）　履历拿来。

毛永义　（白）　也未曾备办。

中军　（白）　嚇！荒唐得很。

启禀大帅：现有海防前营游击毛永义，前来叩见。

袁崇焕　（白）　好一个混帐东西！因何此时到来？传他来见！

中军　（白）　大帅有令，传见毛永义！

（毛永义过船。）

中军　（白）　见了大帅，小心一点。

（毛永义吓，参见，旁立。）

袁崇焕　（白）　你的汛地在甚么地方？

毛永义　（白）　回大帅：在旅顺口。

袁崇焕　（白）　因何此地来见？

毛永义　（白）　回大帅：昨夜因追捕海盗，今早方回，故此疏忽。实因职务要紧。

袁崇焕　（白）　晓得职务，便是好官。

毛永义　（白）　那是大帅的栽培。

袁崇焕　（白）　本帅见你站队的兵丁，因何都是赤足？

毛永义　（白）　捕盗后尚未回营，便赶来接差，求大帅宽恕。

（毛永义打躬，烟枪落地。袁崇焕作诧异状。）

袁崇焕　（白）　呀，此是何物？

毛永义　（白）　此是标下的劳绩。

袁崇焕　（白）　这是甚么劳绩？明白讲来。

毛永义　（数板）　标下开言道，大帅你要听：禁烟有公令，小民不奉行。标下到任后，一点不容情。昨晚捕海盗，一家开着灯。一人卧榻上，口中吐烟云。将他急拿住，送到文衙门。烟枪我带走，忽听宪驾临。急忙来接差，尚未转回营。这烟枪是我劳绩真见证，送到镇署要请功。

袁崇焕　（白）　既是如此，烟枪暂行存案，候本帅再为调查。

中军官，传令开船。

（毛永义叩首退出，过船，用手挥汗。）

毛永义　（白）　哎呀，吓煞我了！任他耀武扬威，亏俺滑头滑脑。

（众人同下。毛永义跪呼。）

毛永义　（白）　旅顺口海防前营游击毛永义，叩送大帅！

（众人同下。）

【第六场】

（毛文龙上，中军随上。）

中军　（白）　启禀老爷：大帅起马牌已到，定于午时进岛，老爷如何对付，请求钧令。

毛文龙　（白）　中军官，你看应该如何对付？

中军　（白）　大帅是总督军务，老爷是挂印将军，究竟比他不上，该迎接才是。

毛文龙　（白）　是应该迎接的。

中军　（白）　是应该迎接的。

（小兵甲上。）

小兵甲　（白）　禀老爷：大帅的前队已经登岸。

毛文龙　（白）　也罢，出队相迎！

（四白龙套、八凉帽长刀兵、四将、大旗同上。五色龙套、大帅旗、四旗牌、四将、中军引袁崇焕同上。毛文龙接上。）

毛文龙　（白）　大帅请了！

袁崇焕　（白）　贵镇请了！

（毛文龙背躬。）

毛文龙　（白）　且住。本帅蒙皇上圣恩，也曾加封挂印将军、左都督之职。他这口口称俺“贵镇”，是明明要做俺的上司了！咳！

（毛文龙转身引袁崇焕上帐。）

毛文龙　（白）　大帅有礼！

袁崇焕　（白）　贵镇不必过谦，本帅也只好以礼相陪的了。

（毛文龙、袁崇焕平拜，让座，献茶。）

毛文龙　（白）　卑镇谨备杯酒为大帅洗尘，务求赏光。

袁崇焕 （白） 叨扰了！

（场上设东西四席。袁崇焕居左，毛文龙居右，袁四将居次左，毛四将居次右。毛文龙敬酒。吹打。众人互照杯。）

袁崇焕 （白） 毛贵镇！

毛文龙 （白） 大帅有何见谕？

袁崇焕 （白） 俺想辽东、东江两处，军事最关紧要；皇上以偌大重任，寄托你我二人，必得同心共济，方有良美之效果。本帅历险至此，有种种事情，要与贵镇商议。明日是本帅的主人，奉屈贵镇至公馆畅叙畅叙。

毛文龙 （白） 文龙在海外五年，也有许多功绩；只因小人当道，军饷军械，处处掣肘，因此不能得手，说来惭愧得很。

袁崇焕 （白） 军饷军械，以后如有缺乏，可向本帅请领；但军中纪律，贵镇却推托不来。以后手下将校，如有不守纪律，可向本帅请尚方剑，先斩后奏。

毛文龙 （白） 文龙也叨皇上的恩典，赐有尚方剑，不须大帅烦心。

（袁崇焕、毛文龙各抚剑互视。）

毛文龙 （白） 大帅请酒呀！

（众人同饮。袁崇焕作酒醉出席。众人同出席。袁崇焕握毛文龙手。）

袁崇焕 （白） 不想你我二人同治一地，可谓三生有幸！明天本帅复席，尚有机密面议，务要赐光。

毛文龙 （白） 大帅恩赐，敢不走领！

（袁崇焕率众人辞别，同下。）

毛文龙 （白） 呵哈哈哈哈！人说袁崇焕气概严峻，如恶虎一般，据俺看来，也平和得很。

（众人同下。）

【第七场】

（帐前设烛。袁崇焕上，中军随上。）

袁崇焕 （白） 中军官，传祖总兵、汪副将进帐议事。

（祖大寿、汪翥同上。）

袁崇焕 （白） 二位将军，日间酒席筵前，毛文龙那厮，种种骄傲形状，时时发现；若不除去此人，必为国家之害。派你二人，明日选二百名甲士，伏于壁后；候他前来赴宴，看俺行事。

祖大寿、汪翥

（同白） 得令。

（祖大寿、汪翥同下。）

袁崇焕 （白） 中军官，明日毛文龙跟来武官，一个不许入内。

中军 （白） 吓。

袁崇焕　（唱）　国有强臣世不宁，
留存人世害生灵。
安排强弓与毒矢，
准备就把猛虎擒。

（袁崇焕、中军同下。）

【第八场】

（祖大寿、汪翥同上，埋伏甲士，盘铁杆献各技。四白龙套、八凉帽长刀兵、大旗、四将、中军拥毛文龙同上。中军上，出迎。毛文龙入，四将、中军同跟进。）

中军　（白）　大帅有令，今与毛老爷有机密军事会议；随来将官，非有呼唤，不得擅入。

（众人同退出。场上设东西两席。毛文龙入，袁崇焕迎出，对行礼，让座，入席，毛文龙居左，袁崇焕居右。）

袁崇焕　（白）　水酒一杯，不成恭敬。

毛文龙　（白）　多扰大帅，心实不安。

袁崇焕　（白）　请！

（毛文龙照杯。）

袁崇焕　（白）　毛文龙，想你带兵十万，坐镇东江；如今朝鲜降满，人心惶惶，不知贵镇所领何职，所办何事？

毛文龙　（白）　朝鲜降满，是他姓李的主权，卑镇无从干涉；若说卑镇在此东江，历来保护朝鲜，实属有功无过！

（袁崇焕冷笑。）

袁崇焕　（白）　毛文龙，你到此地位，还想欺瞒本帅不成？
来！将毛文龙拿下！

（毛文龙出席欲遁，祖大寿、汪翥从杆上同落下，同擒获毛文龙。伏甲同出，众人同去毛文龙尚方剑、衣冠，至降前跪倒。）

袁崇焕　（白）　毛文龙！你知罪么？

毛文龙　（白）　俺有何罪？

袁崇焕　（白）　你且听道——
（唱）　手指文龙把话讲，
且将你犯法事细数一场：
第一款设关捐私收税饷，
第二款夺民女好比强梁，
第三款十万兵有五万虚谎，

第四款向朝鲜无故借粮；

第五款倭寇韩你不去抵挡，

第六款妄杀人伤害善良，

第七款改姓毛属员一样，

第八款立祖庙礼僭君王。

俺今日数出你八大罪状，

有辩白尽辩白你勿受冤枉。

（白） 你可辩白？

毛文龙 （白） 没有辩白，但求大帅开恩！

袁崇焕 （白） 毛文龙，你好不明白，此时还想开恩？如今只有一事，你母亲妻子，本帅替你好好地照应，便是开恩于你。

赵、何两都司听令！

（赵一枝、何麟图同上，同允。袁崇焕双手捧剑。）

袁崇焕 （白） 今有尚方剑一口，令你二人速将毛文龙斩首！

（赵一枝、何麟图押毛文龙同下。三声鼓响。赵一枝、何麟图同上献首级。）

袁崇焕 （白） 哎，本帅杀他，是出于万不得而已。

众将官！歇兵三日，一同回营去者。

（众人同下。）

（完）

“宁武关”主题剧目

一、概述

宁武关为晋北古楼烦（古部落名）地。战国时，赵武灵王曾在此置楼烦关，以防匈奴。唐时置郡，取广宁、神武二郡尾字得名宁武郡。宁武关是三关镇守总兵驻所所在地。正式设关始建于明景泰元年（1450年），在明成化、正德、隆庆年间，均有修缮。当时明宪宗朱见深是朱棣之后明代不多几个有些作为的皇帝之一，他对其父明英宗所经历的“土木堡之变”深有感触并深深忌讳，故此登基不久就于成化三年（1467年）在山西中北部地势险要之处——今忻州市宁武县境内，建立宁武关，就是希望不要再重蹈先祖覆辙，防患于未然。在此之后，宁武关的防御功能被发挥到极致，有效地挡住了历史上蒙古的南下袭扰。宁武关的创设、加固以及沿关防戍的修筑，将偏头、雁门、宁武三关连为一线（被称为明长城的外三关），有效地加强了明朝北部边防，在相当长时期内，保障了三晋人民的安全。

当明末农民起义的风暴席卷陕、晋大地时，宁武关又成为抵御李自成农民起义军北上的堡垒。李自成的起义军一路势如破竹，很快占领太原，当向北攻克雁门关准备攻击大同时，发现明军在宁武关聚集了大批军队，有侧击起

明代长城重要关隘——宁武关

义军的企图。鉴于宁武关在三关中相互策应的重要位置，李自成又返身南下，奋战七昼夜以惨重的代价击败了明朝守军，镇守雁门关的三关总兵周遇吉兵败，这为夺取北京扫清了障碍。

宁武关之战是明朝历史上最为惨烈的战役之一。当时，明朝已处在风雨飘摇、岌岌可危之境，李自成顺应天下大势，在西安誓师起兵，举起了反明的义旗。百万雄师由禹门口东渡黄河，取道山西，直指京师。过河后，兵分三路，李自成自率东北一路主力约五十万人马北上，正月廿八攻陷平阳（临汾），二月初二攻陷汾州（汾阳），二月初八攻陷太原，二月十六攻陷忻州后包围了代州（戏文中的岱州，今天的代县）。之后，在此处遭到了当时的山西镇总兵周遇吉奋勇阻击，被周遇吉设计杀伤了万余人，但随即周遇吉也食尽援绝退守宁武关。李自成数十万大军直逼宁武关下，而周遇吉仅数千人马。大敌当前，他无论如何备战，都难以相抗衡。宁武关虽地势险要，但农民军志在必得。好在周遇吉火炮凶猛，致使农民军伤亡惨重。于是，农民军传话：若不投降，城破之日，必当屠城！一些将领也曾劝说周遇吉不要一味硬拼，但被周遇吉断然拒绝。他说："一军皆忠义，何须要投降？"于是，死战难免了。

李自成手下的将领们再次对宁武关发起了猛攻，在火炮的轰击之下，关城不断坍塌，农民军前赴后继，终于攻破宁武关。农民军攻入关城之后，周遇吉继续指挥巷战，从战马上摔下来后又徒步奋战不止，身中数箭，被农民军生擒后仍不屈服，农民军将周遇吉悬吊于高竿之上乱箭射死，然后又将尸体肢解。周遇吉的夫人刘氏素来勇健，带领几十名妇女拒守公廨，登上屋顶向农民军放箭，全部被农民军烧死。宁武关破，明王朝再无天险。农民军蜂拥北进，直取居庸关，一路攻下下北京城。

甲申国变，明军一触即溃，多少世受皇恩的文臣武将，跑的跑，降的降，独有周遇吉凛然不动，以死尽忠，虽然这种忠义精神有特定的历史环境，但其人的忠勇刚烈，至忠至孝的精神却留下了千古美名！进而成为民间说唱艺术的题材或素材。在戏曲艺术中，古典昆曲中就开始有《宁武关》的剧目。豫剧、京剧都有同名剧目传世。北方大鼓艺术中也有《宁武关》剧目传唱。

京剧传统剧目《宁武关》是连本大戏，也是传统的武生戏剧目，在历史事件的基础上虚构了丰富的故事情节，充分地塑造了大将周遇吉智勇双全、忠孝节烈的人物形象。既隐含着民众对社会安宁、和平的朴素政治愿望，也彰显出对人格崇高、精神崇高的审美理想。

二、“宁武关”戏曲剧目

京剧《宁武关》(头本·对刀步战)

此剧是京剧《宁武关》连本剧的第一本,又名《闪电光》,大致剧情是:明朝崇祯年间,天下大乱,李自成举起起义大旗,自称闯王。周遇吉镇守岱州宁武关,起义军屡攻不下。周遇吉素来骁勇过人,义军与之作战皆披靡败北。唯闯王义子李洪基武艺高强,与周遇吉旗鼓相当。当时义军士气正盛,周遇吉却孤立无援,理应早被李自成所胜。无奈李洪基因战功卓著,被其叔叔一支虎嫉妒,屡屡掣肘。李洪基与周遇吉交手数次,极其爱惜遇吉之才,拟收为心腹,每次对战稍让一步,而周遇吉则拼命而上,故此形成了对峙之势。义军先后攻克了岱州周围地界。只剩周遇吉依托宁武关险要,据守岱州以抗义军。此次李洪基又奉命往攻岱州,与周遇吉相遇。李洪基反复游说招降,周遇吉终不听,双方最终还是刀枪厮杀却乃是棋逢敌手,难决雌雄。战至兴起,李洪基乃约周遇吉舍枪而用刀,周遇吉毫不畏惧,两人仍杀得难解难分。李洪基又约周遇吉下马而比步战功夫,周遇吉慨然应战。双方下马交手,平时李洪基借助胯下宝马名曰"闪电光"的敏捷之力而不落下风,今弃马步战,往日优势尽失,正中周遇吉下怀。因此李洪基最终被擒。故此剧名为《对刀步战》或《闪电光》。

此剧虽是典型的武生戏,以打斗场面为看点,但为了刻画人物形象,前四场都是用人物自白、对话铺垫情节,充分渲染了周遇吉忠肝义胆、轻生死而重忠孝的英雄气概。如他自言:"俺心如铁,意如石,胆如斗,任你随何口,说不转寸心头。"活脱脱英雄气概、好汉形象,比较符合欣赏者们的审美标准和审美习惯。

剧本欣赏（节选）

宁武关（头本·对刀步战）

主要角色

周遇吉：老生

李洪基：武生

李自成：净

一支虎：净

……

【第四场】

（急急风牌。四小军、四上手引周遇吉同上，同站门。四兵卒、四下手、李洪基同上。会阵。）

李洪基 （白） 呔！马前来的，可是周将军？

周遇吉 （白） 贼子！

李洪基 （白） 周遇吉！

周遇吉 （白） 李洪基！

李洪基 （白） 可惜你这般的大英雄威武，也算天下间一筹好汉。只是你生于末世，未逢明主。

周遇吉 （白） 李洪基吓，李洪基吓！俺周遇吉呵！

（风入松牌） 俺堂堂帝统御中州，

鸿图四海全收。

李洪基 （白） 只是你主弱臣勇，将见败亡耳！

周遇吉 （白） 俺的圣上呵！

（风入松牌） 比尧舜功德茂，

少什么稷契夔名胄。

李洪基 （白） 谅你一旅之师，际得什么事，为人也要见机而行，才称得起英雄好汉。

周遇吉 （白） 俺周遇吉呵！

（风入松牌） 忠和孝，平身自守，

身和命笑浮沤。

（白） 看枪！

李洪基 （白） 周将军。

（风入松牌）　你昂昂气宇恁风流，
更艺勇可称琼玖。
（白）　你若倾心归顺，俺和你结为昆弟。
（风入松牌）　真果是，云龙风虎金兰友，
保毕世恩荣化胄。
周遇吉　（白）　休得多言，看枪！
李洪基　（白）　你若如此行之。
（风入松牌）　刀头丧身家尽休，
英雄骨弃荒丘。
周遇吉　（急三枪牌）　俺心如铁，意如石，胆如斗，
任你随何口，说不转寸心头。
李洪基　（急三枪牌）　莫待钟鸣漏尽，到山水穷头，
灾星透，便欲悔悔无由。

余叔言先生饰演的周遇吉（左）

（四小军、四兵卒自两边分下。周遇吉、李洪基同对抢，同亮架子，同开打，同下。四上手、四下手同开打，同下。李洪基上，周遇吉杀上，李洪基败下。四小军同上。）
四小军　（同白）　李洪基走了！
周遇吉　（白）　追！
（周遇吉、四小军同下。）

【第五场】
（四兵卒、四下手、李洪基同上。）
李洪基　（白）　罢了吓，罢了吓！他的枪法十分厉害，这便怎么处？有了，等他到来，俺与他对刀可以取胜。众将官，杀上前去。
（四小军、四上手、周遇吉同上。）
李洪基　（白）　周将军，为将者十八般武艺，件件皆能。你的枪法，不足为奇。你与俺对刀。
周遇吉　（白）　刀乃军家要事，怎么不知！就与你对刀。
（急三枪牌）　披风泼雪猛如彪，
万丈寒光飞骤。
似银蟒旋抖擞，
耳边风声频吼。
冷飕飕，闪烁光侔，
干羽振舞阶溜。

周遇吉、李洪基

（同白） 众将官，看刀伺候。

（周遇吉、李洪基同换刀。四小军、四兵卒自两边分下。周遇吉、李洪基同开打，同对刀，同下。四上手、四下手同开打，同下。李洪基上，周遇吉杀上，李洪基败下。四小军同上。）

四小军 （同白） 李洪基又败走了！

周遇吉 （白） 追！

（周遇吉、四小军同下。）

【第六场】

（四兵卒、四下手、李洪基同上。）

李洪基 （白） 罢了吓，罢了吓！俺的刀法，数年以来，并无人对手。他的刀法，也不输俺。有了，等他到来，俺与他马下步战。

众将官，杀上前去。

（四小军、四上手、周遇吉同上。）

李洪基 （白） 周将军，你我马上武艺，彼此皆知。

周遇吉 （白） 你要怎样战法？

李洪基 （白） 当初张飞与马超步战，杨再兴与庚丙文步战。俺如今与你比拳步战，若胜你不得，情愿收兵回去，永不犯你的边界。

（风入松牌） 和你较拳纵飞演，比进步，这秘法可周知。

周遇吉 （白） 且往。俺与他交战，怎奈他的马骤如飞。如今反要与俺步战，此乃是天赐我成功也！咴，李洪基！

（风入松牌） 你待要撼天山穿云斗海蛟，

俺如今要对付你这小猕猴。

李洪基 （白） 周将军，今日英雄遇英雄，好汉遇好汉，只可阵上赌输赢，不可暗箭伤人，方为好汉。

周遇吉 （白） 俺平生，正直待人。

众将官，不可暗使冷箭者。

（风入松牌） 狻猊摆尾下山头，

彩凤穿花滴溜。

撩衣托塔君知否，

举鼎势，伍子胥传授，

双展翅，鹰拿燕雀，龙探爪戏珠球。

（周遇吉、李洪基同下马，同起打。众人自两边分下。）

【第七场】

（四龙套同上。牌子。）

龙套甲　（白）　列位请了。元帅对李洪基交战，你我前去帮忙。

（李洪基上，周遇吉上，李洪基、周遇吉同开打，周遇吉擒住李洪基。）

周遇吉　（三笑）　呵呵，呵呵呵，哈哈哈！

（白）　众将，将他的营盘闪电光抢过来。

四龙套　（同白）　启元帅：闪电光抢过来了。

周遇吉　（白）　好，记功领赏。摆队进关。

（四小军、四上手自两边分上。）

四上手　（同白）　恭喜元帅，天神威武，擒此巨寇，威震华夷，小将等不胜忻贺。

周遇吉　（白）　小丑虽擒，大逆尚存，何喜何贺？

四上手　（同白　看此子虽然年幼，英勇非常，何不亲解其缚，劝他降顺，岂不是好？

周遇吉　（白）　咳，你们哪里晓得！

（煞尾）　他狼心野性岂驯柔，

暂降伏终成仇寇。

（白）　若留在关内呵！

（煞尾）　反贼内外难防守，

四上手　（同白）　如此，加恩放回去。

周遇吉　（煞尾）　纵猛虎归山差谬。

四上手　（同白）　元帅如何处治？

周遇吉　（白）　众将官听令：那闯贼知我擒他爱子，必然统领大兵，前来劫夺。

这场厮杀非比小可，我军当预先准备，吩咐阵前，多排鹿角，布蒺藜，头层藤牌手，二层火炮手，三层弩弓手，第四层长枪手，第五层攒箭手，必须人人奋勇，个个当先，国家兴亡，在此一阵成功，奏凯论功升赏。众将官！

（煞尾）　当一纶香饵在钓，

要把鳌鱼钓，方得海波休！

（众人同下。）

（完）

京剧《宁武关》（二本·求子）

本剧是《宁武关》连本戏的第二本，讲述李自成义子李洪基被周遇吉所擒。李自成一时心疼不已："五内如同烈火焚。寸寸肝肠断，点点珠泪淋。嗏睚眦裂双眼，天关摇振。跺足捶胸，咬定银牙根。"一心想要解救李洪基。李自成带兵来至城下，先是威胁周遇吉让其放人，反被周遇吉大义凛然地驳回："哇！闯贼！你欺藐我君父，蹂躏我国家，屠戮人民，摧残州郡，汝子助你为恶。今被我擒，也是尔等恶贯满盈，应遭天谴。早当改过，自保全蚁命。还敢放肆么？"李自成无奈，只得放下身份，好言相告，并企图用金帛、财物、美女、贿赂周遇吉。周遇吉毫不为之所动："本帅奉命镇守城池，身命轻如鸿毛，家室弃如敝屣，这些污秽之物何用？"并斥责李自成应尽早"叩头缚绑捧降文，洗心改过口称臣。钻刀设誓，从此息烟氛。封章达至尊，听金鸡衔赦邀怜悯。方保得父子团圆。"李自成一时情急，再次企图用父子人伦感动周遇吉，却又被周遇吉用君臣大义驳回。李自成一时语塞，没了主见。这时，闯王手下主要心腹宋献策和一支虎见形势不对，出于各自目的，齐齐来劝李自成要顾全大局，不可功亏一篑。李自成最终咬牙狠心，下令攻城。周遇吉见事已至此，命人斩杀了李洪基，却终究因寡不敌众被攻破城门，周遇吉弃城而去逃回宁武关。起义军占领了岱州城，随后大军直逼宁武关下。

本剧对白流畅，围绕"放人"展开了父子人伦与君臣大义的矛盾冲突，周遇吉与李自成从各自的立场出发，力陈理由，互不相让，最后将矛盾进一步激化，大战再起，颇能引人入胜。

（剧本略）

京剧《宁武关》（三、四本·别母乱箭）

本剧是《宁武关》连本戏的第三、四本，又名《一门忠烈》，也是全剧的高潮和精彩部分。剧情情节和史实不小出入，明史中记载宁武关总兵周遇吉的夫人刘氏和丈夫一样勇健善武。夫妻二人协手镇守宁武关防。李自成大军破城后，周遇吉先被乱箭攒身被擒身死。夫人刘氏依然奋勇不屈，带领健壮女仆数十人占据府衙屋顶，用箭抵抗攻入城中起义军，毙伤多人。后义军纵火焚烧府衙，刘氏众人葬身火海，英勇牺牲。剧目中刘氏夫人改为白氏夫人，略去了夫人英勇抗敌的情节，设置了周夫人先行自刎殉节的情节，以彰显周夫人恪守妇道的忠烈品行。全剧重点突出刻画的是周遇吉的母亲周老夫人。在剧中，周老夫人明察秋毫，从儿子矛盾的言语中得知儿子所守城池失陷以后能识大体、顾大局，教导儿子要恪守忠孝节义。在儿子出城抗敌后，为了解除儿子的后顾之忧，毅然自焚而死。

全剧情节可分为前后两个部分，第一部分为全剧第一场，写周遇吉的老母、妻儿都居住在宁武关内，一日，婆媳二人闲谈说起李闯王的农民军围困周遇吉所镇守的岱州，周母因许久没有儿子消息，不由心生担忧。恰在此时，周遇吉兵败岱州，突围出来回到宁武关家中，直接去见母亲和妻儿。周母不由心生怀疑，周遇吉以回来为母亲贺寿为由，企图搪塞过去。家宴上，周遇吉心生悲切："擎杯含泪奉高堂，……，揾不住，万斛琼珠漾。……劝萱堂，强笑加餐，好把暮年怡养。"周母见状，不由询问儿子为何悲切。周遇吉此时内心十分矛盾："我好恨！恨我幼时，怎不去效渔樵？习耕牧，守田园，事农桑。倒得个，全终养，尽子职无妨，习什么剑和枪，登什么朝和廊？到如今，叫我进退意彷徨！"当前处境真是忠孝不能两全。周母明察秋毫，一语道破周遇吉内心担忧："你因贼兵围困岱州，恐战死沙场，无人侍奉老身，可是么？"周遇吉被说中心事，想让母亲离开此地躲避刀兵。周母断然拒绝："我儿此言差矣！……难道我未亡人，畏着剑锋？难道我年暮人，恋着夕阳寸光？不能个成子效忠良？"并向周遇吉表明心愿，"我平生志向，只愿你裕后流芳……你若是为国捐躯，不负我谆谆训义方。"此时李自成农民军追至宁武关下，消息传进，周遇吉不由心神大乱，还是周母临危不乱，鼓励周遇吉奋勇抗敌，青史留名。而周母对自身后事也有了决定，决心效仿古人卞昆，成就忠义节烈的后世英名。周遇吉谨遵母命，含泪辞别母亲，出关迎敌。此时周遇吉的夫人白氏也下定决心要以死殉节，随后自刎而死；周遇吉儿子也毅然碰阶而死。周母十分欣慰，遂让家丁封闭家门，放火自焚。周遇吉全家以死成全忠孝节烈的英名，后世赞为：一门忠烈！

第二场至第七场为全剧第二部分，写周遇吉眼见全家殉难，不由悲痛欲绝，立下死战的决心，与李自成军展开大战，连败数员大将，直杀得"战场黯黯阵云黄，浮云寒露惨苍茫”。李自成眼见周遇吉勇不可当，与属下大将一支虎定下埋伏之计。周遇吉遭敌军乱箭攒身，感到大势已去，却依然壮心不已：“悲怏身未死忠魂先漾，心已碎丹心雄壮”，拼却最后气力打伤大将一支虎。虽心中有“出师未捷身先丧，赢得英雄泪两行”的遗憾，也感到忠义已尽，于是“从容结缨，正是谈笑饮干将”，从容自刎，慷慨就义！凛然正气，忠孝节义，英雄气概，勇冠军前。让人敬佩、惋惜、景仰！充分发挥了戏剧感化、教化和审美的综合作用。

剧本欣赏（节选）

宁武关（三、四本·别母乱箭）

【第一场】

（周母上。）

周母　（引子）　暮景喜安康，两鬓星霜。

（白氏上。）

白氏　（引子）　晨昏甘旨勤供养，侍奉姑嫜。

（周子上。）

周子　（引子）　萤窗日夜苦钻研，黄卷青箱。

白氏　（白）　婆婆。

周子　（白）　婆婆，母亲。

周母　（白）　罢了。老身乃周遇吉之母。我儿职居岱州总兵，家眷侨居在宁武关。老身年过耄耋，喜得媳妇贤孝，孙儿攻读书史，娱我暮年。只是吾儿，两月未回，使我时刻思念。

京剧《别母乱箭》剧照

白氏　（白）　启婆婆：闻得流贼，围困岱州，你儿日夜在城守卫，怎得回来？

周母　（白）　你一向为何再不提起？

白氏　（白）　唯恐惊了婆婆，所以不曾言及。

周母　（白）　就该着人前去打听才是。

周子　（白）　孙儿昨日已差人打探，早晚必有回音了。

（周遇吉、随从同上。）

周遇吉　（引子）　败北非因畏敌狂，虑萱堂，倚门凝望。

（随从接枪、马，下。家院上。）

家院　（白）　老爷回来了。

周遇吉　（白）　我且问你，太夫人在哪里？

家院　（白）　在堂上与夫人、公子讲话。

周遇吉　（白）　你快去准备酒宴伺候。

（家院允，下。）

周遇吉　（白）　参见母亲！

周母　（白）　我儿回来了。为娘正在此想你。

周遇吉　（白）　母亲请上，待孩儿拜见！

周母　（白）　罢了。

周遇吉　（白）　孩儿久离膝下，定省有亏，恕孩儿不孝之罪。

周母　（白）　儿吓，你勤劳王事，我岂罪汝？

周遇吉　（白）　夫人。

白氏　（白）　相公。

周子　（白）　爹爹！

周遇吉　（白）　罢了。

白氏　（白）　闻听贼兵，围困岱州，怎得回来？

周遇吉　（白）　我正为贼兵猖獗，特地回来作个……

白氏　（白）　作个什么？

周遇吉　（白）　咳！你问他怎么！

白氏　（白）　好奇怪。

（家院上。）

家院　（白）　启爷：酒筵完备了。

周遇吉　（白）　看酒来！

母亲，孩儿特治一樽酒，与母亲介寿。

周母　（白）　生受你。

周遇吉　（小桃红牌）　擎杯含泪奉高堂，

周母　（白）　我儿面貌声音，为何有悲惨之状？

周遇吉　（小桃红牌）　不住，万斛琼珠漾。

（白）　劝萱堂，

（小桃红牌）　强笑加餐，好把暮年怡养，

		切莫要念儿行！
周母	（白）	我儿光景，似有可疑。
周遇吉	（白）	我好恨！
白氏	（白）	相公恨什么？
周遇吉	（小桃红牌）	恨我幼时，怎不去效渔樵？
		习耕牧，守田园，事农桑。
	（白）	倒得个，
	（小桃红牌）	全终养，尽子职无妨，
		习什么剑和枪，登什么朝和廊？
		到如今，叫我进退意彷徨！
周母	（白）	儿吓！
	（下山虎牌）	凭般凄惨，这等悲伤，
		有甚衷肠事，何妨细讲？
周遇吉	（白）	孩儿只为远在任所，不能常依膝下，故而如此。
周母	（白）	就是远在任所，也不过一、二日程途耳。
	（下山虎牌）	何必愁容切切，悲声怏怏，
		必有万恨愁，故断肠，何须深掩藏？
周遇吉	（白）	孩儿无有甚事，母亲开怀畅饮。

（周遇吉看白氏。）

白氏	（白）	媳妇奉敬婆婆一杯。

（白氏跪。）

周母	（白）	生受你，我手捧。
	（下山虎牌）	这霞觞，心内细参详。
	（白）	我晓得了。孩儿，
	（下山虎牌）	你不须悒怏，
		我有个守节全身善后方。
周遇吉	（白）	母亲知道什么来？
周母	（白）	你因贼兵围困岱州，恐战死沙场，无人侍奉老身，可是么？
周遇吉	（白）	孩儿心事，既被母亲猜着，怎敢隐瞒。可恨流贼兵众，岱州兵少粮尽，孩儿连打数阵，不能退敌。岱州已破，孩儿只得退守在宁武关。怎奈此关，前无接应，后无退步，旦夕必破。特地回来，见母一面，纵然战死沙场，分所当然！只是不能保护母亲，是以寸心如割。孩儿欲命家将，保护母亲，逃往外府躲避，免受惊恐。

周母　（白）　我儿此言差矣。我闻昔日王陵之母，尚然能成自之名。

（五般宜牌）　难道我未亡人，畏着剑锋？

难道我年暮人，恋着夕阳寸光？

不能个成子效忠良？

周遇吉　（白）　母亲还是远避好。

周母　（白）　你叫我避到哪里去？

（五般宜牌）　我平生志向，只愿你裕后流芳。

（白）　自古妇人三从为首：在家从父，出嫁从夫，夫死从子。你父不幸早亡，喜汝名登武库，今逢国难尽忠，为娘的呵！

（五般宜牌）　也是理所正当，

何必商量！

（白）　周遇吉，儿吓！

周遇吉　（白）　母亲！

周母　（五般宜牌）　你若是为国捐躯，

不负我谆谆训义方。

（家院上。）

家院　（白）　启爷：贼兵围困关前了！

周遇吉　（白）　闪开了！

（周遇吉两边望。）

周遇吉　（白）　哎呀母亲！贼兵围困关前，这便怎么处？也罢！待我自刎了罢！

周母　（白）　哇！你若战死沙场，名垂青史；你若死在家中，人必道你：眷恋妻孥，岂不遗臭万年？

周遇吉　（白）　母亲说得是。天吓，天！我周遇吉不幸至此！

周母　（白）　儿吓！我说个古人你听：东晋时有个苏峻，跋扈提兵犯阙。有个大夫卞昆，仗剑与苏峻战于阙下而死。他有一子，亦随父而亡。家中妻子亦伏剑而亡。其母年过九十，拍案大笑曰：吾门幸哉！父死为忠，子死为孝，妻死为节，母死为义。忠孝节义，出于一门，至今永垂不朽。我们今日，何不效他一效？

周遇吉　（白）　母亲说得是。天吓！我周遇吉不幸至此！

周母　（白）　家将过来。我家遭此大难，合门尽节，你们各自逃生去吧！

家院　（白）　小人蒙太夫人豢养，恩同骨肉，怎能抛撇而去？情愿死一处！

周母　（白）　好，难得，难得。我家有此义仆，胜似卞家一等也！家将与我赶他出去。

家院　（白）　老爷请出去吧。

周遇吉　（白）　母亲，孩儿是去了！

	（小蘇楷牌）	遵严训，难违抗，
		只得含悲忍恸，拜倒在阶旁。
		呵呀，堪伤痛，
		衰年暮景罹此灾殃！
周母	（白）	过来！
	（小蘇楷牌）	从今后绝伊留恋，
		断伊索紧，免伊凝望。
周遇吉	（白）	母亲，孩儿是去了。
	（小蘇楷牌）	谨遵堂上慈亲命，
	（白）	夫人，
白氏	（白）	相公。
周遇吉	（白）	我儿，
周子	（白）	爹爹！
周遇吉	（白）	罢！
	（小蘇楷牌）	捐尽余生答圣明！

（周遇吉下。）

白氏	（白）	看相公已去，妾当早为自尽便了。
	（五供养牌）	我是裙钗妇，守糟糠，
		闺箴从幼慕共姜。
		贞操自会凛冰霜，
		呵，婆婆呀！
		只为龆龄幼子，衰老姑嫜。
		因此上偷生忍死相偎傍，
	（白）	罢！
	（五供养牌）	倒不如先淬青锋，免使伊牵心挂肠。

（白氏自刎，下。）

周子	（哭）	哎呀，亲娘呀！
家院	（白）	太夫人，少夫人自刎了。
周母	（白）	好，真乃烈妇也！
周子	（白）	呵呀，婆婆呀！
	（江头送别牌）	孩儿不能遵祖训光耀门墙，
		不能够承父志继绍书香。

穷途流落谁倚仗？
（白） 罢！
（江头送别牌） 倒不如先游黄壤！
（周子撞死，下。）
家院 （白） 太夫人，小官人砸阶而死了。
周母 （白） 好，我家有如此贤孙，难得，难得！来，与我把前后门封起来，四面放火。
（家院持火把烧场，周母跳火，下。家院自刎，下。仙童、土地同上，迎周母、白氏、周子、家院同下。）

【第二场】
（周遇吉、随从同上。）
周遇吉 （白） 呀，娘吓！
（蛮牌令） 看风助火威光，
火趁猛风飚。
满天飞烈焰，
遍地闪金光。
呵，亲娘吓！
能够殷勤奉养，
倒使你骨朽形伤。
千倍恨，泪万行，
这的是终天抱恨，万劫难忘！
（白） 来，带马！
随从 （白） 咋！
周遇吉 （尾声） 腾腾怒气飞千丈，
绝却家庭内顾伤。
（白） 也罢！
（尾声） 俺待放胆扬眉，
和他战一场！
（四龙套、四上手、左金龙同上，对阵。）
周遇吉 （白） 贼将同名上来！
左金龙 （白） 我乃左金龙是也！
周遇吉 （白） 赏你一枪！
（左金龙死，下。四上手、射蹋天同上。）

周遇吉　（白）　贼将留名！

射踢天　（白）　俺乃射踢天是也！

周遇吉　（白）　赏你一鞭！

（射踢天下。一支虎上。）

周遇吉　（白）　贼将何名？

一支虎　（白）　俺乃御弟一支虎是也！

周遇吉　（白）　看枪！

（起打，一支虎下，周遇吉追下。）

……

【第六场】

（周遇吉上，持鞭拄地。）

周遇吉　（白）　杀败了呀，杀败了！不想我误入罗网，身被重伤，只怕性命难保了！

（尾声）　悲怏身未死忠魂先漾，

心已碎丹心雄壮。

（一支虎上。）

一支虎　（白）　周遇吉，敢与我再战数合么？

周遇吉　（白）　放马过来！

看鞭！

（周遇吉鞭打一支虎左臂，一支虎下。）

周遇吉　（白）　圣上吓，圣上！臣力已尽，不能保全社稷了！

（尾声）　出师未捷身先丧，

赢得英雄泪两行。

众人　（内同白）　周遇吉，还不投降么？

周遇吉　（白）　尔等谁敢来！

（尾声）　休无状！

（周遇吉跪拜。）

周遇吉　（尾声）　望龙城稽颡，

（白）　也罢！

（周遇吉拔剑。）

周遇吉　（尾声）　好从容结缨，正是谈笑饮干将！

（白）　也罢！

（周遇吉自刎，站立。李自成、众人同上。）

李自成　（白）　周遇吉自刎了，可惜可惜，真乃忠良雄将。明朝将官，若能个个如此，孤家焉能到此。

（四上手、一支虎同上。）

李自成　（白）　御弟为何这等模样？

一支虎　（白）　适才与周遇吉交战，被他打了一鞭，好不疼煞我也！

李自成　（白）　请到后帐，命御医调治。

一支虎　（白）　谢兄王。这是何人尸首？

李自成　（白）　这就是周遇吉。

一支虎　（白）　待我将他碎尸万段！

李自成　（白）　且慢，他也是各为其主，御弟请回大营。

一支虎　（白）　谢兄王。

（一支虎下。）

李自成　（白）　众将官，周遇吉尸身，不可损坏。好好用棺木盛敛，埋葬高阜。

众人　（同白）　得令。

李自成　（白）　歇兵三日，整顿人马，直捣燕京便了！

（众人同下。）

（完）

京剧《明末遗恨》

京剧《明末遗恨》是一出多场老生大戏，有藩侠风藏本、麒麟童真本等多个版本。剧情背景是明朝末年，李自成称帝西安后，遍发檄文，进逼北京。崇祯帝闻讯大惊，遂命李建泰督师出征；李国桢严守京畿；杜勋、杜之亨分别巡防宣府、居庸关。当时时局是天下贪官当道，又逢连年荒旱，以致国库空虚，民不聊生。崇祯帝皇后周后为解国困，尽数捐出首饰珠宝，资充军需。却不料李建泰羁押粮饷，督师前线的路上私自贪污了银饷，回了老窝苟且偷安。宁武关既破，大将周遇吉为国尽忠。前去巡视督师的杜勋、杜之亨全部投降，京畿垂危。京城破城在即，崇祯帝欲将太子托付于国丈周奎。事关重大，崇祯帝乔装前往周府夜商大事。却不料周奎召集一众私党早商议好投降大计，此时正不顾国难当头，纵酒狎妓欢乐，明知皇帝亲来也假装不知，拒不接见。杜勋奉李自成命说降京城守卫曹化淳，偷开彰仪门。城门失守，李国桢死战尽忠。崇祯知大势已去，持剑入宫，亲手杀死公主，赐死周后；自己走上煤山，留诏自缢。

该剧场面宏大，叙事丰富，人物众多。剧情开场，两个已被收买投降的内侍太监偷偷把李自成起义昭告天下的檄文放于崇祯帝书案之上，从此揭开了宫廷风云变幻的大幕。

第二、三场中剧中主要人物一起登场亮相。面对天下纷纭形势，众人明显分成两个阵营。李国祯、范景文等老臣忧心忡忡；杜勋、杜之亨等宦官却事不关己。李国祯不由感到："嘿嘿！国家休矣！阉宦专权误国政，断送万里锦乾坤！"为后文表现奸臣误国埋下伏笔。

第四、五场崇祯帝登场，一边深深感慨自己登基以来虽有励精图治之心，国势却无太大起色，突然发现了书案上起义军的告示，才知道天下已经大乱，不由大惊失色。紧急召集众臣商议。崇祯帝当着众人自我检讨："也罢！朕自登基以来，流寇蜂起，外患频来，水灾兵祸，年年不息。人民不能安居，不怪文不修政，武不平乱；终怪寡人用人不当。"想要御驾亲征前去平叛。大臣李建泰赶紧上前请愿，以熟悉地方情况为由，愿代圣驾到前线犒军，抵抗叛军。崇祯帝甚是欣慰。又命杜勋做监军巡视宣府军情；命杜之亨巡视居庸关军情；太监曹化淳镇守北京城门。李国祯统领京城总防务。范景文总领政事。内外安排完毕，李建泰却提出没有粮饷，无法犒军。国丈周奎提出从老百姓身上捐饷，崇祯帝不由悲从中来，放声大哭："咳！百姓们虽有救国之心，怎奈他们无有多大力量。况且国家捐了他们也不止一次了。捐得他们筋疲力尽，自顾尚且不暇，只怕心有余而力不足了！富家翁只晓得鱼肉百姓，他把那国家事置若罔闻。十七年天降灾是朕命运，苍天呀！又何必杀万民罪在我身！"众人见状，只得从长计议。前几场主要展现剧中人物，尤其是崇祯帝的形象。通过角色人物的心理自白和对话，初步展现崇祯帝这个人物在国势飘摇的局势下尚有治国的雄心和爱民的仁厚品质。同时也对自己的执政开始自我反思。通过崇祯帝的感叹侧面的交代了当时天下形势：百姓深受天灾人祸之苦，富人却为富不仁。但国难降临，崇祯帝也无良策，众大臣也各怀心思，也反映了崇祯帝执政能力不足、驭人不当的缺陷，为后文陷入困顿埋下伏笔。

第六至第九场主要围绕筹措钱饷之事展开。崇祯帝回到后宫，心情烦乱。与皇后周氏说起流民起义之事，又提到如今国库空虚，无有粮饷。周后深明大义，向崇祯帝提出从百姓身上捐饷不应该，“从来不曾捐过大臣，未免太不公平！此番捐助军饷，必须要由上而下，一律捐助，方见公允”，并表示先愿将正宫一切珠宝捐作军饷。体现了周后不仅深明大义，而且有智有谋。崇祯帝顿时感到有了希望。与此同时，太监曹化淳等人却打着捐饷的名义大肆克扣百姓，中饱私囊。第二天上朝，崇祯帝把皇后主意说与大家。众人的态度顿时有了分歧。李国祯等大臣立即响应，表示“臣愿将家中细软变卖，荡产倾家，充作军饷”。崇祯帝不由深深感动：“伤心话说得我珠泪滚滚，忠勇气使草木也要同情。”范景文等忠臣也纷纷响应。曹化淳却哭穷推诿，被崇祯帝强迫派捐。众人的不同态度使得崇祯帝不由感慨道：“慷慨捐助不吝啬，国难临头优劣分。”轮到周奎、陈演二人，此二人也是推诿吝啬不肯捐。被崇祯帝强捐十万两。李建泰自告奋勇押运粮饷到前线。崇祯帝甚是欣慰，“金殿赐卿皇封酒，扫灭烟尘要小心”。之后崇祯帝心腹贴身太监王承恩奉旨前去太师府催捐银，周奎与夫人百般推脱，决定先拖延再慢慢想辙。周夫人出主意让周奎作假寿宴请百官，把摊派捐银的难题转移到百官身上。周奎不由大喜。

第十场写李建泰出了京城，才对手下亲信说明真实目的：“想我作了一个大学士，拿不着俸银，又不能辞退。如今李闯王僭号，大势去矣。闻得李闯王兵犯山西，我的家产又无人保护，真是心悬两地，故尔自请督师。这个呆皇帝信以为真，与我五百民兵去援山西。此番到了曲沃，只要保护得了我的私产，你们的军饷由我来担负就是。”而此时消息传来老巢曲沃被闯王攻占，决定沿途搜刮财物，改道保定自保偷安。

第十一场场景转到宣府关防，杜勋奉命来此监视军情，抵抗闯王大军。忽然军事主官总兵王承允惊慌来报：“李闯王破了蒲州、汾州，晋王朱贵被杀，巡抚蔡茂德殉难，因此特来与公公商议。”两人顿感大势已去，不由得同时想到投降。两人正商议细节，大同总兵姜瓖也背着上级周遇吉私自前来寻求对策，三人很快达成同谋，决定共同归降闯王大军。

第十二场场景又转回宫内。李国祯匆忙进宫向崇祯帝禀明了军情的危急。也通报了李建泰的叛逃。崇祯顿时慌了手脚。李国祯信念坚定，返回前线抵抗闯王。崇祯帝开始考虑后事，先命杜之享前去居庸关监军，抵挡闯王大军；再与亲信大臣商议如何保护太子南下避难，商议半天却并无良策。

第十三场又转回宣府前线，杜勋、王承允得知闯王大军已至，一面安排迎接，一面劝说宣府巡抚朱之屏放弃抵抗。朱之屏大义凛然，痛斥两人：“住了！想这大好江山，俱丧在你们这班太监之手！你背主投敌，反来劝我，真乃无耻之辈也！误国王振与刘瑾，降敌承允与杜勋。辜负皇恩心何忍？小人难养果是真。”两人见劝说无效，自去迎接闯王进城。朱之屏召集人马准备抵抗，无奈兵丁们也都纷纷投降，无人响应。朱之屏失望之余，自刎以谢皇恩。

第十四、十五场，转回宫内。前线战报传来，杜勋、王承允、姜瓖等人不战而降。崇祯帝为了妥善安排太子南下，听从周皇后建议，决定亲自到国丈府与国丈周奎商议，欲委以重任。而周奎此时听从夫人妙计，召集亲信在府中摆宴庆寿。席间谈起目前局势，太师陈演提议归降闯王以自保，得到众人附和。大家边饮酒边欣赏歌妓表演歌舞。众人轻松自在，丝毫不为时局担心。崇祯帝带着近侍王承恩冒着严寒，踏着冰雪深夜乔装前往周府。

路上遇到巡城士兵，崇祯帝不禁心生同情，却被王承恩告知下层士兵的疾苦。崇祯帝不由再次感慨。临近周府，府中歌舞欢宴声声传来，两人不由大为惊奇："是谁家这么豪兴，饮酒欢声？……，咳！国家存亡未卜之时，还有人狎妓饮酒，太无心肝了！"这就为下文崇祯吃闭门羹先埋下伏笔。

王承恩叫门，得到看门人傲慢地答复告知主人在设宴待客，却不给开门。崇祯自报名号，门人搬出太师口令依然傲慢无礼，仍不开门。崇祯不由怒火中烧："主辱臣亡全不问，畅饮高呼丧了心。闭门不纳心何忍？"欲仗剑闯进门去，却被王承恩劝下。崇祯帝只得愤恨而回。

本场戏的设置为全剧的一个小高潮，剧情充分渲染了危难之际奸臣误国的情形，采用传统的以"乐景"写"哀景"之法，使观众对戏剧主题理解更加透彻。情节一步步推进，有铺垫有穿插，最终在看似矛盾却又合情合理中告一段落。

第十六场场景再转到居庸关前线，崇祯帝命内侍太监高起潜到前线册封守将唐通爵位，以安抚唐通忠心镇守前线重地。刚刚宣旨完毕，前线探报传来："宁武关失守，周遇吉力战而死。总兵姜瓖献了大同，监军太监杜勋献关投降。如今李闯杀奔居庸关来了！"监军杜之享与守将唐通顿时乱了分寸，不知如何是好。这时太监杜勋来到居庸关劝降二人。高起潜马上谈起了投降的条件。杜勋当场许下三人荣华富贵。三人不再犹豫，决定归降。唐通为了邀功，带领人马向京师门户昌平偷袭而去。

第十七至第十九场场景转回宫内。描写城破前宫内的暗流涌动。李国祯匆忙进宫向崇祯帝禀告紧急军情。崇祯帝不由地"听说李闯攻九门，晴天霹雳响一声"。此时，李国祯忠臣本色再次彰显："自古男儿有血性，岂能怕死与贪生？辞别万岁去拼命，尽忠报国整乾坤！"崇祯帝再次召集陈演、周奎等亲信众臣商议对策，众人却犹如无关之人，寻机溜走。崇祯帝的失望情绪进一步加深。与此同时，杜勋偷偷来见镇守京师城门的曹化淳，奉上厚礼。劝说曹化淳投降，曹见利忘义答应做闯王内应。崇祯帝夜不能眠，敲钟召集众臣上朝议事。寂静的夜里只闻钟响，不见人影，只有李国祯闻钟前来。李国祯再次表明忠心："京都乃是国家本，臣当竭力守孤城。辞别万岁去临阵，安邦定国秉忠心。"此情节的反复设置为人物下文以死全忠做好了充分的铺垫，使人物形象丰富立体。杜勋溜进宫中面见崇祯，厚颜无耻地劝说崇祯帝退位。王承恩要杀杜勋，却被崇祯帝心灰意冷地劝阻。崇祯帝再次敲钟召集众人，除了李国祯还是无人响应。曹化淳偷偷进宫探听虚实，假意表忠心迷惑崇祯帝。崇祯帝却依然忠奸不分。曹化淳拿定主意，偷偷溜走，私开城门放进了李自成大军。京城就此失守。

第二十至第二十二场是全剧的尾声，也是全剧的高潮。描写京城失守，李国祯奋勇抵抗，终究以身殉国。崇祯帝在复杂的心情中赐死皇后，杀死女儿，自己在煤山上吊自缢。

京城城门失守的消息传进宫中，崇祯帝和宫中的妻儿全部痛心不已却又匮乏无力，"李闯犯关颠国本，昂首苍天泪满襟"，"呼天喊地不能应，同登泉道泪血痕"。眼看得闯王军队即将攻进皇宫内院。崇祯帝深感如此结局愧对历代先祖，顿起一死了之的念头，又不愿皇家身份被叛军侮辱，忍痛赐死发妻周皇后。崇祯帝"霎时间天愁地惨人亦昏"，为了维护皇家尊严，崇祯帝又亲手对着女儿举起了宝剑。面对女儿哭求，崇祯帝一语道出了本质："儿呀，你是无罪，怎奈你生在这帝王之家，你就大大的有了罪了！"此一语将崇祯帝心中的不舍、苦楚、无奈、悔恨尽含其中，将帝王身份的凄苦和人父身份的真情展现得淋漓尽致。最后关头，太监徐高自愿保护崇祯的两个儿子逃出宫去，以保存皇家血脉。崇祯帝临别前放下了帝王的身份，对着儿子充满慈爱地叮嘱："儿呀！你们自幼生长在皇宫内院，民间情形，一概不知。况且俱在年幼，为父实实放心不下。此番跟随徐高出宫，到了民间，见了年长的叫一声'叔父''伯父'，见了年幼的叫一声'兄弟’‘哥哥’，有道是：见人只说三分话，不可全掏一片心！”最后关头体现出一个父亲的拳拳之心。

剧情终场崇祯来到太庙之中，对着先祖灵位深深忏悔。到了此时，崇祯帝也对自身所作所为有了清醒的认识，“尸位素餐文武官，闭门不纳忘宗亲。折转南宫太庙进，愧对祖先不肖孙！祖先呐，祖先！可叹你挣下这锦绣江山，一旦丧在你儿孙之手！崇祯呐，崇祯，这江山丧在你手也！大明江山丧崇祯，只为宠用奸佞臣。上行下效成习惯，不顾廉耻顾金银。太平年吃太平俸，事到临头变了心。大臣执政皆如此，遍地狼烟国不存。文官要钱武惜命，断送孤王锦乾坤。”但大势已去，悔之晚矣。崇祯帝漫无目的地向前走，不知不觉来到煤山。碰上前来报信的王承恩，得知李国祯为国捐躯，心中再无活下去的希望。支开王承恩后，用血书写下临终遗言，寻一棵槐树自缢而死。

在全剧高潮中主角用大段的唱词回忆先祖事迹和自己一生经历。将遗憾、悔恨、不甘、愤懑、无奈、愁苦等心情尽融其中。当真是字字泣血，句句含泪，情可感天，悲可动地。自然将全剧矛盾冲突升华到顶点，将悲剧性的氛围渲染到极限，这种强化了的悲剧情景，达到了极高的艺术境界。

剧本欣赏（节选）

明末遗恨

……

【第十四场】

（四太监、太子、永王、定王、周后、公主引崇祯同上。）

崇祯　（唱）　戊辰至今十七春，
并无一日得安宁。
风不调来雨不顺，
国破家亡应崇祯。

周后　（唱）　兴衰成败由天运，
振作精神挽乾坤。

（王承恩上。）

王承恩　（唱）　探马不住报纷纷，
大同、宣府降贼人。

（京白）　启奏万岁：宁武关已破，周遇吉力战而死；大同总兵姜瓖、宣府总兵王承允，会合监军杜勋，相继奉表，归顺闯王，已然围了居庸关啦！

周信芳先生饰演的崇祯（左）

崇祯　（白）　哎呀！

（崇祯哭。）

崇祯　（唱）　姜瓖、杜勋、王承允，
相继奉表降他人。

王承恩　（京白）　事到如今，哭也无益。陛下速速召集文武，共同商议。

崇祯　（白）　咳！指望他们是靠不住了！

王承恩　（京白）　想那居庸关虽然险要，但是离京甚近。请陛下早做准备才是呀！

崇祯　（白）　朕早有准备。国亡之日，不过是一死！

王承恩　（京白）　请陛下迁都！

崇祯　（白）　国将不保，舍了百姓逃走，孤王何忍？

王承恩　（京白）　何不下诏，令天下勤王？

崇祯　（白）　朕已下诏，令天下勤王。至今一支兵也未曾来过呀！

王承恩　（京白）　何不请太子江南抚军，以图恢复？

崇祯　（白）　朕命驸马巩永固保护南下，怎奈他府无甲兵，叫孤也无计奈何。

周后　（白）　何不将太子送往我爹爹国丈那里，就命他保护南下？

崇祯　（白）　老国丈么？嘿嘿，恐他年迈，舍不得富贵！

周后　（白）　国丈虽然年迈，休戚相关。难道他毫无人心不成？

崇祯　（白）　是啊！国丈不必负国。但此事重大，不可造次。王承恩，随孤王去往国丈家中，商议妥当，再送太子，也还不迟。

周后　（白）　天子岂可屈尊去往臣府？

崇祯　（白）　咳！国破家亡之时，还讲什么天子不入臣府？看衣更换！

（唱）　国破家亡将混沌，
说什么虚礼屈至尊？
王承恩带路出宫禁，
太师府中议军情。

（崇祯、王承恩同下。）

周后　（唱）　提心吊胆方寸乱，
风声鹤唳草木兵。

（众人同下。）

【第十五场】

（周奎上。）

周奎　（念）　文班首相享朝夕，皇亲国戚着锦衣。

（门官上。）

门官　（白）　众位大人到。

周奎　（白）　有请！

门官　（白）　有请！

（门官下。陈演、四朝官同上。）

陈演、四朝官

（同白）　国丈请上，我等拜寿！

周奎　（白）　不敢不敢，请行常礼吧。

陈演　（白）　我记得国丈的生日，不是今天？

周奎　（白）　老夫好比风前烛、草上霜，有今儿个，没明儿个。故尔提前做寿，凑个热闹。

陈演　（白）　为何一切都不铺张？

周奎　（白）　天下这样大乱，若是铺张，又恐御史参奏。乘此鹅毛剪碎，银堆世界，在这暖阁之中，约上三五知己，饮一个彻夜通宵。

陈演、四朝官

（同白）　到此就要叨扰！

（门官上。）

门官　（白）　宴齐。

周奎　（白）　摆在暖阁。待老夫把盏！

陈演、四朝官

（同白）　摆下就是。

周奎　（白）　列位大人请！

陈演、四朝官

（同白）　国丈大人请！

（牌子。）

周奎　（白）　啊，陈阁老，可知闯王之事如何？

陈演　（白）　闯王起义山西，所到之处，望风而降。如今周遇吉战死，宁武关失守。闻得闯王大兵，已困了居庸关了。

周奎　（白）　这个时局，一天比一天危险。我们又不能走，看来倒是没有家产的人方便了。

四朝官　（同白）　倘若闯王来了，我们连家都不能保，如何是好？

陈演　（白）　老夫倒有个主意：闯王来时，我们一齐称臣，保他做个大皇帝，我们有了拥主之功，还要加官受爵。

四朝官　（同白）　还是陈阁老明鉴万里！

周奎　（白）　不要谈这个了。我们开心取乐要紧。来！歌姬们进见！

门官　（白）　歌姬们进见！

（四歌姬同上。）

四歌姬　（同白）　参见太师！

周奎　（白）　歌唱进酒！

四歌姬　（同白）　是！

（四歌姬唱歌，进酒。）

陈演　（白）　众位大人，听了美人妙音，真不啻人间天上。啊哈哈哈……

（唱）　事未成功酒先进，

休管大明饮到天明。

崇祯　（内二黄导板）眼睁睁气数到金汤未稳，

（王承恩引崇祯同上。）

崇祯　（回龙）　自登基，东也荒，西也旱，无一日得到安宁。

（二黄原板）　听说是居庸关贼兵围困，

三百年锦江山化为灰尘。

满朝中俱都是谗臣奸佞，

哪一个能分忧能定太平？

可怜我一统封疆被流枭吞并！

（二黄散板）　金殴损山河震铜驼棘荆。

这也是朕无福蹇遭末运！

王承恩　（京白）　天寒地冻，道路难行，万岁要保重啊！

崇祯　（二黄散板）　君臣们冒风雪足踏寒冰。

（起初更鼓。）

崇祯　（二黄散板）　听谯楼打初更人烟寂静，

（二巡夜卒同上。）

二巡夜卒　（同白）　呔！什么人夜行？

王承恩　（京白）　咋！圣驾在此，速速回避！

（二巡夜卒同急下。）

崇祯　（白）　内侍，此系甚等样人？

王承恩　（京白）　他们是巡夜的御林军。

崇祯　（白）　这样大雪寒天，他们不怕冷么？

王承恩　（京白）　虽然天寒，不到换班的时候，不敢擅离职守。

崇祯　（白）　苦之极矣！他们的长官也在此处巡夜么？

王承恩　（京白）　他们的长官呐？早就带着姨太太入了温柔乡啦！

崇祯　（白）　他们多少俸银？

王承恩　（京白）　二两银子一个月。

崇祯　（白）　只有二两银子？

王承恩　（京白）　万岁爷，他们八个月没有关饷啦。

崇祯　（白）　这又奇了。孤的府库空虚，都已充了军饷了哇！

王承恩　（京白）　您的饷银是按月不缺，都被他们长官从中给克扣啦。

崇祯　（白）　哎，这就莫怪天下大乱了！

（二黄散板）　兵是匪，匪是兵，长官造成。

王承恩　（京白）　北风大起，风雪交加。请万岁速行，到了国丈府，也好避避寒气。

崇祯　（白）　带路！

（二黄散板）　走天街见御林夜值防紧，

（起二更鼓。）

王承恩　（京白）　啊？

（散板）　耳听得似笙歌管弦之音。

周奎　（白）　好雪景！你们再唱上一段！

四歌姬　（同白）　是！

（四歌姬同唱歌。）

王承恩　（京白）　啊？是谁家这么豪兴，饮酒欢声？怎么一霎时又没有歌声了呐？哎呀是啦，想是精神恍惚，一时听错。这时候谁还能饮酒取乐呀？

崇祯　（白）　适才管弦之音，孤王也曾听见。咳！国家存亡未卜之时，还有人狎妓饮酒，太无心肝了！

（二黄散板）　这时候还取乐算什么忠臣？

王承恩　（京白）　来到太师府啦。

崇祯　（白）　呀！

（唱）　太师府实壮观门墙高耸，
风雪夜三更天灯光尚明。

（白）　上前叫门。

王承恩　（京白）　呔！开门呐！

门官　（白）　什么人？半夜三更的还叫门？

王承恩　（京白）　要面见太师，快快通报，有紧要军情。

门官 （白） 我们太师请了许多贵客饮酒，不便通报。你明天再来吧！

王承恩 （京白） 饮宴事小，军情事大。快去通报！

门官 （白） 我们太师又不掌兵权，什么军情不军情？快走！

王承恩 （京白） 哎呀！万岁呀！门官言道：周太师请了许多贵客在那里饮宴。不肯通报。

崇祯 （白） 竟有此事？目下流寇攻城，势如垒卵，不思为过分忧，反来狎妓饮宴。稍有人心者，岂能如此？王承恩，就说孤王在此！

王承恩 （京白） 领旨！

门官听者！圣驾在此，速来接驾！

门官 （白） 你真能蒙事儿！圣上三更半夜的也来不到这儿呀！

王承恩 （京白） 圣驾果然在此。你不去通报；明日金殿之上，你家太师吃罪不起！

门官 （白） 别着急！我去通报就是。

崇祯 （白） 气死孤王也！

门官 （白） 启太师：门外头来了俩人，说有紧急军情要见。

周奎 （白） 我们在此饮酒，管他军情不军情！

门官 （白） 小人也是这么说呀。是他言道：皇帝来啦！

周奎 （白） 就是皇帝来了，也不叫他进来。对他去讲！

门官 （白） 是！呔！来人听者！我们太师说啦：就是皇帝来了，也不叫进去。快给我滚！

崇祯 （白） 好老贼！

（唱） 主辱臣亡全不问，

畅饮高呼丧了心。

闭门不纳心何忍？

周奎 （白） 来来来，再唱一段！

四歌姬 （同白） 是！

（四歌姬同唱歌。）

周奎、陈演、四朝官

（同笑） 哈哈哈……

崇祯 （白） 好老贼！

（唱） 忧国忧民无毫分。

手执宝剑相府进，

王承恩 （唱） 万岁息怒且稍停。

（京白） 那老贼既然无有君臣之义，万岁闯进去，倘有不测，那还了得？依奴婢之见，暂且回宫。明日金殿之上，召集文武，问他个“慢君”之罪。

崇祯　　（白）　　咳！速速回宫！

（起三更鼓。）

崇祯　　（唱）　　铜壶滴漏二更尽，

雪紧风狂滚彤云。

仓皇不辨高低路，

王承恩　（京白）　万岁保重了！

崇祯　　（唱）　　国事彷徨心如焚。

（崇祯、王承恩同下。）

……

【第二十场】

（四太监、四宫女、费贞娥、太子、永王、定王、公主、周后同上。）

周后　　（念）　　眼看帝室如悬磬，多少军民尽捐生。

（崇祯上。）

崇祯　　（唱）　　李闯犯关颠国本，

昂首苍天泪满襟。

周后、太子、永王、宣王、公主

（同白）　万岁！

崇祯　　（白）　　御妻呀！

（唱）　　大明遭劫玉石。

（白）　　梓童啊！

（唱）　　李闯兵势波涛涌，

木偶大臣有何能？

看起来江山已无分，

国破家亡何处存身。

周后　　（唱）　　呼天喊地不能应，

同登泉道泪血痕。

（徐高上。）

徐高　　（白）　　万岁，娘娘！大事不好了！

崇祯　　（白）　　何事惊慌？

徐高　　（白）　　王公公虽然发炮打死流寇千人，怎奈众寡不敌，内城将破！

崇祯　　（白）　　天呐，天！想我朱由检未曾失德，登基以来，盗贼蜂起，大肆跳梁，势如破竹，目下京城已破，眼睁睁江山休矣。御妻！

周后　（白）　万岁！

崇祯　（白）　皇儿！

太子、永王、宣王、公主

（同白）　父王！

崇祯　（白）　皇儿呀！

（唱）　眼睁睁闯王兵拥进，

国破家亡痛煞人。

父子们只哭得珠泪滚滚！

周后　（唱）　骨肉别离好伤心。

（白）　事已至此，哭也无益。请万岁早做打算！

崇祯　（白）　哎呀！御妻呀！不料堂堂帝王，如此结局。祖宗千辛万苦，创下万里江山，一旦丧在我手。当此海内分崩，立锥之地，也无有恢复中原之望。惟有一死，以谢天下。想御妻乃堂堂国母，太子乃金枝玉叶，流寇入宫，难免白璧之玷。御妻深明大义，你且自去主张吧！

周后　（白）　妾侍陛下一十八载。如今国破家亡，妾怎敢不死？费宫人，看白绫伺候！

（唱）　拜别万岁寻自尽，

（周后自缢。）

太子、永王、宣王、公主

（同白）　母后！

崇祯　（唱）　霎时间天愁地惨人亦昏。

（袁妃上。）

袁妃　（白）　参见万岁！

崇祯　（白）　啊，贵妃，李闯看看杀进宫来，你是死啊，还是逃呢？

袁妃　（白）　妾妃受恩深重，自然是死！

崇祯　（白）　好！白绫在此，你也随皇后去吧！

袁妃　（白）　妾妃领旨！

（袁妃自缢。）

费贞娥　（白）　启奏万岁：袁妃也自尽了。

崇祯　（白）　死得好！就命将她二人尸首掩埋起来。

费贞娥　（白）　领旨！

崇祯　（白）　宫女、太监们，你们也各自逃生去吧！

四太监、四宫女、费贞娥

（同哭） 喂呀万岁呀！

（四太监、四宫女、费贞娥同下。）

崇祯 （白） 儿是长平？

公主 （白） 正是孩儿。

崇祯 （白） 哎呀！且住！这冤家若是留在世上，必遭玷污。朕自有道理。

（崇祯拿剑。）

崇祯 （白） 儿近前来。看剑！

公主 （白） 父王要杀孩儿，孩儿无罪！

崇祯 （白） 儿呀，你是无罪，怎奈你生在这帝王只家，你就大大的有了罪了！

（崇祯杀公主。）

崇祯 （白） 儿呀！非是为父忍心，将儿杀死；少时城破，太庙焚烧，皇陵不保，何况你的性命？故尔将你杀死，以绝为父之念也！

（唱） 少时闯王把城进，

看来难保我宗亲。

故尔杀子亲手刃，

徐高 （白） 哎呀万岁呀！

（唱） 还当保留大明根！

（白） 万岁且慢动手，听奴婢一言：万岁与太子乃是国基邦本，万岁以死殉国；太子若是再死，大明江山，岂不永无恢复之日？奴婢情愿保护太子与永、宣二王改装出宫，太子与二王深居宫中，想来无人认识，奴婢竭力保护，倘能逃出京城，也未可知。

崇祯 （白） 你有此忠心？

徐高 （白） 雨露之恩，粉身难报。皇天在上，我徐高保护太子二王出宫，若有二意，天诛地灭！

崇祯 （白） 好哇！真乃是国难现忠臣！你等改装去宫去吧！

太子、永王、宣王

（同白） 父王啊！

崇祯 （白） 儿呀！你们自幼生长在皇宫内院，民间情形，一概不知。况且俱在年幼，为父实实放心不下。此番跟随徐高出宫，到了民间，见了年长的叫一声“叔父”“伯父”见了年幼的叫一声“兄弟”“哥哥”，有道是：见人只说三分话，不可全掏一片心！

（唱） 潜踪匿迹藏行影，

天涯飘零雁离群。

父子们别泪似潮涌！

（内喊杀声。）

崇祯　（唱）　喊杀之声入宫廷。
慈烈、慈昭和慈炤，
你和徐高父子称。

徐高　（白）　折杀奴婢了！

崇祯　（唱）　事不宜迟快逃命！

（白）　去吧！

太子、永王、宣王
（同白）　父王啊！

（众人自两边分下。）

【第二十一场】

（四宫女同上，投河。费贞娥上。）

费贞娥　（白）　哎呀！

（唱）　可叹同伴都丧命，

（王承恩上。）

王承恩　（京白）　哎呀！

（唱）　炮火连天攻内城。
眼看闯兵破紫禁，
面前站的费宫人。

费贞娥　（白）　王公公，大事不好了！

王承恩　（京白）　和事惊慌？

费贞娥　（白）　皇后、贵妃俱已自尽，圣上将公主一剑劈死，宫女们都投河自尽了。

王承恩　（京白）　不想宫中有此惨变！我说费宫人，你还不去死吗？

费贞娥　（白）　死得不明不白，济得何事？

王承恩　（京白）　好！你我各有其志。万岁今在何处？

费贞娥　（白）　出神武门去了。

王承恩　（京白）　去得远是不远？

费贞娥　（白）　谅还不远。

王承恩　（京白）　好！待我前去保驾。你自做主张吧！

（费贞娥、王承恩自两边分下。）

【第二十二场】

（崇祯上。）

崇祯 （唱） 位素餐文武官，
闭门不纳忘宗亲。
折转南宫太庙进，
愧对祖先不肖孙！

（白） 祖先呐，祖先！可叹你挣下这锦绣江山，一旦丧在你儿孙之手！
崇祯呐，崇祯，这江山丧在你手也！

（念） 大明江山丧崇祯，只为宠用奸佞臣。上行下效成习惯，不顾廉耻顾金银。
太平年吃太平俸，事到临头变了心。大臣执政皆如此，遍地狼烟国不存。

（唱） 文官要钱武惜命，
断送孤王锦乾坤。

（白） 哎呀且住！我想李闯杀进宫来，必要焚烧太庙。孤王死后，后何面目见先王于地下。看那厢现有笔砚，我不免晓谕李闯便了！

（崇祯题。）

崇祯 （白） "崇祯遗笔，晓谕自成：朕与你留殿宫，你与朕留太庙，莫杀我民！"

（唱） 孤自登基国政乱，
实无面目见先人。
出离太庙往前奔！

（崇祯下。王承恩上。）

王承恩 （唱） 不见圣驾哪厢存。
急急忙忙往前奔！

（王承恩下。）

【第二十三场】

崇祯 （内二黄导板） 霎时间只觉得天昏地暗，

（崇祯上。）

崇祯 （二黄散板） 社稷倾宫阙破好不惨然！
披发遮面往前趱，

（王承恩上。）

王承恩 （京白） 万岁保重！

崇祯 （二黄散板） 又只见王承恩站在面前。

（白）　王承恩，外面怎么样了？

王承恩　（京白）　流寇进攻皇城，襄成伯众寡不敌，战死棋盘街啦！

崇祯　（白）　哎呀！

（二黄散板）　听说是李国桢尽忠血染！

点点珠泪洒胸前。

（白）　襄成伯一死，国家休矣！你不去逃生，前来做甚？

王承恩　（京白）　奴婢特来保驾。

崇祯　（白）　朕已成了孤家寡人，你还保的什么“驾”？快快逃命去吧！

王承恩　（京白）　万岁说的哪里话来？奴婢身受国恩，岂能一人逃命？你我君臣，要死也死在一处！

崇祯　（白）　苦之极矣！前面什么所在？

王承恩　（京白）　乃是煤山。

崇祯　（白）　速速带路。

（二黄散板）　这时候顾得泪流满面，

海宇崩国家乱何处平安？

王承恩带路往前趱！

不觉到寿皇亭一带煤山。

王承恩　（京白）　来此已是煤山。请万岁休息片时。待奴婢想一良策，保护万岁逃出皇城，再图后举。

崇祯　（白）　哎呀且住！难得王承恩如此忠心。只是国家已破，海内分崩，我焉能一人逃走？也罢！

看那旁有一槐树，孤就在此归天吧！

王承恩，快去打探李闯兵势如何，速速报与朕知。

王承恩　（京白）　奴婢遵命！

崇祯　（白）　你去呀！

王承恩　（京白）　奴婢就去。

崇祯　（白）　你快些去呀！

王承恩　（京白）　奴婢去也！

（王崇恩下。）

崇祯　（叫头）　且住！

（白）　看此情形，大势去矣。想我也是一朝人王帝主，难道说我还落在闯贼之手么？我不免咬破指尖，修下血诏，晓谕闯贼，保护孤的好子民，也就是了。

（二黄散板）　含悲泪将衣襟急忙扯断，

咬牙关破中指鲜血不干。

（崇祯题诗。）

崇祯　（念）　“德薄承天命，登基十七年。朕非亡国主，误国有谗奸。
去冠发覆面，缢死在煤山。尸体任碎灭，百姓要垂怜！”
（二黄碰板）　洪武爷创天下传留已遍，
（二黄原板）　传流了三百年锦绣江山。
都只为先王爷宠信太监，
魏忠贤与王振朋比为奸。
闭言路塞贤门朝政不管，
传到了我崇祯承继江山。
朱由检未登基国政已乱，
勉精神图励治一十七年。
初登基灭却了掌宫太监，
（二黄三眼）　并非是我朝中无有能贤。
恨只恨那李闯山西造反，
满朝中文武官尸位素餐。
边报来文班臣心惊胆战，
武班中一个个袖手旁观。
最可叹周遇吉尽忠殉难，
最可叹李国桢战死棋盘。
巩永固空有那忠心肝胆，
怎奈他赤手空拳难擎天。
曹化淳献彰仪九城混乱，
赐白绫皇后贵妃一个个命染黄泉。
怕的是儿女们白璧有玷，
因此上将公主剑劈阶前。
并非是孤心忍搜宫杀院，
自古道破巢下复卵已见，
国亡君死份所当然。
为国政并未曾失于勤勉，
只落得口无言默对苍天。
破皇城神鬼哭天昏地暗，
也是孤气数终披发跌足独一人来在煤山。
到如今孤有罪皇天实鉴，

哭也枉然，临死心酸。
在煤山只哭得肝肠寸断，
望长空洒血泪湿透衣衫。
到如今大势去谁人怀念，
复社稷整江山难上加难。
今日里在煤山为国殉难，
望空中遥叩拜先帝龙颜。
不孝孙朱由检才疏学浅，
愧对那祖先们创业艰难。
叩罢头解丝绦自寻短见，先皇爷呀！

（崇祯自缢。王承恩上。）

王承恩　（二黄散板）　果然是我主爷命丧煤山。
　　　　（京白）　果然万岁自缢身死。看那旁还有一树，我不免跟随万岁前去，也落得个青史名标，万古流芳。万岁慢走，王承恩保驾来也！

（王承恩自缢。落幕。）

（完）

京剧《明末遗恨》场景

京韵大鼓《宁武关》（头本、二本）

大鼓是中国传统的曲艺曲种分类中的一个重要类别，主要戏曲剧种有京韵大鼓、西河大鼓、梅花大鼓、乐亭大鼓、东北大鼓、山东大鼓、上党大鼓、北京琴书、河南坠子、温州鼓词、澧州大鼓等数十种。大鼓主要流行于中国北方诸省、市的广大城镇与乡村。大鼓的文学脚本称为鼓词，基本为七言或十言的上下句体。作品（即曲目）有短篇、中篇、长篇之分。短篇只唱不说，中、长篇则有唱有说。人们往往称唱短篇为唱大鼓，唱中、长篇为唱大鼓书。大鼓的唱腔音乐结构为板腔体，唱腔曲调多源于流行地的传统民间音乐及地方小调，并用当地方言语音演唱。音乐唱腔是区别不同大鼓曲种的主要标志。

大鼓艺术与戏剧表演艺术的不同之处在于，戏剧以舞台表演为基础，可以通过演员的念、唱、做、打等综合性手段表现戏剧内容。使观众可以全方位、多感官、立体式地欣赏艺术的表演。而大鼓艺术属于典型的说唱艺术，主要靠艺术家单纯的口述和演唱来表现艺术内容。相对戏剧表演艺术而言，表现的形式比较单一。观众了解和欣赏艺术内容只能通过唱词这种文字形式来展开。所以鼓词（大鼓的剧本）要比戏剧的唱词（包括念白）内容丰富得多，语言的艺术表现手法也丰富得多。

鼓词内容带有极强的叙事性特点。往往采用第三人称的叙事角度，有时也模拟剧本中人物口吻代为叙说。一般而言有以下艺术特色：一是故事情节丰富曲折。鼓词有短段儿也有长篇，内容取材有传统也有现代。演员要想纯靠一张嘴就能吸引听众长时间坐下来听演员表演，那么所唱内容的丰富性就必不可少了。二是情景描绘准确生动。大鼓艺术往往对故事中的情境用多种手法描绘得准确生动，使听众充分发挥想象力，产生身临其境之感。三是人物刻画栩栩如生，人物形象的刻画是叙事艺术的主体。鼓词中往往通过对话、自白、行为、外貌等描述方式充分塑造人物性格，用语言在听众头脑中树立起一个个生动鲜活的形象。四是唱词语言生动形象。鼓词语言具有说唱艺术的共性特征:“其词雅驯，其声和缓”，语言不仅韵辙丰富，而且辞格多样，句式多变，极富音乐美，节奏美。带给听众一场听觉上的盛宴。大鼓艺术正是凭此多样性的审美特征在中国传统艺术领域占据了一席之地，成为民族艺术文化的宝贵的一个分支。

京韵大鼓属于鼓曲类的曲种。主要流行于包括北京、天津在内的华北及东北地区。京韵大鼓具有半说半唱的特色，唱中有说，说中有唱。有人评价京韵大鼓有五个特点：雅俗共赏的形式，刚柔并济的风格，说唱结合的方法，一曲多用的唱腔，写意传神的表演。

《宁武关》是京韵大鼓名家刘宝全先生的代表剧目之一。其内容与京剧同名剧目互相参照，都是写明末宁武关守将周遇吉据关势险要，抗击李自成起义军，重创敌军后，终因孤立无援，中埋伏遭乱箭攒身英勇就义，其全家也追随周遇吉以死殉节，成就一门忠烈的千秋佳话。而在艺术上也体现出上文已述的特点。

剧本欣赏

宁武关(头本·一门忠烈)

倾覆社稷有前因，一力难扶枉伤心。

可怜孝母忠君将，国破家亡玉石焚。

怨气悲风凝铁甲，愁云惨雾透征裙。

一腔热血千秋恨，在宁武关苦坏了周遇吉这位干国的良臣。(甩板)

这将军见闯贼已破岱州郡，才知道国家气数天意该因。出重围一念思亲情难却，几回欲死复遵循。某非不愿为捐躯疆场死，都只为心内悬挂太夫人。一路上纷纷尘滚银枪冷，半途中惨惨风云天地昏。无奈何奔到了宁武关中自家门首，见往昔风景不差毫分。下征驹老家将问安已毕接过枪马，勇忠良把银盔整整抖一抖征尘。进仪门脚踏花砖行甬路，至庭前英雄举目细留神。但只见萱亲堂上开琼宴，妻子在宴前把酒斟。这是我为国忘家心儿碎，竟忘了今朝母亲寿辰。太夫人一闻人报将军到，早见那周遇吉阶前拜倒口呼娘亲。禀太太万福金安康健否，太太说，残喘多亏儿妇尽心。一摆手说，吾儿免礼吧，将军站起，见夫人连忙问候格外的殷勤。小公子向父作揖垂手立，勇忠良有千般的悲痛万种的伤心。无奈何看看娘亲瞧瞧自己，观观爱子望望夫人。暗思量此际团圆少时何在，一家人须臾对面顷刻离分。周遇吉满腹愁肠强忍耐，来，命家童把残席撤去重整瑶樽。遇吉说，老母千秋儿来拜寿，太太说，每年今日叫你必得大远的劳神。眼见得公子与夫人双侍奉，伴华颜壶倾玉液酒气喷。周遇吉在席前跪奉三杯酒，无奈何把牙关紧咬满面含春。娘啊，声气儿倒哪胀红虎面，泪珠儿在眼圈里乱转强撑精神。儿愿母眉寿喜同山岳水，洪福得共海天深。这忠良拜罢平身将身倒背，偷擦得素罗袍袖血泪淋。太夫人看破忠良悲切切，忙问道，吾儿何故泪纷纷。周遇吉强硬着心肠赔笑脸，儿见母桑榆暮景两鬓如银，未免聚在心。萱亲这样年高迈，儿不能承欢膝下侍奉晨昏。太太说，你为此含悲么，将军说，正是，太太摇头，未必是真。可是我听说岱州兵来犯境，你为何转回宁武不顾敌人。这忠良惊慌满面含糊答应，说曾打仗，是孩儿我得了胜那流寇他无存。太夫人见忠良变色声音儿惨，老人家在疑心之上更疑心。唤遇吉，忠良答应说，儿我在，太太说，你把岱州失陷回转回家门。这忠良半晌惊呆说，儿我来拜寿，太夫人见真情已露站起身。手指忠良说，好冤家还敢支吾说假话，你看看你一身甲胄遍体是征尘。周遇吉见萱亲震怒连着声儿问，无奈何双膝跪倒把话云。悲切切说，流贼势众岱州兵少，因此上我把城池失守了辜负圣恩，难对众黎民。孩儿我要在阵上一死把职任尽，为只为先到家中报母亲。勇忠良磕头血溅在花砖地，痛泪成行洒战裙。忽见那老家将惊慌气喘在阶前跪报，禀老爷可不好了，流寇的人马就围困了城门。(甩板)

太夫人眼望忠良说，你还不快去，大丈夫效命疆场那才是报君。正说话间忽听得一片哭声闻四野，却原来军民逃散各纷纭。遇吉说，娘啊孩儿我愿做军前鬼，但只是老家将只身怎样的护送娘亲。太夫人冷笑一声，遇吉谬矣，你还指望我们蓬头垢面逃窜于风尘。你不想你的子幼妻娇娘我又老，一条枪焉能保得住这些人。快去吧，千万的全忠休要丧志，必须要断头折背斩将忠君。临死时好歹争强淋漓痛快，作一个轰轰烈烈大明臣。你的娘一把骨头一条老命,我是半完儿志半酬君。遇吉说,孩儿我在膝下流连非是怕死,叫为儿怎生割舍太夫人。老太太手指忠良说,冤家很好,想必是你有心在家中逼死娘亲。忠良大恸把头叩,太太连催把阵临。周遇吉无可如何就别了老母,娘啊,空养了孩儿枉费心。(甩板)

不孝男只为居官连累母,言至此气堵咽喉无有话云。站身形一步一哭朝外走,扭虎项不住地回头望母亲。儿遇吉今日不能全孝道,也只好来生再报我娘恩。太夫人冷笑一声说,你还不快去吗,勇忠良万分无奈转过仪门。忽听的背后有哭声声音惨,一回头却原来亲生的爱子和结发的夫人。转彪躯忙将公子怀中抱,脸对脸把个将军痛碎心。悲哀哀叫一声娇儿呀两行泪落,这也是吾儿命苦才投着你这样的苦命的天伦。公子的小手儿紧紧把忠良的脖项搂,别去啦,我亲亲的好父亲。勇忠良狠狠心肠眉头皱,轻轻地放下公子眼望着夫人。说此时间下将全忠难顾你,夫人说,妾身舍命愿酬君。总镇说,下将誓作奇男子,夫人说,小妾能为烈妇人。总镇说,卿须知烈妇形藏非易事,夫人说,夫主的言词透疑心。总镇说,时穷事变英雄都少,何况你红颜绿鬓一钗裙。周遇吉素晓夫人明大义,也只好硬着心肠用话真。说我此去血染钢锋身亡于阵上,抛下了伶仃母子和太夫人。关破时万马奔驰千军鼎沸,一定是满城兵火遍地烟尘。似卿这面似芙蓉腰似柳,怎保得冰清无垢美玉无痕。我遇吉食君俸禄应当死,哎呀夫人哪,你把贞节二字不可认真。我今朝身许于国你休念挂,在离乱年卿去逃生我也不争。你何难重选绣幕红丝系,再画蛾眉柳叶新。这夫人一闻此言,刹时间粉面焦黄浑身乱颤,对将军悲碎了芳心痛断了魂。(甩板)

呜咽咽腮边只有双重泪,也呆呆口内全无一字云。周遇吉把绝话说完见夫人不语,当他患难之时改变心。气忿忿奉将昆吾作离书一纸,伸虎爪倏的一声昆吾出鞘递与了夫人。愤怒的忠良将然要走,烈贤人剑横粉颈血染香尘。噗通通香躯倒卧流平地,勇忠良急急回头望夫人。赶向前手扶玉体把夫人叫,只见他一息未断柳眉颦。总镇说,哎呀,好狠的夫人丢了下将,你竟自割恩断爱玉碎珠沉。虽是夫不才我的言语冒犯,你怎么会连一语全无把烈志伸。这夫人奄奄一息强挣扎,她的眼珠儿来回的乱转慢启朱唇。说妾身本当晨昏侍奉高堂,膝下温存你我的后人。奴本是名门家的媳妇名门家的女,我的夫盖世奇男盖世伟人。说罢时气短的夫人要寻公子,儿呀,你看她芳心一痛走了香魂。小公子将身扑倒在娘的身上,搂抱住鲜血淋淋断了气的娘亲。连叫我的娘亲见夫人不语,这不急得他打着滚儿的悲啼惨不忍闻。(甩板)

站起来眼望着忠良双脚跺,一回身噗的一声,头碰石阶鲜血淋淋。忠良大惊我儿别怕,赶上前扶起公子细留神。只见他气绝紧把牙关咬,命尽频将四肢伸。周遇吉泪眼瞧妻妻不语,悲声唤子子不云。无奈何放下公子将人叫,来呀,多半晌从外边才来一马童。这个马童跑到近前将要跪,总镇说,你快去唤齐了阖府的家丁把阵临。马童说,哎呀老爷呀,将变奔逃有多一半,府内何曾有一人。忠良点头一声长叹,到如今难顾妻儿两尸身。又听得轰轰炮响锣鸣震地,无奈何向妻点首对子沉吟。狠心肠宝剑拾来叉鞘内,瞪双睛他把战靴一跺出府门。上征驹提枪纵辔精神抖,气昂昂一腔忠孝贯乾坤。这一回周遇吉匹马单枪就杀出了城外,准备着在疆场上把个勇战的将军乱箭穿身,他是忠烈在一门。

宁武关（二本·别母乱箭）

兴衰治乱显豪强，从来国难苦忠良。

为主殉义应嘉奖，酬君罹祸事堪伤。

妻贤血溅龙泉上，子孝尸横玉砌旁。

周遇吉他割恩断爱尊母训，你看他满怀的壮志呀去赴疆场。

这将军忍痛含悲离府邸，也顾不得妻亡子丧与那年迈的高堂。我不表这位周遇吉单骑奋勇出门去，再表那老家将只身入内来报端详。啊，禀太太夫人尽节啦，公子也相随丧，言至此悲声凄惨泪成行。太夫人一闻此言连连地夸奖，说不枉我苦志周门守一场。好媳妇玉碎珠沉给夫争气，好孙儿遇难轻生替父也增光。最难得芳名美誉传千古，喜我们节妇贤孙萃一堂。想老身我受子之荣膺诰命，自应该随儿一死要报君王。莫说我还想重活这些个岁数，我怎忍苟延残喘玷染纲常。太夫人寻思已毕唤家将，你快去把他们母子的尸身运进厅房。再将那柴草堆积在中厅上，务须要排列于前窗，你再去给我堵两廊。你与我一通火而焚休要待慢，成全我这千秋不朽有辉光。你若见赤焰飞天黑烟满地，你赶紧的上他乡躲避远处去潜藏。老家将一闻此言跪倒在华堂上，哎呀，太太呀，叫老奴我藏身于何处，避难到何方。想小人自幼儿多蒙周门抚养，我怎肯抱头鼠窜把大恩忘。理该将这条性命酬了家祖，就是粉身碎骨也应当。况夫人巾帼青年明大义，小公子孩提稚幼也懂得纲常。难道说主人能作忠良将，单单的我做奴婢的就缺乏侠义肠。我情愿这条老命不要跟随恩主去，也博得个幽魂侍奉在太君旁。太夫人欣然鼓掌说，难得得很，可喜你身为奴仆志气忠良。我那孩儿为国尽忠丹心耿耿，我那媳妇为夫殉节烈志洋洋。我那孙儿他不辱家门全孝道，我老身是玉成儿志要报君王。更有你这义气的仆人哪能殉主，这才称得起义仆节妇孝子贤孙要逞强，真乃是天随人愿才称了我的心肠，与那祖上也增光。

既然如此你还不去收拾么迟延怎的，我还要魂助我儿去面那李闯王。家将说，奴痛周门遭奇祸，太太无故的受灾殃。想太夫人素日里待奴婢等恩同春雨，真算得持家有法言似秋霜。不能够慈眉善目地归天去，怎不叫俺沐恩奴婢呀痛断肝肠。恨只恨朝中的宰府无谋略，带累得边上的将军满门亡。太太说，唉，你既愿从全节义，又何必频频的怨恨徒把心伤。我劝你也不必多言啦速去备办，啊，老家将悲声应是，出离了中堂。惨切切先把她母子的尸搬运，一捆捆干柴茅草在户旁。家将含悲说，我收拾已毕啦，太君带笑说，就点何妨。这义仆口虽答应不忍得动手，可怜他痴立在阶前目瞪心慌。太夫人看破其中再难的勉强，也只好我亲自举火点户燃窗。

霎时间引着了柴草红霞起，转瞬间火光四射延及了厢房。太夫人身随着猛火归天去，老家将退出户外刀刺肺肠。望火光放声大哭将头叩，说太太呀，豪爽的灵魂可莫要忙。好歹在前途等上一等，待老奴我是跟随恩主要到西方。转身形抖抖衣襟往烟中跳，一缕忠魂丧无常。最可叹满庭烈焰焚周母，呀，好可惜半缕残烟老母亡。只烧得那画栋雕梁全折断，只烧得窗残树倾玉石亡。只烧得那忠良府邸人声寂，只烧得烟突墙壁火茫茫。只烧得雾腾腾滚滚的烟尘弥宇宙，乱纷纷团团火焰上了穹苍。我单表那周遇吉正欲出城诛军斩将，猛回头见府内升烟一片的红光。勒住战马将娘想，不由人悲惨焦急腹内着忙。马转星飞奔到仪门外，抬头望，好凄凉，啊，见一片烈焰狂，这烟滚滚哪，雾茫茫，尘荡荡，土扬扬，在耳边厢又听得瓦碎砖崩劈声响，呼噜噜倒了群房，这空余了半截墙。

周遇吉知母自焚心痛碎，忙下雕鞍是欲奔火堂。明大义的忠良重又思想，娘叫我一命酬君在阵上亡。我今日若将老母的遗言忘。岂不是既违母训又背君王，无奈何眼望着火场稽颡拜，磕头碰地叫亲娘。儿遇吉罪如丘山真不孝，因君禄连累高堂被祸殃。叫一声我那苦命的娘往何方去，言至此晕绝于地是倒卧平阳。重苏醒我有心再将衷肠诉，猛听得一片哭声震四方。细查看原来是黎民去逃难，虎将军见此光景心内着忙。也顾不得痛母思妻将儿想，忙爬起，含眼泪，望火光，这心惨惨，意茫茫，整甲胄，理戎装，抖灰尘，把剑挥，按头盔，抬虎膀，你看他提枪上马连抖后鞧叭拉叭拉把马荡，前去赴疆场。来到城门下留神看，见几个守城的军卒他们半截受伤。周总镇传令开城把吊桥放，出城去叭叭叭叭连磕战马往前蹚。见密匝匝旌旗招展遮天日，乱纷纷贼军列队似铜墙。周遇吉一见群贼红了眼，恨不能生吞活咽才称了我的心肠。叭拉叭拉拍马拧枪将阵闯，滴溜滴溜战杆翻花挨着的必死亡。怒冲冲阵前力战四员将，雄赳赳鞭打了一只虎，枪挑左舍王。只杀得流寇心惊魂胆丧，不亚如山中的猛虎赶群羊。那李自成见忠良英勇连连的夸奖，说好一员虎将真是盖世无双。传令众儿郎把箭放，唰唰唰弓开弦响箭似飞蝗。周遇吉单枪怎把雕翎挡，可怜他连人带马被乱箭射伤。怒咆哮着了伤战马将阵闯，奋雄威这带箭的将军尚能够逞强。噗通，噗通，跌落马，那顾得鞭枪。自觉得箭穿银铠混身痛，又搭着血染征袍遍体生凉。强跪起眼见皇都尊圣上，说臣遇吉命尽难将流寇亡。原指望保全社稷扶明主，不料苍天绝我在阵前亡。语罢的忠良将头叩，软却却紧咬牙关挺胸膛。无气力勉强挣扎寻利刃，哧的一声剑横虎项血染沙场。这一回这位周遇吉全功尽孝与后人作榜样，而到今只落得在武庙去配享，啊，列入无双，他是传流于最久长。

后 记

本书是《中华血脉——长城文学艺术》丛书中的一本——《长城戏曲》。

2017年1月，秦皇岛下了一场整个冬季最大的雪。正是在那个雪花飘舞的上午，《中国长城志•文学艺术》卷的大部分编写者，又聚集在了燕山大学出版社的一间会议室里，商议“修契事也”。窗外的世界雪花翩跹，银装素裹；室内陈玉社长正讲述着、也“描绘”着《中华血脉——长城文学艺术》丛书的编撰宗旨、基本构成和可能风貌。于是，便有了三个月完成书稿《长城戏曲》的承诺。

老实说，对于戏曲，我们原本谈不上多感兴趣或多么了解。初始的记忆是“文革”时的样板戏和后来影视剧上的画面，既不完整，更不清晰，自然也限制了我们对戏曲不同内容和形式深入探寻和追问的可能。大学阶段我们不同时期求学于河北师范学院中文系，特别幸运地遇上了在元曲和古典戏曲方面颇有造诣的王学奇老师、张月中老师，恩师的授业，也确实激发了对中国古典戏剧的兴趣，但也仅仅停留在“兴趣”层面，深入研读做得不多。岁月如梭，直到2009年开始接受“十二五”国家重点图书出版规划项目（也是国家出版基金资助项目）《中国长城志•文学艺术》卷的编撰工作，承担戏曲章节的编写，开始大量地接触相关文献资料后，才感觉到我们的传统文化是多么的博大精深，传统戏曲又是多么的弥足珍贵、含义丰富、奥妙无穷。不仅在感性层面值得认真阅读、领悟，而且在理性层面更值得沉下心去、细心体味。在爬梳、沉潜中找寻并体味戏曲中的简明或奥义，粗犷语言、形式规约。从2010年暑假开始，我们先后到北京国家图书馆等藏书丰富的地方做披沙拣金的工作。当时，为了节省路途上的时间，选择住在国家气象局的招待所，炎炎酷暑中每天查阅、整理各种文献资料。我们还利用寒假驱车沿长城沿线的城市、村庄去实地考察，收集与长城相关的包括剧目在内的各种文献，对村镇里的庙宇、戏楼、戏台做真实的测量、记录。日复一日，终于于2013年年底完成了360余万字的初稿。而“长城戏曲”仅仅是全部工作中的一部分，但就是这一部分也使得我们的文献资料搜集整理工作有了比较完备、充实的积累，同时也对长城戏曲有了较为全面的感性和理性认识，进而为这本书的编著奠定了扎实、厚重的基础。

当下是快节奏的读图时代，并不缺乏小说的故事情节和戏剧的场景人物。生命有时显得格外虚弱无力而又有些矫情，人的感觉和体悟有时显得十分愚钝、迟缓而又缺少锐利和灵性。我们的国家和民族已然摆脱了陈旧的农耕文明，正大踏步向后工业时代高歌猛进，以期尽快与先进的现代文明接轨。城镇化进程的加快，相伴生的是土地、空气的被污染，是乡村房屋的拆毁和农民田地的被剥夺。城市在不断扩张中，到处充斥着浮躁与虚夸，强调着金钱至上、娱乐至死的泛情化、伪真实，动摇也改变了人们传统的价值观和审美评判。随着一座座旧宅院、旧戏台的消失，造成不仅仅是物质性的，更是精神上的断裂和坍塌。传统戏曲艺术中混杂着各种“声腔”的唱词和音乐在各种现代化的流行和美声中渐渐成为遗响。在此意义上，戏曲或戏曲种类的消失，拆毁的是历史和文化的记忆链条。

显然，这种少有追思和沉淀的语境，与历史上传统的长城戏曲所表现的悲情、苦情、爱情以及亲情，有所同更有所不同。也许，爱情依旧在，亲情已疏远；悲情正萌生，苦情正酝酿。尽管，落寂或喧嚣年代的锣鼓已然敲不出古代戏曲中的节奏，但刁斗和梆子的声响，在冷寂或热闹的月夜，肯定能勾起人们有限度的对战争、血腥的联想以及对和平、安宁、富足的渴望。那"志士嫌日短，愁人叹夜长"的普泛情感是时时可以感知或重现的。因为戏曲是我们对待生活和世界保持联系的疏离或亲近状态的一种必然选择，更是人的生活经验、真情实感的直白或隐衷相互混杂的高度概括。长城戏曲是文学化的，自然也是程式化的，是表演形式与浓缩后的社会生活内容的合理表达、完美结合。如果说漂泊是当下生命的真实状态，那么"无根""失语"的感觉则是透入骨髓的文化之痛。虽然在历史上这种漂泊是流浪文人构思戏剧作品的绝佳状态，但是在骨子里每个人无疑都渴望、祈盼着永久的和平与安宁。当下有许多沟通障碍，限制了人们的理解和想象，使我们无法与前人尤其是戏剧中人物产生真正的对话和共鸣。古人可以面对枯枝落叶来一番真情表达，可以面对离情别恨做出真情抗争和呐喊，可以在小鸟的啁啾鸣春中感悟生命的真实与存在，而我们也许只能在惊悸的耗费青春与体悟生命中捡拾平庸。战争、暴力、血腥和荒凉实际上从未远去，无数"孟姜女"们的哭泣虽产生不了使长城崩塌的戏剧效果，但对人心灵的撞击同样是强烈的、不可遏止的。

在文化整体的委顿中，要增强对传统文化的自信，必须克服对物欲的过度追求和依赖，以期延缓或终止人的生命感觉的日渐钝化和人格标准的日渐矮化。必须承认，许多长城戏曲中都或隐或显地存在着隆礼、弘义、扬善、惩恶、重仪、行孝、明节等传统文化精神中的精髓，这对抵御当下低级恶俗、道德滑坡、精神委顿是一剂灵药。

本书所指的"长城戏曲"，大致范围包括以长城为表现题材，或以长城作为地缘背景和文化背景的戏剧曲艺作品。这些作品数量上浩如烟海，地域上分布广泛，戏剧曲艺种类上丰富多样。要想极精准地做出符合众人口味的选录、介绍和赏析，说起来容易，但要做到位、做完善很难。我们深知要选出并诠释这些前人留下来的宝贵的精神产品，既要还原语境，也要做到不过度阐释；既要注重原始作品内容上的浅白、质朴，也不能忽视戏剧形式在不断发展中的日渐多样，日趋复杂。要想比较精准地从中选出切合丛书选题要求，同时又能体现长城戏曲的基本风貌的作品确有难度。我们无法用当下的或时代的价值标准将这些戏曲作品一一过滤和纯化，因为历史是曾经的存在，需要我们虔敬地对待和珍惜。所以，我们在选录、介绍、概括、分析和阐释中并不回避一些作品中存在的瑕疵，而是客观地予以留存或点出。尽管我们还不能用完全专业的精神和标准来做具体的、更精细化的衡量和评判，但力求更多地采用普及的眼光和期待的心理来处理。我们试图将"历史意识""戏剧意识"和"当代意识"做一次并非简单的综合嫁接，让历史人物和故事在当代镜像中呈现出新的戏剧面影，并在语言的维度与生活的逻辑交叉中体现真实，从而也一定程度上体现我们的眼力和心智水平。希望这本书对人们认识长城，认识长城文化、长城戏曲有所助益，通过选录的部分内容感知和认识古人的丰富的情感生活和审美期待。故此，我们在选录、编著中，尽力考虑周全，做到点、面结合，心理上期待做完善、完美；但由于我们的学力、理解力、审美力和表达力有限，肯定存在不少遗漏甚至错讹之处，恳请方家、读者提出批评，使得中华血脉——长城文学艺术流淌得更顺畅、更自由。

裴鼎鼎　苏君礼

2018 年 7 月 30 日